9

D wie Deutsch

Basis

Herausgegeben von
Nina Bähnk, Bernd Hoffmann,
Catherine Jaulgey, Renate Teepe

Erarbeitet von
Kerstin von der Ahe, Ulrich Deters, Axel Frieling, Sven Grünes,
Heike Huck, Lena Kesting, Annika Klag, Daniela Klingbeil,
Martina Kolbe-Schwettmann, Barbara Maria Krüss,
Alice-Annemarie Müller, Tanja Rencker, Matthias Scholz,
Martina Schulz-Hamann, Birgit Thomsen, Siegfried Wengert,
Beate Winkler-Pedernera

Unter Beratung von
Filiz Briem

Cornelsen

D wie Deutsch

Basis 9

Redaktion: Sandra Geiger, Corinna Hilger, Anna-Lena Lillie, Frederike Schlünder, Susanne Weidmann

Umschlaggestaltung: Rosendahl Berlin, Berlin
Layoutkonzept: Klein & Halm Grafikdesign, Berlin
Technische Umsetzung: zweiband.media GmbH, Berlin

Begleitmaterialien für Schülerinnen und Schüler zu D wie Deutsch Klasse 9

Schulbuch 9 als E-Book	1100031236
Arbeitsheft Basis mit zusätzlicher Förderung 9	978-3-06-200043-0

www.cornelsen.de

Die Webseiten Dritter, deren Internetadressen in diesem Lehrwerk angegeben sind, wurden vor Drucklegung sorgfältig geprüft. Der Verlag übernimmt keine Gewähr für die Aktualität und den Inhalt dieser Seiten oder solcher, die mit ihnen verlinkt sind.

Soweit in diesem Lehrwerk Personen fotografisch abgebildet sind und ihnen von der Redaktion fiktive Namen, Berufe, Dialoge und Ähnliches zugeordnet oder diese Personen in bestimmte Kontexte gesetzt werden, dienen diese Zuordnungen und Darstellungen ausschließlich der Veranschaulichung und dem besseren Verständnis des Inhalts.

Die mit [V] gekennzeichneten Texte sind aus didaktischen Gründen gekürzt und/oder vereinfacht.

Dieses Werk wurde anhand wissenschaftlicher Kriterien geprüft und für den sprachsensiblen Unterricht zertifiziert.
Gutachterin: Prof. Dr. Michaela Timberlake, Justus Liebig Universität Gießen.
Eine Übersicht der Kriterien haben wir für Sie unter *www.cornelsen.de/mittlereschulformen* zusammengestellt.

1. Auflage, 1. Druck 2025

Alle Drucke dieser Auflage sind inhaltlich unverändert und können im Unterricht nebeneinander verwendet werden.

Druck und Bindung: Mohn Media Mohndruck, Gütersloh

ISBN 978-3-06-061047-1 (Schulbuch)

Zum Nachschlagen

1 Neue Situationen meistern – *sprechen, lesen, schreiben im Alltag*

In unserem Leben müssen wir uns immer wieder auf neue Situationen einstellen: Wir reden mit fremden Menschen, wir schreiben Briefe an Behörden oder bekommen Briefe, die schwer verständlich sind. Oft handelt es sich dabei um Geschäftsbriefe.

So etwa geht es Paul. Er hat einen Brief erhalten. Seine Freunde lesen mit.

Ich habe das Buch doch schon längst zurückgegeben!

Was wollen sie von dir?

Sehr geehrter Nutzer der Stadtbibliothek,

hiermit ahnden wir folgendes Versäumnis: Ein Medium wurde nicht fristgerecht zurückgegeben, sodass die reguläre Entleihfrist von zwei Wochen überschritten wurde. Es fallen Mahngebühren an, die ohne Verzug zu entrichten sind. Bei Rückfragen wenden Sie sich bitte an unsere Mitarbeiterinnen und Mitarbeiter.

Mit freundlichen Grüßen
Ihre Stadtbibliothek

Ruf doch mal an und frag nach!

Was unternimmst du jetzt?

Wenn du das Buch zurückgegeben hast, würde ich mich an deiner Stelle beschweren.

Das ist aber umständlich geschrieben …

1 **a.** Wie geht es Paul vermutlich, wenn er den Brief liest?
b. Was würdet ihr tun?

2 Welche Texte begegnen euch im Alltag, die schwierig zu verstehen sind? Warum findet ihr sie schwierig zu verstehen?

Im Alltag begegnen euch unterschiedliche Situationen.
Manche davon kennt ihr, manche sind möglicherweise neu für euch.

dem Trainer für das nächste Fußballspiel absagen

einen Frisörtermin vereinbaren

ein Bankkonto eröffnen

die Betriebsanleitung für ein technisches Gerät verstehen

den Praktikumsbetrieb an die Praktikumsbescheinigung erinnern

den Vertrag im Fitnessstudio kündigen

bei der Fahrschule anrufen und Informationen erfragen

das Kleingedruckte im Handy-Vertrag verstehen

die neue Jacke umtauschen

den Beipackzettel für ein Medikament verstehen

3 **a.** Welche Situationen kennt ihr aus eurem Alltag, welche sind neu für euch?
b. Welche Erfahrungen habt ihr gemacht?
- Welche ähnlichen Situationen habt ihr geschafft? Wie seid ihr vorgegangen?
- Welche Situationen waren ungewohnt oder sogar unangenehm?

4 **a.** Welche Situationen und Anforderungen kommen noch auf euch zu?
b. Wie könnt ihr euch darauf vorbereiten?

1 Neue Situationen meistern –
sprechen, lesen, schreiben im Alltag

In diesem Kapitel erarbeitet ihr, wie ihr in Alltagssituationen handeln könnt. Ihr lernt, wie ihr aus alltäglichen Texten Informationen entnehmt und eure Anliegen mündlich oder schriftlich formuliert.

Ein gemeinsamer Ausflug – ein Telefongespräch planen, im Rollenspiel erproben

Die Freunde haben einen Ausflug in den Escape-Room geplant. Sami hat alles organisiert, doch es haben sich Änderungen ergeben. Er ruft im Büro des Veranstalters an.

Mitarbeiterin: Fun Escape, guten Tag! Sie sprechen mit Lisa, wie kann ich Ihnen helfen?
Sami: Äääähm, hier ist Sami. Ich habe ein Problem, ich hätte gerne Geld zurück!
Mitarbeiterin: Ich verstehe Sie leider nicht ganz. Worum geht es?
Sami: Wir sind jetzt weniger und ich habe zu viel überwiesen. Geht das jetzt noch?
Mitarbeiterin: Können Sie mir Ihr Problem bitte genauer schildern? Ich kann Ihnen noch immer nicht folgen.
Sami: Oh … Entschuldigung! Ich rufe später noch mal an …

1 **a.** Lest das Gespräch mit verteilten Rollen.
b. Beschreibt, wie und mit wem Sami spricht.

am Telefon | erwachsen | fremd | kommuniziert | …

Sami … mündlich. Er spricht … Die Gesprächspartnerin ist … und …

2 Sprecht über die folgenden Fragen:
- Was möchte Sami erreichen?
- Warum versteht die Frau Sami nicht?
- Wie könnte sich Sami nach diesem Gespräch fühlen?
- Was könnte der Mitarbeiterin durch den Kopf gehen?

3 Stellt euch vor, ihr seid Sami. Notiert Stichworte zu den Fragen:
- Wer bin ich?
- Was ist mein Problem?
- Was möchte ich von der Mitarbeiterin?

Sami ruft noch einmal im Escape-Room an, aber außerhalb der Öffnungszeiten. Er kann eine Nachricht auf dem Anrufbeantworter hinterlassen.

MK

4 Formuliert mithilfe eurer Stichworte Samis Nachricht für den Anrufbeantworter. Schreibt die Nachricht auf oder nehmt sie auf.

Im Alltag begegnen uns immer wieder Situationen, in denen wir fremden Personen unser Problem oder unseren Wunsch erklären müssen.

5 Wählt eine Situation aus.

A Ihr wollt eine Geburtstagstorte bei einer Bäckerei bestellen und vorab die Kosten erfragen.

B Ihr fragt für den Besuch im Escape-Room, wie viele Personen kommen dürfen.

C Ihr wollt eine Konzertkarte zurückgeben, weil ihr an dem Termin verhindert seid.

D Ihr informiert euch im Trampolin-Center, ob ihr bei eurem Besuch eigenes Essen mitbringen dürft.

E Ihr müsst einen Arzttermin verschieben, weil ihr verhindert seid.

6 **a.** Macht euch bewusst: Was ist euer Ziel? Wer ist eure Gesprächspartnerin / euer Gesprächspartner?
b. Bereitet das Telefonat vor. Notiert Stichworte.
c. Formuliert mithilfe der Stichworte eine Sprachnachricht. Tipp: Ihr könnt die Sprachnachricht auch aufnehmen.

Guten Tag! | Mein Name ist … | Hier spricht … | Ich interessiere mich für … | Wir haben … geplant. | Auf Ihrer Homepage habe ich gelesen, dass … | Ich benötige Informationen zu … | Ich möchte mit der Mitarbeiterin / dem Mitarbeiter sprechen, die/der bei Ihnen für … zuständig ist. | Ich melde mich dann nochmals bei Ihnen … | Bitte melden Sie sich bei mir. Sie erreichen mich … | Auf Wiederhören! | Vielen Dank.

7 **a.** Bildet Expertengruppen, die dieselbe Situation A – E gewählt haben.
b. Lest euch gegenseitig eure Sprachnachrichten vor oder hört sie euch an. Prüft beim Zuhören, ob das Gesprächsziel deutlich geworden ist.
c. Gebt euch gegenseitig ein Feedback.

8 **a.** Wählt eine neue Situation von Aufgabe 5 aus. Tipp: Ihr könnt auch eine Situation von Seite 11 auswählen. Nicht alles könnt ihr aber mündlich klären.
b. Geht vor, wie in den Aufgaben 6 und 7 beschrieben.

9 Worauf solltet ihr bei einem offiziellen Telefongespräch achten? Schreibt eine Checkliste. Berücksichtigt eure Ergebnisse der vorangegangenen Aufgaben.

9 *freundlich begrüßen, den eigenen Namen nennen, das Anliegen nennen, die Zuständigkeit oder Kontaktdaten erfragen, die Höflichkeitsanrede „Sie" verwenden …*

Die FAQs lesen, Fachbegriffe erschließen

Auf der Internetseite des Escape-Rooms stehen häufig gestellte Fragen und dazugehörige Antworten zum Nachlesen, die sogenannten FAQs*. Hier findet ihr einen Ausschnitt.

1 Lest den Ausschnitt aus den FAQs mithilfe des Lese-Profis. ▶ Der Lese-Profi, S. 222

Muss ich reservieren, wenn ich bei euch spielen will?
Ja, eine Reservierung ist nötig, damit bei deinem Besuch auch auf jeden Fall ein Raum zur Verfügung steht. Du kannst über unseren Online-Ticketshop für den von dir gewünschten Tag und die jeweilige Uhrzeit einen Raum buchen. Für besondere Anfragen z. B. von Schulklassen oder Betriebsausflügen rufe uns am besten direkt an. Die Nummer findest du auf unserer Homepage.

Wie kann eine Reservierung storniert werden?
Grundsätzlich ist deine Reservierung verbindlich. Buchungen können in Gutscheine umgebucht werden. Bitte wende dich spätestens 48 Stunden vor der gebuchten Zeit direkt an uns. Die Tickets sind nicht personalisiert und können auch einfach weitergegeben werden, wenn eine Teilnehmerin oder ein Teilnehmer der Gruppe absagen muss.
Schulen und Betriebe können eine Buchung bis zu einer Woche vor dem Termin kostenfrei stornieren. Bei verspäteter oder vergessener Stornierung behalten wir uns vor, den kompletten Reservierungsbetrag in Rechnung zu stellen. Bitte wende dich bei Nachfragen an die E-Mail-Adresse auf unserer Homepage.

Was ist, wenn bei der Reservierung noch keine genaue Teilnehmerzahl übermittelt werden kann?
Das ist kein Problem. Bitte teile uns bei der Reservierung am Telefon eine geschätzte Anzahl von Personen mit. Diese findest du auch in der Bestätigungsmail. Gib uns bitte spätestens 24 Stunden vor dem reservierten Termin die genaue Personenzahl per E-Mail bekannt, damit wir uns darauf vorbereiten können. Sollten am gebuchten Tag mehr als 15 % der gemeldeten Personen fehlen oder nicht teilnehmen können oder wollen, werden die entsprechenden Kosten von dir übernommen.

**FAQ steht für Frequently Asked Questions. Hier findet ihr Informationen und Antworten auf Fragen, die häufig gestellt werden.*

In den FAQs werden Fachbegriffe und andere schwierige Wörter verwendet. Ihr versteht den Text leichter, wenn ihr die Bedeutung kennt.

2 Erstellt ein Glossar*: Schreibt die folgenden Wörter mit ihrer Bedeutung auf. Schlagt bei Bedarf im Internet oder in einem Wörterbuch nach.
Tipp: Ihr könnt auch ein Beispiel ergänzen.

reservieren | buchen | stornieren | verbindlich | kostenfrei

Glossar zu FAQs
reservieren: …

3 In Zeile 9 steht: „Grundsätzlich ist deine Reservierung verbindlich."
Was bedeutet dies und welche Folgen ergeben sich daraus?
Erklärt es auch in Abgrenzung zu einer unverbindlichen Reservierung.

4 **a.** Was ist jeweils gemeint? Übersetzt die folgenden Sätze in eigene Worte.

Bei verspäteter oder vergessener Stornierung behalten wir uns vor, den kompletten Reservierungsbetrag in Rechnung zu stellen. (Z. 16–18) Sollten am gebuchten Tag mehr als 15 % der gemeldeten Personen fehlen oder nicht teilnehmen können oder wollen, werden die entsprechenden Kosten von dir übernommen. (Z. 27–29)

Falls du die Reservierung nicht oder [redacted] absagst,
musst du möglicherweise die Reservierungskosten [redacted].
Falls an dem gebuchten Tag mehr als [redacted] der gemeldeten
Personen fehlen, musst du [redacted] bezahlen.

b. Vergleicht euer Ergebnis mit einem anderen Tandem.

In den FAQs findet ihr Antworten auf häufig gestellte Fragen.

5 Klärt die folgenden Fragen mithilfe der FAQs.
Lest gezielt nach und findet die Antworten.

- *Brauchen wir für den Escape-Room eine Reservierung?*
- *Wie kann ich für eine ganze Gruppe reservieren?*
- *Muss ich bei der Anmeldung die genaue Teilnehmerzahl nennen?*
- *Was passiert, wenn wir absagen müssen?*

6 Sami hat für den 15.8. gebucht und eine Anzahlung gemacht. Leider kann die Hälfte der Freunde zu dem Termin nicht. Was kann Sami tun? Gebt ihm Tipps.

2 ** Ein Glossar ist eine Wörterliste, die Erklärungen zur Bedeutung eines Wortes enthält.*

4 *bezahlen, die Kosten, zu spät*

Einen Termin schriftlich absagen

Anna hat für ihre Freunde und sich einen Termin im Escape-Room reserviert. Sie möchte den Termin verschieben und schreibt eine E-Mail an den Kundenservice.

Senden Einfügen

An: escaperoom@example.org
Betreff:

Hallo alle,
ich muss den Termin am Samstag absagen.
Viele Grüße, Anna F.

1 **a.** Begründet, ob Anna mit der E-Mail erreichen wird, was sie möchte.
b. Sammelt Tipps für Anna, damit die E-Mail erfolgreich ist.

2 Fasst eure Ergebnisse von Aufgabe 1 in Stichpunkten zusammen.

Bei Annas E-Mail fehlt ein Betreff.

3 Was sollte Anna schreiben, damit der Empfänger sofort weiß, worum es geht?
a. Prüft die folgenden Vorschläge. Nennt Vorteile und Nachteile.
b. Formuliert selbst einen Vorschlag.

Absage von Anna | *Terminabsage für Samstag* | *Reservierung Sa., 27.3., geht nicht*

4 Stellt euch vor, ihr seid Anna und wollt die Reservierung absagen.
a. Plant die E-Mail. Übertragt den Notizzettel und ergänzt die Angaben.

- *Was ist das Problem?*
- *Was möchte ich erreichen?*
- *Wie möchte ich kontaktiert werden?*

b. Schreibt die E-Mail. Berücksichtigt auch die Ergebnisse der Aufgaben 1–3.

5 **a.** Lest euch gegenseitig eure E-Mails vor und überprüft mithilfe der Checkliste.
b. Überarbeitet eure E-Mails.

4 *Das will ich erreichen: den Termin verschieben / den Termin stornieren / einen Gutschein erhalten …*
Mögliche Kontaktdaten sind: meine E-Mail-Adresse oder meine Handy-Nummer

Wie schreibe ich eine offizielle E-Mail?

Eine E-Mail ist eine elektronische Post. Sie besteht aus mehreren Bestandteilen. Wie bei einem Brief achte ich bei einer offiziellen E-Mail auf die besondere Form.

[S] Senden [E] Einfügen

[A] An

[C] CC

BCC

[B] Betreff: Reservierungsanfrage für den 15.08.

[T] Sehr geehrte Damen und Herren,
wir planen einen Ausflug in den Escape-Room und möchten ...

Arbeitstechnik

Eine offizielle E-Mail schreiben

- In das leere **Textfeld** [T] schreibe ich meine E-Mail. Ich beginne mit einer Anrede und ende mit einem Gruß und meinem Namen. Ich achte auf die äußere Form und verwende eine angemessene Sprache.
- Ich wähle einen passenden **Betreff** [B] wie bei einem formalen Brief. Am Betreff erkennt die Empfängerin / der Empfänger, worum es in der E-Mail geht. Wenn ich keinen Betreff formuliere, kann die E-Mail im Spam-Ordner landen.
- Bei **An** [A] trage ich die E-Mail-Adresse der Empfängerin oder des Empfängers ein. Ich kann auch mehrere Empfängerinnen und Empfänger eintragen.
- Soll eine Empfängerin oder ein Empfänger die E-Mail nur zur Information erhalten, trage ich ihre/seine E-Mail-Adresse bei **CC** [C] ein. Soll der Verteiler der E-Mail nicht öffentlich sein, trage ich die E-Mail-Adressen der Empfängerinnen und Empfänger bei **BCC** ein.
- Ich kann bei meiner E-Mail eine Anlage **einfügen** [E]. Ich ergänze eine Datei oder mehrere Dateien als Anlage.
- Wenn meine E-Mail fertig ist, klicke ich auf **Senden** [S].

Das Probetraining – einen Werbeflyer lesen

Das neue Fitness-Studio eröffnet. Clara hat einen Werbeflyer erhalten.

1 **a.** Worauf fällt dein Blick zuerst?
b. Lies den Werbeflyer mithilfe des Lese-Profis.

► Der Lese-Profi, S. 222

Fitness und mehr ab 5,99 €*

Mehr Muskeln und eine bessere Figur? Abnehmen oder einfach etwas für die Gesundheit tun? Kommen Sie zu uns! Finden Sie in zehn Trainingsareas den Bereich, der am besten zu Ihnen passt: mit Kraftgeräten trainieren oder im Zirkeltraining fit werden. Wir bieten verschiedene Kurse und eine individuelle Trainingsplanung. Gern überzeugen wir Sie bei einem kostenlosen Probetraining. Vereinbaren Sie einen Termin!

*pro Woche bei Abschluss eines Zweijahresvertrags

2 **a.** Schreibe auf, welche Angebote Clara im neuen Fitness-Studio erwarten.
b. Schreibe auf, was du über das Probetraining erfährst.
c. Erkläre das Kleingedruckte mit eigenen Worten: Was kostet eine Mitgliedschaft?

jede Woche, Vertrag über zwei Jahre, wenn ..., dann ...

Clara möchte im Fitness-Studio anrufen und ein Probetraining vereinbaren.

3 Stell dir vor, du bist Clara. Bereite das Telefongespräch vor.

die Begrüßung ⟶ Guten Tag ...
die Vorstellung ⟶ Mein Name ist ...
mein Anliegen ⟶ Ich interessiere mich für ...
– Probetraining?
– Datum und Uhrzeit?
die Verabschiedung

Ein Online-Formular erschließen

Clara muss sich über die Homepage des Fitness-Studios anmelden. Sie findet unter dem Menüpunkt Probetraining ein Formular zum Ausfüllen.

Deine persönlichen Angaben:

der Vorname, der Nachname* [redacted] das Geburtsdatum [redacted]

die Straße, die Hausnummer [redacted] E-Mail* [redacted]

die PLZ, der Ort [redacted] Telefon* [redacted]

Deine Nachricht an uns:

[redacted]

* **Pflichtfelder.** Ohne diese Angaben kann die Nachricht nicht versendet werden.

[redacted] Ja, ich habe die Datenschutzerklärung **zur Kenntnis genommen** und bin damit einverstanden, dass die von mir angegebenen Daten **zweckgebunden** zur Bearbeitung und Beantwortung meiner Anfrage **elektronisch erhoben** und **gespeichert** werden. Mit dem Absenden des Kontaktformulars erkläre ich mich mit der **Verarbeitung** einverstanden. Diese Zusage kann ich jederzeit **widerrufen**.

Manche Felder im Formular sind mit einem Sternchen * gekennzeichnet.

1 Was bedeutet das *? Lies die Erklärung und beschreibe, was gemeint ist.

Am Ende des Formulars muss Clara der Datenschutzerklärung zustimmen.

2 Beantworte die Fragen in Sätzen:
- Womit erklärt sich Clara einverstanden?
- Wofür werden die Daten verwendet?
- Kann Clara die Zusage rückgängig machen?

3 Erstelle ein Glossar.

a. Schreibe die hervorgehobenen Wörter auf ein Blatt oder mit dem PC.

b. Kläre die Bedeutung und ergänze sie.

Glossar zu Online-Formularen
ein Pflichtfeld: …

Einen Termin schriftlich vereinbaren

Stell dir vor, du möchtest wie Clara einen Termin für ein Probetraining vereinbaren.

1 **a.** Lies noch einmal den ersten Abschnitt des Formulars.
b. Schreibe deine persönlichen Angaben in deinem Heft auf.
c. Markiere, welche Angaben in diesem Formular unbedingt nötig sind.

Das Formular vom Fitness-Studio endet mit einem Feld für eigene Nachrichten.

2 Formuliere für Clara die Nachricht an das Fitness-Studio.
- Bitte um einen Termin für ein Probetraining.
- Ein Termin Donnerstag ab 17 Uhr wäre dir am liebsten.

Ich interessiere mich für … | Ich möchte gern einen Termin vereinbaren für … | Ein für mich passender Termin ist … | Mir passt ein Termin am … | Muss ich etwas mitbringen? | Was soll ich für den Termin mitbringen? | Vielen Dank für Ihre Antwort. | Ich freue mich auf Ihre Antwort.

Sehr geehrte Damen und Herren,

…

Das Fitness-Studio antwortet Clara mit einer E-Mail.

Sehr geehrte Clara Cassis,

wir freuen uns, dass Sie sich für unser Fitness-Studio interessieren. Zum Probetraining erwarten wir Sie am Sonntag um 10:00 Uhr. Bitte bringen Sie Sportkleidung mit. Getränke gibt es gratis.

Ihr Fitness-Team

3 **a.** Wie spricht das Fitness-Studio Clara an? Finde die Anredepronomen.
b. Wann soll das Probetraining stattfinden? Beantworte in einem Satz.
c. Was bedeutet, dass es Getränke gratis gibt? Erkläre mit eigenen Worten.

Einen Termin schriftlich verschieben oder absagen

Am Sonntag kann Clara nicht, da ist ihr Fußball-Turnier. Clara muss den Termin für das Probetraining verschieben.

1 Antworte auf die E-Mail und bitte um Terminverschiebung.

a. Wähle eine Anrede aus:

Guten Tag, … | Liebes Fitness-Team, … | Sehr geehrte Damen und Herren, …

b. Schreibe den Textblock. Wähle Sätze aus und ergänze die Lücken.

Herzlichen Dank für die schnelle Rückmeldung. | Vielen Dank für die Antwort. | Der vorgeschlagene Termin klappt leider nicht, denn … | Leider kann ich an dem Termin nicht teilnehmen, weil … | Sehr gerne würde ich zu Ihnen kommen, aber … | Bei mir passt es am … Ich kann ab … Uhr. | Ich bitte um ein Probetraining am …

c. Beende deine Nachricht mit einem Gruß. Wähle aus:

Sportliche Grüße | Mit freundlichen Grüßen | Viele Grüße

Du hast für Clara schriftlich einen Termin vereinbart und verschoben. Nun kannst du dein Wissen weitergeben und Musterschreiben für verschiedene Anlässe vorbereiten.

MK

2 Erstelle Musterschreiben mit dem PC.

a. Nutze als Musterschreiben für eine Terminanfrage deine E-Mail von Seite 20, Aufgabe 2.

b. Nutze für eine Terminverschiebung oder Absage deine E-Mail von Seite 21, Aufgabe 1.

c. Markiere in beiden E-Mails deine Ergänzungen. Du musst sie bei neuen Terminanfragen oder Terminabsagen ändern.

Du möchtest noch ein offizielles Schreiben formulieren? Stell dir vor, du bist Clara. Das Probetraining hat dich überzeugt. Du überlegst, im Fitness-Studio Mitglied zu werden.

3 Formuliere eine E-Mail für Clara.

- Gib eine Rückmeldung zum Probetraining.
- Bitte um Zusendung eines Vertragsentwurfs.

Der Führerschein – ein Merkblatt erschließen

Naomi und Tarik möchten sich für den Führerschein anmelden. Sie wollen mobil und selbstständig sein. Tarik fragt:

Was ist eigentlich der Unterschied zwischen Mofa und Moped?

1 Was weißt du schon über den Unterschied von Mofa und Moped? Überprüfe dein Vorwissen mithilfe des folgenden Merkblattes.

Mofa oder Moped – wo sind die Unterschiede?

Eine Mofa-Fahrerlaubnis kannst du mit 15 Jahren erlangen. Die Prüfbescheinigung berechtigt dich zum Führen von Fahrzeugen mit maximal 50 ccm Hubraum[1] (bei einem Verbrennungsmotor) und einer Höchstgeschwindigkeit von 25 km/h.
Seit Juli 2021 darfst du den Moped-Führerschein auch bereits mit 15 Jahren machen. Dieser Führerschein erlaubt, Kleinkrafträder mit einem maximalen Hubraum von 50 ccm und einer Höchstgeschwindigkeit von 45 km/h zu fahren. Außerdem ist die Nenndauerleistung[2] auf 4 kW beschränkt.

Mofa-Prüfbescheinigung	**Moped-Fahrerlaubnisklasse AM**
Die Mofa-Prüfbescheinigung ist eine Fahrerlaubnis. Es wird nur eine Theorieprüfung absolviert. Für die Prüfbescheinigung kannst du dich bereits ein halbes Jahr vor Erreichen des Mindestalters bei der Fahrschule anmelden und mit der Ausbildung beginnen. Du benötigst dafür eine Einverständniserklärung deiner Eltern. Die Prüfung darfst du frühestens drei Monate vor deinem 15. Geburtstag ablegen.	Du darfst ein halbes Jahr vor deinem 15. Geburtstag mit dem Fahrunterricht für den Moped-Führerschein beginnen. Für die Ausbildung erforderlich ist das Einverständnis deiner Eltern. Du benötigst eine Teilnahmebestätigung über einen Erste-Hilfe-Kurs und eine Sehtest-Bescheinigung. Einen Monat, bevor du 15 Jahre alt wirst, kannst du die theoretische und die praktische Prüfung für den Moped-Führerschein ablegen.

[1] der Hubraum: ein wichtiger Hinweis für die Leistungsfähigkeit eines Verbrennungsmotors; je größer der Hubraum, desto mehr Motorleistung ist möglich [2] die Nenndauerleistung: bei Elektromotoren die höchste Leistung unter normalen Bedingungen

2 Schreibe auf, was für dich neu oder besonders interessant war.

Tarik hat auf dem Merkblatt einige Informationen bereits markiert.

3 **a.** Lies das Merkblatt noch einmal genau.
b. Schreibe die markierten Wörter und Wortgruppen auf und erkläre sie mit eigenen Worten. Schlage bei Bedarf nach.

eine Fahrerlaubnis: …

c. Notiere weitere dir unbekannte Wörter und Wortgruppen und schlage ihre Bedeutung nach.

Naomi möchte folgende Fragen klären:

Mit wie viel Jahren darf ich die Führerscheine machen?

Welche Prüfungen muss ich jeweils ablegen?

4 **a.** Beantworte Naomis Fragen mithilfe des Merkblatts von Seite 22. Berücksichtige mögliche Unterschiede zwischen Mofa-Fahrerlaubnis und Moped-Führerschein.
b. Vermute, warum es für beide „Führerscheine" unterschiedliche Voraussetzungen gibt.

5 Was hast du erfahren? Erstelle eine Übersicht für dich und deine Klasse.
a. Lege eine Tabelle mit dem PC an.
b. Ergänze die Informationen aus dem Merkblatt.

	die Mofa-Fahrerlaubnis	der Moped-Führerschein
der offizielle Name		*die Fahrerlaubnisklasse AM*
das Mindestalter für die Fahrschule		
die Voraussetzungen		
die erlaubten Fahrzeuge		
die Höchstgeschwindigkeit, …		
die Prüfungen		

Ein offizielles Telefongespräch planen

Naomi und Tarik haben ihre Eltern überzeugt und dürfen sich gemeinsam zum Moped-Führerschein anmelden. Sie wollen sich bei verschiedenen Fahrschulen telefonisch informieren.

1 Bereite ein Telefongespräch vor.

a. Formuliere Fragen, die Naomi und Tarik am Telefon stellen könnten. Schreibe die vollständigen Fragen auf.

MK Tipp: Du kannst die Fragen auch mit dem PC schreiben, damit du sie leichter bearbeiten und ordnen kannst.

---

die Kosten? | die Termine für praktische Übungen? | das Material zum Lernen? | die Möglichkeit zur Wiederholung der Prüfung? | wie viele Theorie-Stunden? | die Uhrzeit für Theorie-Stunden? | die Unterschrift der Eltern in der Fahrschule oder zu Hause? | die Möglichkeit von Ferienkursen? | der nächste Kursbeginn? | …

---

b. Formuliere mindestens drei weitere Fragen und schreibe sie auf.

2 **a.** Wähle aus, welche Fragen Naomi und Tarik zuerst stellen könnten.
b. Begründe, welche Fragen sie nicht zuerst stellen sollten.
c. Ordne alle Fragen in eine für dich sinnvolle Reihenfolge.

3 Formuliere Sätze, mit denen Naomi oder Tarik das Gespräch beginnen könnten.
- Denke an die Begrüßung und das Vorstellen der eigenen Person.
- Schreibe als Naomi oder Tarik.

Guten Tag, mein Name ist …
Hallo, ich bin … und möchte …

4 Schreibe auf, wie Naomi oder Tarik das Telefonat beenden könnten.
- Bedanke dich für die Informationen.
- Teile mit, dass du dich noch nicht für eine Fahrschule entschieden hast.
- Frage nach, wie du die Fahrschule bei weiteren Fragen erreichen kannst.

Vielen Dank für die vielen Informationen, ich …
Wie kann ich Sie am besten erreichen, wenn …?

Du kannst die Fragen einer Partnerin / einem Partner vorlesen und um ein Feedback oder weitere Anregungen bitten.

1 *Wie viel …? Welche …? Woher …? Wann …? Wie lange …? Wo …?*

Schriftlich um Informationen bitten

Naomi erreicht eine Fahrschule nicht telefonisch. Sie möchte eine E-Mail senden.

1 Naomi möchte per E-Mail nur drei wichtige Dinge fragen:

der nächste Kursbeginn | die geschätzten Kosten insgesamt | die Unterrichtszeit

a. Formuliere den Textblock für eine kurze E-Mail.
b. Bitte um Auskunft, wann du für weitere Informationen anrufen kannst.

2 Welche der folgenden Betreff-Zeilen passt zu deiner E-Mail?
a. Wähle aus und begründe.

Führerschein | Ich wüsste gerne, wie viel der Führerschein kostet | Anmeldung zum Moped-Führerschein, Frage nach Kosten | Guten Tag, ich würde gerne den Mofa-Führerschein machen. Können Sie mir bitte sagen … | Bitte um Auskunft zum Moped-Führerschein | Bei Ihnen den Führerschein machen

b. Begründe für zwei Beispiele, warum sie als Betreff nicht geeignet sind.

Für den Führerschein müssen sich Naomi und Tarik zu einem Erste-Hilfe-Kurs und zum Sehtest anmelden. Wähle eine der Aufgaben 3 1 oder 3 2 aus.

MK **3 1** Schreibe eine E-Mail für die Anmeldung zum **Erste-Hilfe-Kurs**.
a. Finde im Internet zwei mögliche Anbieter der Kurse.
b. Formuliere eine passende Betreff-Zeile.
c. Frage im Textblock nach dem nächstmöglichen Termin und nach möglichen Kosten. Achte auf die richtige Anrede.

MK **3 2** Schreibe eine E-Mail für die Anmeldung zur **Sehtest-Bescheinigung.**
a. Recherchiere im Internet, wer in deinem Wohnort den Sehtest anbietet.
b. Verwende für die Betreff-Zeile und den Textblock die Angaben rechts im Kasten.

> **Sehtest-Bescheinigung**
> von Bewerbern um die Erteilung einer Fahrerlaubnis der Klassen AM, A1, A2, A, B, BE, L oder T

Du nutzt deine Ergebnisse, um für die Klasse Musterschreiben vorzubereiten.

MK **4** Bearbeite deine Ergebnisse der Aufgaben 1–3 zu Musterschreiben.
Markiere in deinen Mustern die Stellen, die du je nach Anlass anpassen musst.

3 1 *und* **3 2** *ich interessiere mich für …, ich bitte um Informationen zu …*
Können Sie mir bitte mitteilen, wann/wo …? Wie viel kostet …?

Einen Vertragstext lesen und verstehen

Naomi und Tarik haben einen Ausbildungsvertrag der Fahrschule erhalten. Der Vertrag regelt unter anderem die Nutzung der persönlichen Daten*.

Einwilligungen und Datenschutzhinweise

A Ich willige ein, dass die Fahrschule im Rahmen der Ausbildung Fotos macht, auf denen ich erkennbar bin. Ich bin damit einverstanden, dass diese Fotos auf der Internetseite zusammen mit meinem Vornamen veröffentlicht werden. Damit akzeptiere ich auch die Datenschutzbestimmungen der Homepage. Diese Einwilligung ist jederzeit frei widerruflich. ☐ Ja ☐ Nein

B Ich bin damit einverstanden, dass die Fahrschule mich im Rahmen der Ausbildung telefonisch oder elektronisch, per E-Mail oder SMS kontaktieren darf.
Diese Einwilligung ist jederzeit widerruflich. ☐ Ja ☐ Nein

C Ich willige ein, dass alle für die Ausbildung und Prüfung erforderlichen personenbezogenen Daten elektronisch gespeichert werden. Ich stimme außerdem zu, dass meine Daten zur Vorbereitung und Durchführung der Fahrerlaubnisprüfung zwischen der Fahrschule, der zuständigen Prüforganisation und der Fahrerlaubnisbehörde ausgetauscht werden.
Diese Einwilligung ist jederzeit widerruflich. ☐ Ja ☐ Nein

1 Im Vertrag steht mehrfach: Diese Einwilligung ist jederzeit widerruflich.
a. Was bedeutet dieser Satz? Erkläre mit eigenen Worten.
b. Was passiert, wenn du Nein ankreuzt? Beschreibe die Folgen für A, B, C.

Im Vertragstext werden einige Fachbegriffe verwendet.

2 Erstelle für dich und deine Klasse ein Glossar. Schreibe die folgenden Wörter mit ihrer Bedeutung auf. Schlage bei Bedarf nach.

Glossar zu Vertragstext
die Einwilligung: …

die Datenschutzbestimmungen | die Einwilligung | widerruflich | mich kontaktieren | erforderlich | die personenbezogenen Daten

**Neben persönlichen Angaben wie Name, Geburtsdatum und Adresse zählen auch Kontaktdaten wie eine Telefonnummer oder eine E-Mail-Adresse zu den persönlichen Daten.*

3 **a.** Notiere jeweils die Aussagen der Abschnitte A, B und C.

(A) Ich stimme zu: Mein Foto wird veröffentlicht …
(B) Ich bin einverstanden: …
(C) …

b. Schreibe zu jedem Abschnitt auf, ob du zustimmen oder ablehnen würdest. Begründe deine Entscheidung.

Ein weiterer Abschnitt des Ausbildungsvertrags regelt, wie der Vertrag gelöst werden kann.

Kündigung des Vertrages

Der Ausbildungsvertrag kann vom Fahrschüler jederzeit, von der Fahrschule nur aus wichtigem Grund gekündigt werden: Ein wichtiger Grund liegt insbesondere vor, wenn der Fahrschüler

a) trotz Aufforderung und ohne triftigen Grund nicht innerhalb von vier Wochen seit Vertragsabschluss mit der Ausbildung beginnt oder er diese um mehr als drei Monate ohne triftigen Grund unterbricht,

b) den theoretischen oder den praktischen Teil der Fahrerlaubnisprüfung nach jeweils zweimaliger Wiederholung nicht bestanden hat,

c) wiederholt oder gröblich gegen Weisungen oder Anordnungen des Fahrlehrers verstößt

Textform der Kündigung:
Eine Kündigung des Ausbildungsvertrages ist nur wirksam, wenn sie in Textform erfolgt. V

4 Kläre die Bedeutung der folgenden Wörter und ergänze dein Glossar. Tipp: Du kannst die Begriffe später nach dem Alphabet ordnen.

die Kündigung | jederzeit | der triftige Grund | gröblich | die Weisungen | wirksam | die Textform

5 Fasse den Inhalt des Abschnitts mit eigenen Worten zusammen. Beantworte dabei die folgenden Fragen:

- Aus welchen Gründen kann die Fahrschule kündigen?
- Aus welchen Gründen kann die Fahrschülerin / der Fahrschüler kündigen?

Die Arbeitsergebnisse präsentieren

Ihr habt Anforderungen aus dem Alltag kennengelernt und gelernt, wie ihr handeln könnt. Damit eure Mitschülerinnen und Mitschüler ebenso erfolgreich handeln können, bereitet ihr eure Arbeitsergebnisse für alle auf.

1 Bildet Expertengruppen von zwei bis vier Schülerinnen und Schülern, die zu demselben Thema gearbeitet haben.

Der Führerschein | **Das Probetraining**

2 Welche Fachbegriffe sollte man kennen?
Führt eure Glossare in einem digitalen Dokument zusammen.
Tipp: Ordnet die Fachbegriffe alphabetisch und streicht Wiederholungen.

3 Was muss bei eurem offiziellen Schreiben unbedingt beachtet werden?
Erarbeitet gemeinsam eine Checkliste.
Tipp: Wenn ihr die Checkliste mit dem PC schreibt, könnt ihr sie für alle ausdrucken.

Checkliste: …	Ja	Noch nicht
…		

4 Jede Expertengruppe erhält eine Station im Klassenraum.
Überlegt gemeinsam, wie ihr eure Ergebnisse präsentieren wollt:
das Glossar, eure Musterschreiben und die Checkliste.

In einem Galeriegang stellt ihr euch gegenseitig eure Arbeitsergebnisse vor.

5 **a.** Bildet gemischte Gruppen:
b. Geht als Gruppe gemeinsam von Station zu Station.
c. Als Expertin oder Experte stellt ihr eure Arbeitsergebnisse vor und beantwortet Fragen.

▶ Der Galeriegang, S. 225

Eure Arbeitsergebnisse sind für alle interessant und hilfreich. Mit euren Checklisten, Musterschreiben und Glossaren könnt ihr einen Ratgeber erstellen.

3 *Ich habe einen aussagekräftigen Betreff geschrieben. / Der Betreff ist kurz und treffend. / An dem Betreff erkennt der Empfänger, worum es in der Nachricht geht …*

Über die Arbeit nachdenken

Ihr habt wichtige Hinweise zusammengestellt, damit ihr alltägliche Aufgaben erfolgreich bewältigen könnt.

1 **a.** Wertet den Galeriegang gemeinsam aus.
Gebt euch gegenseitig ein Feedback.
- Was findet ihr besonders gelungen?
- Welche Hinweise findet ihr besonders hilfreich?

b. Vergleicht die offiziellen Schreiben.
- Welche Gemeinsamkeiten erkennt ihr?
- Welche Unterschiede fallen euch auf?

Seid ihr nun auf alltägliche Situationen besser vorbereitet?
Die Zielscheibe zeigt euch, wie eure Klasse die Frage beantwortet.

2 **a.** Übertragt die Zielscheibe auf ein DIN-A3-Blatt.
Tipp: Das ist auch mit einem digitalen Whiteboard möglich.
b. Hängt das Blatt im Klassenraum auf oder legt es auf einen Tisch aus.
c. Lest die Aussagen in den vier Ecken. Je mehr ihr der Aussage zustimmt, desto näher setzt ihr einen Punkt an die Mitte.

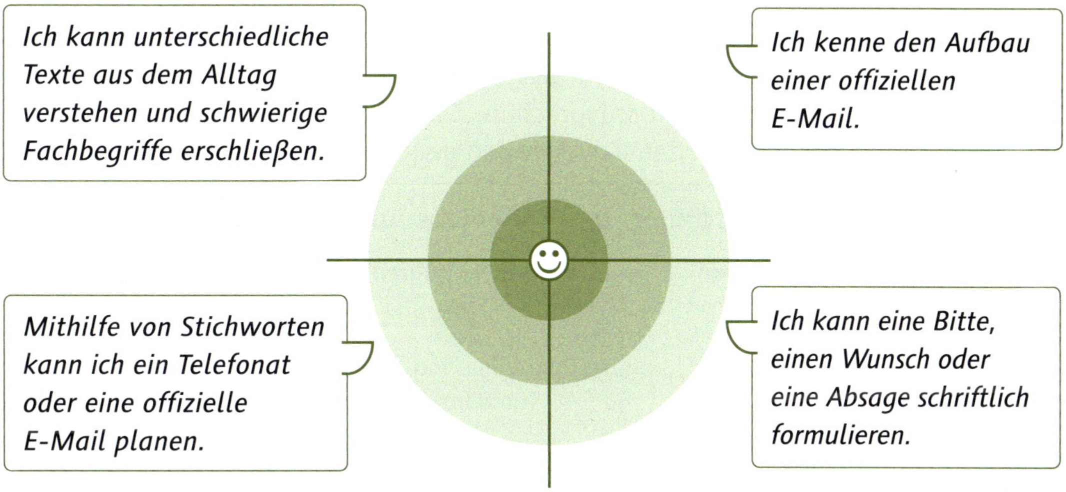

3 Wertet das Ergebnis aus: Was gelingt bereits gut, was noch nicht?

1 **a.** *Mir hat besonders gut gefallen, wie … Ich finde … sehr hilfreich.*
Für meinen Alltag ist besonders interessant, wie …

3 *Die meisten Punkte sind bei Aussage … nah an der Mitte. Das bedeutet …*

Lesestrategien anwenden

Ali ist 16 Jahre alt und möchte sein Taschengeld mit einem Schülerjob aufbessern. Er will sich einen ersten Überblick über die gesetzlichen Regeln verschaffen.

1 a. Was wisst ihr bereits über Schülerjobs?
b. Habt ihr selbst einen Schülerjob oder kennt ihr jemanden mit einem Schülerjob?

2 Überfliegt den Text und die Infografik.
Besprecht, um welche Informationen es geht.

3 Untersucht die Gestaltung der Infografik.
Was fällt euch auf?

Schülerjob? Ja, aber sicher!

Du brauchst neue Kopfhörer oder hast im Laden um die Ecke eine tolle Hose entdeckt? Ein Schülerjob ist die Lösung, wenn das Taschengeld nicht reicht! Viele Jobs werden für die Ferienzeit angeboten, manche kannst du aber auch nachmittags nach der Schule oder am Wochenende machen. Bei Jugendlichen sind Kellnern, Babysitten, Regale einräumen, Zeitungen austragen und Nachhilfe geben besonders beliebt. Doch Vorsicht: Manchmal werden Jobs angeboten, die gar nicht den gesetzlichen Regeln entsprechen. Zum Beispiel vertragen sie sich nicht mit der Schulpflicht oder sie verstoßen gegen den Jugendschutz.

Schüler- und Ferienjobs: gesetzliche Regeln

ab 13 Jahren	ab 15 Jahren	ab 18 Jahren
– max. 2 Stunden/Tag	– max. 8 Stunden/Tag – max. 40 Stunden/Woche (Ferien)	– max. 50 Tage/Jahr oder 2 Monate am Stück (Ferien)
! – nur mit Einverständnis der Eltern	! – Jugendschutz: gesetzliche Arbeits- und Ruhezeiten beachten	! – Alles darüber hinaus ist kein Schüler-/Ferienjob.

4 Lest den Text und die Infografik genau.
a. Welche Informationen sind für Ali wichtig? Notiert Stichworte.
b. Welche Fragen könnte Ali nun haben, die nicht beantwortet werden? Schreibt auf.

Ali möchte mehr über die gesetzlichen Regeln zu Arbeits- und Ruhezeiten erfahren. Im Internet findet er das Inhaltsverzeichnis des Jugendarbeitsschutzgesetzes.

Gesetz zum Schutze der arbeitenden Jugend (Jugendarbeitsschutzgesetz – JArbSchG)

Inhaltsübersicht

Erster Abschnitt

Allgemeine Vorschriften

Geltungsbereich	§ 1
Kind, Jugendlicher	§ 2
[...]	

Dritter Abschnitt

Beschäftigung Jugendlicher

ERSTER TITEL

Arbeitszeit und Freizeit

Dauer der Arbeitszeit	§ 8
Berufsschule	§ 9
Prüfungen und außerbetriebliche Ausbildungsmaßnahmen	§ 10
[...]	
Nachtruhe	§ 14
Fünf-Tage-Woche	§ 15
Samstagsruhe	§ 16
Sonntagsruhe	§ 17
Feiertagsruhe	§ 18
[...] V	

5 Untersucht das Inhaltsverzeichnis.
- Wie ist es gegliedert?
- Welche Elemente erkennt ihr?

6 Notiert Vermutungen, worum es in den einzelnen Paragrafen gehen könnte.

§ 1: informiert darüber, für welchen Bereich das Gesetz gilt
§ 2: definiert, für wen die Regeln gelten: Wann gilt man als Kind, wann als ...

7 Welche Paragrafen sind für Ali wichtig? Begründet.

Ali möchte sich genauer über Nachtruhe und Samstagsruhe informieren.

§ 14 Nachtruhe
(1) Jugendliche dürfen nur in der Zeit von 6 bis 20 Uhr beschäftigt werden.
(2) Jugendliche über 16 Jahre dürfen
1. im Gaststätten- und Schaustellergewerbe bis 22 Uhr,
2. in mehrschichtigen Betrieben bis 23 Uhr,
3. in der Landwirtschaft ab 5 Uhr oder bis 21 Uhr,
4. in Bäckereien und Konditoreien ab 5 Uhr

beschäftigt werden. [...] V

§ 16 Samstagsruhe
(1) An Samstagen dürfen Jugendliche nicht beschäftigt werden.
(2) Zulässig ist die Beschäftigung Jugendlicher an Samstagen nur
1. in Krankenanstalten sowie in Alten-, Pflege- und Kinderheimen,
2. in offenen Verkaufsstellen, in Betrieben mit offenen Verkaufsstellen, in Bäckereien und Konditoreien, im Friseurhandwerk und im Marktverkehr [...].

Mindestens zwei Samstage im Monat sollen beschäftigungsfrei bleiben.
(3) Werden Jugendliche am Samstag beschäftigt, ist ihnen die Fünf-Tage-Woche (§ 15) durch Freistellung an einem anderen berufsschulfreien Arbeitstag derselben Woche sicherzustellen. In Betrieben mit einem Betriebsruhetag in der Woche kann die Freistellung auch an diesem Tag erfolgen, wenn die Jugendlichen an diesem Tag keinen Berufsschulunterricht haben. [...] V

8 Gesetzestexte haben einen besonderen Aufbau:
§ der Paragraf, **(1)** der Absatz, **1.** die Nummer.
a. Beschreibt den Aufbau. Beachtet dabei die Überschrift, die Form und besondere Zeichen.
b. Erklärt, wie die einzelnen Elemente jeweils zusammengehören.

9 Gesetzestexte verwenden Fachsprache und sind manchmal schwer zu verstehen.
a. Lest gemeinsam Satz für Satz und erklärt euch gegenseitig, was gemeint ist.
b. Klärt unbekannte Wörter und Textstellen im Tandem mit einem anderen Paar.

10 Welche Regeln zu Ruhezeiten und welche Ausnahmen gelten für den 16-jährigen Ali? Lest die Paragrafen genau und notiert Stichworte.

9 *Fachbegriffe nachschlagen, Wörter und Wortgruppen umformulieren, Sätze teilen ...*

Ali hat eine Stellenanzeige für einen Aushilfsjob in einer Bäckerei gefunden. Er möchte prüfen, ob er die Arbeit ausführen darf.

Aushilfe gesucht!

Die Bäckerei **Schöne Brote** vertreibt leckere Backwaren seit 1982.
Wir suchen ab sofort eine Aushilfe (m/w/d) in Teilzeit (12 h/Woche).

Das suchen wir:
- Du bist mindestens 16 Jahre alt.
- Du bist zuverlässig und hast ein freundliches Auftreten.
- Dir macht frühes Aufstehen am Wochenende nichts aus.

Das erwartet dich:
- frühester Arbeitsbeginn: 5:30 Uhr (Wochenende)
- spätestes Arbeitsende: 19:30 Uhr
- an Sonn- und Feiertagen maximal 4,5 Stunden am Tag

Klingt das nach dir? Dann schicke uns deine Bewerbung mit einem Klick.

jetzt bewerben

11 Darf Ali in der Bäckerei arbeiten?
a. Erklärt, welche Absätze und Nummern auf Seite 32 darauf eine Antwort geben.
b. Nennt weitere Paragrafen von Seite 31, die Ali lesen muss.
c. Recherchiert die Paragrafen im Internet und lest sie genau.
d. Begründet in Stichworten, ob Ali in der Bäckerei arbeiten darf.

▶ Im Internet recherchieren, S. 183

Ihr habt verschiedene Texte gelesen und unterschiedliche Fragen beantwortet.

12 **a.** Besprecht, wie ihr beim Lesen der Texte jeweils vorgegangen seid.
vor dem Lesen … / die Besonderheiten einer Textsorte erkennen …
b. Nennt Schritte und Hilfen, die für euch wichtig waren.

13 Entscheide, welche Schritte dir beim Lesen helfen. Schreibe sie auf.

12 **a.** *Besonderheiten können z. B. sein: die Überschrift, die Elemente, die Abschnitte …*

2 Besondere Berufe – *ein Referat mit Handout halten*

Es gibt viele besondere Ausbildungsberufe. Manche haben einen besonderen Arbeitsplatz oder einen ungewöhnlichen Alltag. Wieder andere gibt es nur in bestimmten Regionen oder es werden nur wenige Ausbildungsplätze angeboten.

1

Das Besondere an diesem Beruf? Man darf sich nicht vor Insekten ekeln.

2

Bei diesem Beruf ist der Arbeitsplatz besonders, denn er schwimmt auf Kanälen und Seen. Man ist immer unterwegs.

3

Dieser Beruf stellt eine besondere Anforderung: Man muss schwindelfrei sein. Außerdem arbeitet man meist im Freien.

Binnenschiffer/-in

Feuerungs- und Schornsteinbauer/-in

Schädlingsbekämpfer/-in

4

Ausbildungsverträge im Jahr 2023

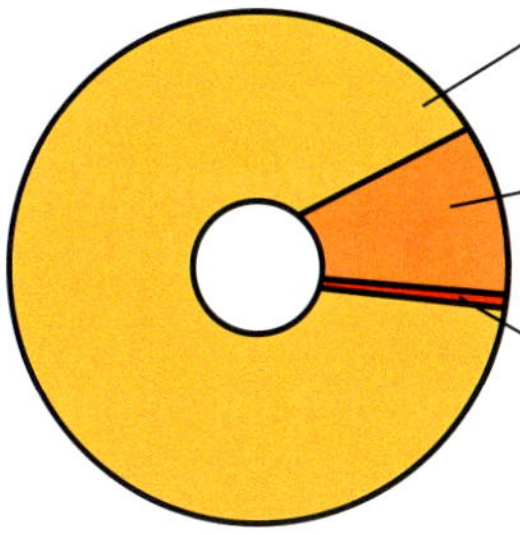

Quelle: statistisches Bundesamt destatis 2024 und Bundesinstitut für Berufsbildung 2020 (BIBB)

1 Welche Abbildungen passen zu den Berufen auf Seite 34?

2 Besondere Berufe – was heißt das für euch?
- Was macht einen Beruf besonders?
- Welchen Beruf findet ihr besonders?
- Was genau ist daran besonders?

3 Die Abbildungen zeigen Beispiele von besonderen Ausbildungsberufen.
- Was erstaunt euch?
- Was wisst ihr über die abgebildeten Berufe?
- Warum kennt man diese Berufe eher nicht?
- Welcher Beruf könnte etwas für euch sein?

2 Besondere Berufe – *ein Referat mit Handout halten*

In diesem Kapitel informiert ihr euch mithilfe des Lese-Profis über besondere Ausbildungsberufe. Ihr schreibt interessante Informationen auf und präsentiert sie eurer Klasse in einem Referat mit Handout.

Beruf Schädlingsbekämpfer/-in – Informationen sammeln und ordnen

Auf den folgenden Seiten findet ihr Texte und Grafiken über den Beruf Schädlingsbekämpfer/-in. Was ist an diesem Beruf besonders? Was findet ihr bemerkenswert? Ihr sammelt Informationen für ein Referat und erstellt ein Handout.

1 Was wisst ihr schon über den Beruf und worüber möchtet ihr mehr erfahren? Sammelt Fragen.

2 **a.** Vergleicht die Bilder und lest die Überschrift. Welche Informationen erwartet ihr im Text?
b. Lest nun den Lexikonartikel mithilfe des Lese-Profis.

▶ Der Lese-Profi, S. 222

Was sind Schädlinge?

Schädlinge nennen wir Tiere oder Pflanzen, die **Schaden anrichten**. Sie können beispielsweise Lebensmittel oder Nutzpflanzen befallen und zerstören. Oder sie beschädigen Gebäude und Einrichtungen. Manche Tiere können bei den Menschen auch **Krankheiten oder Allergien auslösen**.
Tiere, Pflanzen, Pilze werden erst zum Schädling, wenn sie sich massenhaft vermehren oder sich an Stellen ansiedeln, die nicht zu ihrem eigentlichen Lebensraum gehören. Wenn dies der Fall ist, ist die Schädlingsbekämpferin oder der Schädlingsbekämpfer gefragt.

3 Beantwortet die folgenden Fragen in Stichworten.
- Was ist ein Schädling?
- Warum gibt es den Beruf der Schädlingsbekämpferin / des Schädlingsbekämpfers?

Ihr könnt euer Ergebnis aus Aufgabe 3 später für euer Handout* verwenden.

**Ein Handout fasst wichtige Informationen auf ein bis zwei Seiten zusammen. Es hilft dabei, einem Vortrag zu folgen, und ermöglicht, die Informationen später nachzulesen.*

Die Texte und Grafiken auf den Seiten 37–40 informieren über den Beruf Schädlingsbekämpfer/-in. Ihr arbeitet in Gruppen und notiert Stichworte für ein Handout.

4 Teilt die Klasse auf:
- Lest die Materialien A, B, C oder D in Vierergruppen.
- Bearbeitet in der Gruppe jeweils die dazugehörigen Aufgaben 1 und 2.

A Kein Einsatz wie der andere – ein Interview

▶ Der Lese-Profi, S. 222

Was gefällt Ihnen an Ihrem Beruf, Luise?
Ich erlebe immer wieder etwas Neues, kein Einsatz ist wie der andere. Jeder Einsatz stellt mich vor neue Herausforderungen und ich habe mit einer Vielzahl von Tieren zu tun, einmal sogar mit einem Waschbären …

Was ist an Ihrem Beruf anders als bei anderen?
Normalerweise bin ich allein unterwegs. Nur bei großen Einsätzen arbeite ich mit anderen zusammen. Wenn ich Schädlinge aufstöbere, muss ich manchmal auf Dachböden, in die Kanalisation oder durch Lüftungsschächte kriechen. Da sollte man körperlich belastbar sein und keine Probleme mit Enge oder Dunkelheit haben. Auch wenn es an einem Einsatzort vor Schädlingen nur so wimmelt und der Geruch einen die Luft anhalten lässt, muss ich da durch. Das macht mir nichts aus, ist aber nichts für Menschen, die sich ekeln. Manchmal muss ich zu den ungewöhnlichsten Zeiten arbeiten, zum Beispiel bei einem Einsatz in einem Kaufhaus: Ich kann dort erst arbeiten, wenn das Kaufhaus abends oder am Wochenende geschlossen hat.

A 1 **a.** Erklärt, warum kein Einsatz dem anderen gleicht.
b. Benennt, an welchen Orten und zu welchen Zeiten Luise tätig ist.

A 2 Was habt ihr über den Beruf erfahren? Einigt euch auf wesentliche Informationen und notiert Stichworte für euer Handout.
Tipp: Ihr könnt eure Stichworte nach Oberbegriffen ordnen, zum Beispiel: der Alltag, die Arbeitsorte und die Arbeitszeiten.

(A) Interview
– der Alltag: …

B Bekämpfte Schädlinge

▶ Der Lese-Profi für Grafiken, S. 223

In einer Umfrage wurden 100 Schädlingsbekämpferinnen und Schädlingsbekämpfer befragt, welche drei Schädlinge sie im vergangenen Jahr am häufigsten bekämpft hatten. Das Ergebnis zeigt deutlich, bei welchen Schädlingen die Fachleute gerufen wurden. Allerdings erfahren wir nicht, wie schlimm der Schaden war oder wie oft die Schädlinge vorkamen. Möglicherweise können verschiedene Schädlinge auch ohne fremde Hilfe erfolgreich bekämpft werden.

Welche Schädlinge haben Sie letztes Jahr am häufigsten bekämpft (3 Nennungen)?

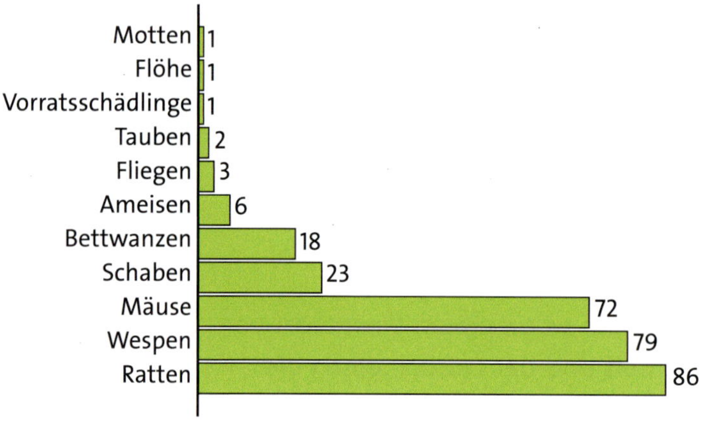

Daten nach: DpS Trend-Report Januar 2019

B 1 Wertet das Material aus:
- Welche Informationen liefern der Text und das Balkendiagramm, welche nicht?
- Was fällt euch beim Vergleich der verschiedenen Schädlinge auf?
- Welche Aussage erstaunt euch?

B 2 Was habt ihr über den Beruf erfahren? Einigt euch auf wesentliche Informationen und notiert Stichworte für euer Handout. Tipp: Ihr könnt eure Stichworte nach Oberbegriffen ordnen, zum Beispiel: die Aufgaben.

(B) Text und Diagramm über bekämpfte Schädlinge
– …

B 1 *Am häufigsten wurden … mit großem Abstand vor …*
Im Mittelfeld … Am unteren Ende der Skala … Eng beieinander liegt die Zahl von …

C Die Ausbildung und die Anforderungen

▶ Der Lese-Profi, S. 222

Seit 2004 ist der Beruf Schädlingsbekämpfer/-in ein anerkannter Ausbildungsberuf in Deutschland. Oft reicht der Hauptschulabschluss für die Ausbildung. Gute Kenntnisse in Biologie oder Chemie sind hilfreich. Zudem sollte man keine Angst vor Tieren wie Ratten, Wespen oder Schaben haben. Die Ausbildung dauert in der Regel drei Jahre. Sie findet an zwei Orten statt: der Berufsschule und dem Betrieb. In der Berufsschule lernt man unter anderem, wie man Schädlinge erkennt und welche vorbeugenden Maßnahmen man ergreifen kann. Außerdem erfährt man, welche biologischen oder chemischen Mittel man gegen Schädlinge einsetzen kann und wie sie wirken. Da dabei u. a. das Tierschutzgesetz und Gesundheitsvorschriften zu beachten sind, vermittelt die Ausbildung auch wichtige Gesetze. An den Einsatzorten lernt man u. a. den Umgang mit technischen Geräten, mit denen man Nagetiere und Insekten finden kann. Oft setzt man dabei Detektoren[1] ein. Mit diesen Geräten findet man Spuren oder hört Geräusche, die sonst nicht bemerkt werden. Außerdem erfährt man, wie man Kunden berät. Nach einem Einsatz muss man einen Bericht über alle Maßnahmen und die verwendeten Mittel verfassen.

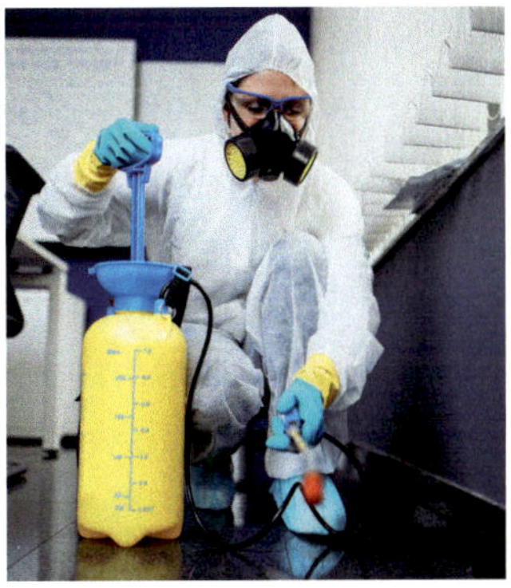

[1] der Detektor: ein Gerät, mit dessen Hilfe man etwas aufspüren kann

C 1 Beantwortet die folgenden Fragen:
- Welchen Schulabschluss benötigt man, wenn man diesen Beruf erlernen will?
- In welchen Schulfächern sollte man gute Kenntnisse haben?
- Welche persönlichen Voraussetzungen sind wichtig?
- Was lernt man in der Berufsschule und was an den Einsatzorten?

C 2 Was habt ihr über den Beruf erfahren? Einigt euch auf wesentliche Informationen und notiert Stichworte für euer Handout.

(C) Beruf Schädlingsbekämpfer/-in
– die Ausbildung: …
– …

Tipp: Ihr könnt eure Stichworte nach Oberbegriffen ordnen, zum Beispiel: die Ausbildung, die Anforderungen.

D Bericht von einem Arbeitstag

▶ Der Lese-Profi, S. 222

Heute früh war ich im Restaurant von Herrn M. Er hatte um eine **Beratung** gebeten, wie er einen Befall mit Schädlingen verhindern kann. Ich informierte ihn über **vorbeugende Maßnahmen**. Herr M. war sehr dankbar für meine **Tipps**.

Nicht immer ist der Kundenkontakt aber so einfach. Bei Beratung und Vorbeugung sind die Kunden in der Regel froh, dass ich komme. Geht es aber um die Bekämpfung der Schädlinge, ist der Kundenkontakt manchmal schwieriger. So war es bei dem anschließenden Einsatz in einem Hotel. Der Besitzer hatte Angst davor, dass die Nachbarn schlecht reden könnten. Er bat mich, unauffällig zu kommen. Meine Aufgabe bestand darin, einen **Schädling zu bestimmen** und die drohende **Gefahr abzuschätzen**. Glücklicherweise hatten sich die Bettwanzen bisher nur in einem Zimmer ausgebreitet. Ich konnte verhindern, dass sie weitere Zimmer befallen.

Wesentlich schlimmer war es bei meinem dritten Termin heute: Der Kunde hatte mich sehr spät gerufen und der **Befall** mit Schaben war in der Wohnung bereits **weit fortgeschritten**. Hier musste ich aktiv die **Schädlinge bekämpfen**. In diesem Fall stellte ich Köder und Klebefallen mit Lockstoff auf. Auch Spalten in der Wand musste ich verschließen. Für die erfolgreiche Bekämpfung werde ich mehrmals wiederkommen, um zu prüfen, ob die Maßnahmen erfolgreich waren. Das Beispiel zeigt deutlich: Je später ein Befall erkannt wird, desto teurer ist der Einsatz.

D 1 **a.** Benennt, an welchen Orten Herr S. an diesem Tag tätig war.
b. Beschreibt, was genau er dort machte.

D 2 Was habt ihr über den Beruf erfahren?
Einigt euch auf wesentliche Informationen und notiert Stichworte für euer Handout.
Tipp: Ihr könnt eure Stichworte nach Oberbegriffen ordnen, zum Beispiel: die Aufgaben, der Alltag.

(D) Bericht von einem Arbeitstag
– die Aufgaben: …
– …

Informationen präsentieren, ein Handout erstellen

Ihr habt euch in verschiedenen Texten und Grafiken über den Beruf Schädlingsbekämpfer/-in informiert. Jetzt tragt ihr eure Ergebnisse zusammen.

1 Bildet Gruppen.
a. Stellt vor, welches Material ihr genutzt habt.
b. Informiert euch gegenseitig. Verwendet eure Stichworte.

2 **a.** Welche eurer Fragen von Seite 36 konntet ihr mithilfe der Materialien beantworten, welche nicht?
b. Recherchiert bei Bedarf weitere Informationen und ergänzt eure Stichworte.

▶ Im Internet recherchieren, S. 183

Zur Vorbereitung eines Referats erstellt ihr ein Handout. Darin können die Zuhörerinnen und Zuhörer später wichtige Informationen nachlesen. Euer Handout könnt ihr gemeinsam am PC erstellen.

3 Fügt eure Notizen am Computer zu einem gemeinsamen Handout zusammen.
Tipp: Ihr könnt euch am Beispiel auf Seite 43 orientieren.
- Notiert in der Kopfzeile eure Namen, die Klasse, das Fach und das Datum.
- Ergänzt eine Überschrift, die das Thema benennt.
- Fügt Zwischenüberschriften und eure Notizen ein. Einigt euch auf eine Reihenfolge und vermeidet Wiederholungen.
- Achtet auf die sprachliche Richtigkeit: richtige Zeit, Satzbau, ...
- Gebt eure Quellen an.

4 Überprüft euer Handout und überarbeitet bei Bedarf.
- Sind eure Stichworte informativ?
- Sind sie verständlich für die anderen, die das Material nicht gelesen haben?
- Habt ihr Fachbegriffe verwendet, die für das Thema wichtig sind?

5 Tauscht euer Handout mit einer anderen Gruppe aus.
- Schreibt auf, was euch gefällt.
- Stellt Fragen, wenn ihr etwas nicht versteht.
- Schreibt Tipps und Verbesserungsvorschläge auf.

3 **c.** *Als Zwischenüberschriften könnt ihr beispielsweise Oberbegriffe verwenden: die Aufgaben, der Alltag, die Anforderungen ... Ihr könnt die Zwischenüberschriften auch als Fragen formulieren: Welche Aufgaben ...? Wie ist ...? Was sind ...?*

Ein Referat halten, die Quellen angeben

Mit einem Referat informiere ich Zuhörerinnen und Zuhörer über ein Thema.

Arbeitstechnik

Ein Referat halten
- Ich **wähle** eine **passende Überschrift** für mein Referat.
- In meiner **Einleitung** wecke ich Interesse und stelle die Gliederung vor.
- Ich **verweise** darauf, **woher** meine **Informationen** stammen.
- Ich **begründe die Auswahl** meiner Quellen.
- Die Informationen **trage** ich in einer **sinnvollen Reihenfolge** vor.
- Ich gebe die Informationen zu meinem Thema **verständlich** und **mit eigenen Worten** wieder.
- Zum **Schluss** betone ich, was mir besonders wichtig erscheint.
- Ich **veranschauliche die Informationen** meines Referats, z. B. mit einem Plakat oder einer Computer-Präsentation.
- Ich **übe** mein Referat mehrmals. Ich **versuche,** möglichst **frei zu sprechen.**

Wenn ich Informationen aus verschiedenen Texten und Grafiken sammle, notiere ich die Quellen. Für ein Referat oder ein Handout gebe ich alle Quellen genau an.

Info

Die Quellen angeben
Quellenangaben werden nach Buchquellen und Internetquellen getrennt. Sie sind jeweils alphabetisch geordnet.

Die Angaben bei Buchquellen:
- der Nachname, der Vorname der Autorin oder des Autors
- das Erscheinungsjahr
- der Titel des Textes, des Buchs oder der Zeitschrift, in dem/der der Text abgedruckt wurde
- der Erscheinungsort
- die Seite, auf der die Informationen stehen

Maier, Yannic (2024): Außergewöhnliche Berufe. Mannheim, S. 45

Die Angaben bei Internetquellen:
- die Web-Adresse
- das Zugriffsdatum

https://www.QuelleRichtigAngeben.example.com (24.06.2025)

Ein Handout erstellen

Mit einem Handout helfe ich den Zuhörerinnen und Zuhörern, meinem Referat zu folgen. Das Handout enthält die wichtigsten Informationen auch zum Nachlesen.

Arbeitstechnik

Ein Handout erstellen

- Ich notiere meinen Namen, die Klasse, das Fach und das Datum.
- Das Thema meines Referats nenne ich in der **Überschrift** des Handouts.
- Ich füge **Zwischenüberschriften** ein.
- Ich fasse **die wichtigen Informationen** meines Referats zusammen.
- Die Informationen stelle ich **übersichtlich** und **gut gegliedert** dar.
- Ich formuliere **in Stichworten** und **verständlich.**
- Ich verwende **Fachbegriffe,** die für das Thema wichtig sind.
- Ich achte auf Rechtschreibung, Zeichensetzung und Grammatik.
- Ich schreibe ein bis zwei Seiten.
- Zum Schluss gebe ich an, welche **Quellen** ich benutzt habe.

Anna, Naomi, Paul, Tarik
Klasse 9a / Deutsch 24.06.2025

Beruf Schädlingsbekämpfer/-in ← die Überschrift

der Alltag ← die Zwischenüberschrift

- vielfältige Einsätze: im Restaurant, … ← die wichtigen Informationen
- …

die Aufgaben

- vorbeugende Maßnahmen: …
- …

…

verwendete Quellen ← die Quellenangaben

- …

Tipp: Du kannst (nach Rücksprache mit deiner Lehrkraft) zusätzlich Abbildungen einfügen.

Beruf Binnenschiffer/-in – Informationen sammeln und ordnen

Du lernst den Beruf Binnenschifferin/Binnenschiffer kennen. Was ist an diesem Beruf besonders? Du sammelst Informationen und bereitest für deine Klasse ein Referat mit Handout vor.

1 Lege dir mehrere Blätter bereit, sodass du die Informationen zu dem Beruf sammeln und ordnen kannst.

2 Lies den Sachtext mithilfe des Lese-Profis.

▶ Der Lese-Profi, S. 222

Der Alltag und die Aufgaben von Binnenschiffern

Binnenschifferinnen und Binnenschiffer sind viel unterwegs auf Flüssen, Kanälen und Seen. Diese Wasserwege werden Binnengewässer genannt.

Binnenschifferinnen und Binnenschiffer steuern unterschiedliche Schiffe. Auf Güterschiffen transportieren sie Güter wie Kohle, Sand oder Kies. Sie helfen beim Beladen und Entladen und überwachen die Fracht. Auf Ausflugsschiffen oder Fähren befördern sie Menschen, also Passagiere.

Bei der Arbeit müssen die Binnenschiffer vieles im Blick haben: das Wetter, die Natur und die Schiffstechnik. Sie tragen eine große Verantwortung für die Fracht, die Passagiere und die Besatzung des Schiffs.

3 Wo arbeiten Binnenschiffer und was genau tun sie? Notiere Stichworte auf deinen Blättern.

Der folgende Sachtext informiert über das Leben als Binnenschiffer/-in.

4 **a.** Sieh dir das Foto an und lies die Überschrift. Was könnte der Inhalt des Sachtextes sein?
b. Lies die hervorgehobenen Schlüsselwörter. Was weißt du jetzt?
c. Lies nun den Sachtext genau.

▶ Der Lese-Profi, S. 222

Wenn das Zuhause immer unterwegs ist

Binnenschifferinnen und Binnenschiffer **arbeiten und wohnen auf dem Schiff**. Dieses Zuhause ist fast **immer unterwegs**. Durch den ständigen Ortswechsel gibt es keine festen Verbindungen für Trinkwasser und Strom. Der **Schiffsmotor** liefert den elektrischen Strom und die Wärme für die Heizung im Winter. Das Wasser zum Waschen und Kochen stammt aus **Wassertanks**, die regelmäßig aufgefüllt werden müssen.

Ein **Arbeitstag** auf dem Schiff kann frühmorgens beginnen und spät am Abend enden. Manchmal müssen Binnenschifferinnen und Binnenschiffer auch nachts oder im **Schichtdienst** arbeiten. Oft sind sie wochenlang unterwegs. Wenn die Familie mit auf dem Schiff lebt, sind auch die Familienmitglieder immer unterwegs. Für **Kinder** wird es schwierig, wenn sie schulpflichtig werden. Welche **Schule** sollen sie besuchen, wenn sie jeden Tag in einer anderen Stadt sind? Manche gehen dann auf ein **Internat**. Für die Binnenschifferinnen und Binnenschiffer bedeutet dies, dass sie nur am Wochenende und in den Ferien mit ihren Kindern zusammenleben können. Immer häufiger kommt es daher vor, dass nur ein Elternteil mit dem Binnenschiff unterwegs ist. Der andere Elternteil lebt mit der Familie an Land. Dann ist es wie bei anderen **beruflich Reisenden**, zum Beispiel Lokomotivführerinnen und Lkw-Fahrern: Sie besuchen die Familie, wenn es die Arbeitszeit erlaubt.

5 Wie unterscheidet sich ein Leben auf dem Binnenschiff von einem Leben an Land? Notiere Stichworte auf deinem Blatt.

der Alltag

Im Internet findest du weitere Informationen über den Ausbildungsberuf.

6 Lies die Informationstexte genau, Abschnitt für Abschnitt. ▶ Der Lese-Profi, S. 222

Was macht man in diesem Beruf?

Binnenschiffer/-innen laden im Hafen Güter oder nehmen Passagiere an Bord. Sie steuern Schiffe vom Steuerhaus aus, arbeiten auf Deck oder im Maschinenraum. Sie betreuen Fahrgäste oder überwachen die Fracht. Außerdem führen sie an Bord Reinigungsarbeiten aus und reparieren kleinere Schäden.

Wo arbeitet man?

Binnenschiffer/-innen arbeiten auf Fähren und Linienschiffen im Freien an Deck und im Maschinenraum, im Frachtraum, auf dem Führerstand und in den Passagierbereichen. V

Die Ausbildung

Die duale Ausbildung dauert drei Jahre und endet nach erfolgreicher Prüfung mit dem Matrosenbrief. Die praktische Ausbildung erfolgt auf dem Schiff, die theoretische Ausbildung findet an einer Berufsschule für Binnenschifffahrt statt. Davon gibt es in Deutschland nur noch zwei.

Die Anforderungen

Binnenschiffer/-innen müssen während der Fahrt stets aufmerksam sein und sich konzentrieren. Dies gilt besonders beim Fahren durch Schleusen oder im Hafen. Um Gefahren zu vermeiden, müssen Binnenschiffer rasch Entscheidungen fällen. Sie benötigen ein großes Verantwortungsbewusstsein. Da sie außerdem Reparaturen übernehmen, sollten sie technisches Interesse mitbringen. Ein bestimmter Schulabschluss ist nicht vorgeschrieben.

7 Notiere die wichtigsten Informationen aus jedem Abschnitt. Wähle jeweils dein passendes Blatt.

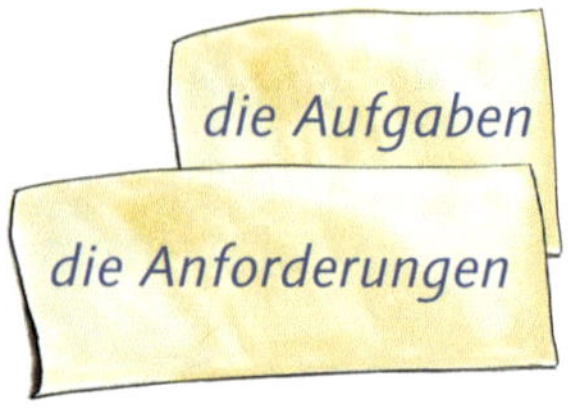

Der Beruf Binnenschiffer gehört zum Berufsfeld Transport und Logistik.

8 **a.** Informiere dich über das Berufsfeld Transport und Logistik im Internet.
- Wie ist das Berufsfeld gegliedert?
- Welche anderen Berufe gibt es?

b. Notiere die Informationen in Stichworten auf einem Blatt.
c. Gib genau an, von welcher Internetseite du die Informationen hast.

▶ Im Internet recherchieren, S. 183
▶ Quellen angeben, S. 42

Einige Binnenschiffer befördern Güter. Die Grafik verdeutlicht, wie viel ein Binnenschiff im Vergleich zu einem Lastwagen transportieren kann.

9 **a.** Sieh dir die Infografik an und lies die Bildunterschrift.
b. Schreibe auf, wie viel ein Binnenschiff transportieren kann.
c. Erkläre mithilfe der Infografik den folgenden Satz:
Binnenschiffe gehören zu den umweltfreundlichsten Transportmitteln.

▶ Der Lese-Profi für Grafiken, S. 223

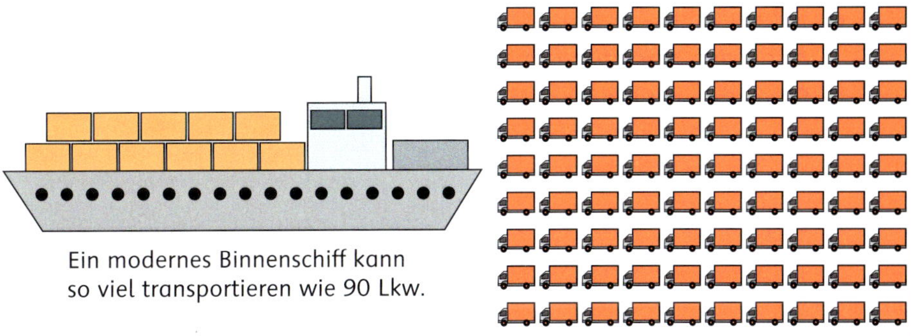
Ein modernes Binnenschiff kann so viel transportieren wie 90 Lkw.

Du möchtest deine Klasse in einem Referat über den Beruf informieren. Dabei ist die Kenntnis über Fachbegriffe wichtig.

10 Wähle drei Fachbegriffe aus und schreibe sie mit einer Erklärung auf. Schlage bei Bedarf nach.

die Binnengewässer | *der Kanal* | *die Schleuse* | *die Güter*

wichtige Fachbegriffe

Tipp: Du kannst auch eine Skizze anfertigen, um Begriffe zu erklären.

Ein Referat mit Handout vorbereiten und üben

Du hast Informationen über den Beruf Binnenschifferin/Binnenschiffer gesammelt. Du bereitest für die Klasse ein Referat mit Handout vor.

1 **a.** Sieh dir noch einmal deine gesammelten Informationen an.
- Welche Informationen zum Beruf findest du wichtig?
- Was könnte deine Klasse besonders interessieren?

b. Markiere wichtige und interessante Informationen für dein Referat. Wähle auch Fachbegriffe aus, die du verwenden und erklären möchtest.

c. Ordne die Informationen auf jedem Blatt, indem du sie nummerierst.

Damit die Zuhörerinnen und Zuhörer deinem Referat gut folgen können, hilft ein Handout. Auf dem Handout stehen die wichtigsten Informationen.

MK **2** Erstelle ein Handout mithilfe deiner Ergebnisse von Aufgabe 1. Schreibe mit dem PC.

▶ Ein Handout erstellen, S. 43

a. Schreibe in die Kopfzeile deinen Namen, die Klasse, das Fach und das Datum.

b. Schreibe als Überschrift das Thema deines Referats.

c. Verwende als Zwischenüberschriften die Oberbegriffe von deinen Blättern.

d. Ergänze jeweils deine markierten Informationen aus Aufgabe 1: Schreibe Stichworte auf und verwende passende Fachbegriffe.

Thema: ...

(1) Die Aufgaben einer Binnenschifferin/ eines Binnenschiffers
- im Hafen Güter einladen
- ...

(2) Der Alltag auf dem Schiff
- ...
- ...

(3) ...

Du informierst die Klasse mithilfe eines Referats.

3 Erstelle eine Gliederung für dein Referat.
Orientiere dich am Handout.
a. Lege zu jedem Gliederungspunkt eine Karteikarte an und notiere darauf Stichworte.
b. Nummeriere deine Karteikarten in der richtigen Reihenfolge.

4 Wie kannst du die Zuhörerinnen und Zuhörer neugierig machen und ihr Interesse wecken?
Schreibe eine Einleitung. Wähle Satzanfänge aus und ergänze sie.
Oder formuliere eigene Sätze.

Ich möchte euch über den Beruf … informieren.
Ein nicht so bekannter Beruf ist …
Immer unterwegs sein, wer will das nicht? Der Beruf …

5 Was findest du an dem Thema besonders wichtig?
Schreibe einen Schluss. Wähle Satzanfänge aus und ergänze sie.
Oder formuliere eigene Sätze.

Mir haben die Informationen zum Beruf Binnenschiffer/-in gut gefallen, denn …
Besonders überrascht hat mich …
Ich finde an diesem Beruf besonders interessant, dass …
Für mich wäre der Beruf passend / nicht so geeignet, weil …

6 Übe dein Referat mehrmals.
- Sprich langsam, laut und deutlich. Lege Pausen ein.
- Sieh die Zuhörerinnen und Zuhörer an.
- Orientiere dich an deinen Karteikarten und trage die Informationen in der richtigen Reihenfolge vor.

7 **a.** Bitte eine Partnerin / einen Partner um ein Feedback.
b. Überarbeite dein Handout und dein Referat, falls nötig.

MK **Du kannst zu deinem Referat auch ein Plakat gestalten oder eine Computer-Präsentation erstellen.**

► Ein Referat medial unterstützen, S. 229

Beruf Feuerungs- und Schornsteinbauer/-in – Informationen sammeln und ordnen

Auf den folgenden Seiten sammelst du Informationen über den Ausbildungsberuf Feuerungs- und Schornsteinbauer/-in. Du findest heraus, was das Besondere an diesem Beruf ist, und bereitest für die Klasse ein Referat mit Handout vor.

1 Sammle die Informationen zu dem Beruf aus den Materialien auf den Seiten 50–53. Lege dazu eine Tabelle an oder lege dir mehrere Blätter bereit.

die Aufgaben	*die Anforderungen*	…	…
…	…	…	…

Darren und Dominick lernen den Beruf Feuerungs- und Schornsteinbauer. Der folgende Zeitungstext gibt einen Einblick in ihre Aufgaben und ihren Alltag.

2 **a.** Sieh dir die Fotos an und lies die Überschrift. Was könnte der Inhalt des Zeitungstextes sein?
b. Lies den Zeitungstext nun genau, Abschnitt für Abschnitt.

▶ Der Lese-Profi, S. 222

Gebückt mauern, schwindelfrei montieren

Feuerungs- und Schornsteinbauer/-innen bauen und sanieren[1] industrielle Feuerungsanlagen, die bei extrem hohen Temperaturen funktionieren müssen. […]

(1) Dominick ist im letzten Lehrjahr seiner dreijährigen Ausbildung zum Feuerungs- und Schornsteinbauer. Seine Berufskleidung besteht aus Arbeitshose, festem Schuhwerk und einer ganzen Reihe von Sicherheitsgurten – wie bei einem Freeclimber[2]. Das liegt daran, dass der Arbeitsplatz 40 Meter über dem Erdboden liegt. […] Da oben auf dem Gerüst hängt sich Dominick in ein Stahlseil ein, das rund um den Kamin läuft. Damit ist er gegen einen Absturz gesichert und kann mit seiner Arbeit beginnen. Sein Trupp muss alte Steine abtragen und dann einen neuen Kopf auf den hundert Jahre alten Kamin mauern.

(2) Nach dem Mauern steht eine ganz besondere Aufgabe an: Die Männer hieven[3] mithilfe eines Krans ein neues Kaminrohr aus Stahl nach oben, das in den alten Kamin hineinmontiert wird. [...] Der erfahrene Vorarbeiter dirigiert den Kranführer mit dem Sprechfunk. Es geht um Zentimeter, und es geht langsam. So ein Rohrteil darf nicht ins Schwingen kommen. Dann könnte es den Kamin beschädigen oder gar die Männer gefährden, die hier oben keine Möglichkeit haben, auszuweichen.

(3) Zur selben Zeit steigt der 21-jährige Darren in einen so genannten Hubbalkenofen ein. Der Ofen, der sonst Stahl zum Schmelzen bringt, ist zurzeit stillgelegt. Darren ist im dritten Lehrjahr und an die **harte Arbeit** schon gewöhnt. Seit einer Woche **mauert und betoniert** er in dem nur anderthalb Meter hohen Ofen – immer in gebückter Haltung. [...]

(4) Darren und Dominick sind **viel auf Montage**, und ein Acht-Stunden-Tag kann auch schon mal zehn Stunden dauern. Sie sind **viel von zu Hause weg**, manchmal ein bis zwei Wochen lang. Dann wohnen sie in Pensionen oder kleinen Hotels in der Nähe der Baustelle. Da leidet das Privatleben schon. Sie arbeiten hart. Dafür ist die **Ausbildungsvergütung überdurchschnittlich** gut, und auch später verdienen sie ordentlich. Feuerungs- und Schornsteinbauer gibt es nicht allzu viele in Deutschland. Jedes Jahr beginnen nur etwa 30 junge Männer und ganz gelegentlich auch mal eine Frau die Ausbildung. Es gibt nur eine Berufsschule. Zum immer wiederkehrenden Blockunterricht müssen alle Azubis ins Ruhrgebiet nach Gelsenkirchen kommen. Wer die Gesellenprüfung dann aber bestanden hat, hat gute Aussichten, eine Stelle zu finden. V

[1] sanieren: hier: reparieren
[2] der Freeclimber: der freie Kletterer (nur mit Seil und Haken gegen den Absturz gesichert)
[3] hieven: (schwer) heben

3 Was hast du über den Beruf Feuerungs- und Schornsteinbauer/-in erfahren? Notiere die wichtigsten Informationen aus jedem Abschnitt. Schreibe sie geordnet in deine Tabelle oder auf deine Blätter.

3 *Du kannst die Informationen nach Oberbegriffen ordnen, zum Beispiel: die Aufgaben, der Alltag, die Ausbildung ... Der Alltag umfasst beispielsweise die Arbeitszeiten und -orte, ob im Team oder allein gearbeitet wird, wie familienfreundlich der Beruf ist u. a.*

Im Internet findest du weitere informative Beiträge über den Beruf.

4 a. Sieh dir die Fotos an und vergleiche. Was weißt du schon darüber?
b. Lies nun den Internettext mithilfe des Lese-Profis.

▶ Der Lese-Profi, S. 222

Die Aufgaben eines Feuerungs- und Schornsteinbauers

Ein **Feuerungs- und Schornsteinbauer** plant und baut Öfen, Feuerungsanlagen und Schornsteine für Fabriken und die Industrie. Er mauert und verputzt auch Feuerstellen, riesige Fabrikschornsteine und Kamine. Er kontrolliert, repariert und saniert diese Bauwerke und arbeitet auf Baustellen oft in großer Höhe im Freien.

A

B

C

D

Einen **Schornstein** gibt es an Gebäuden oder großen Fabriken, auf Schiffen oder Dampflokomotiven – die Aufgabe ist überall gleich: Rauchgase sollen ins Freie abgeführt werden.
In manchen Gebieten wird der Schornstein auf Gebäuden auch **Esse, Rauchfang** oder **Kamin** genannt. Große Schornsteine in Industriegebieten werden manchmal als **Schlot** bezeichnet. Auch große Kamine, zum Beispiel von umweltfreundlichen Aufwindkraftwerken, werden in der Umgangssprache als Schornstein bezeichnet.

Der technische Fortschritt und gestiegene Ansprüche im Umweltschutz werden künftig neue Anforderungen an Neubau, Instandhaltung und Sanierung stellen. Das bedeutet auch neue Anforderungen an die Kompetenzen von Feuerungs- und Schornsteinbauer.

5 a. Was hast du über die Aufgaben des Feuerungs- und Schornsteinbauers erfahren? Notiere Stichworte in deiner Tabelle oder auf deinen Blättern.
b. Welche der abgebildeten Schornsteine könnte ein Schornsteinbauer errichtet haben? Ergänze deine Notizen.

Einige Beispiele besonderer Schornsteine nennt das folgende Diagramm.

6 **a.** Sieh dir das Diagramm an und lies die Legende.
- Wofür stehen die einzelnen Säulen?
- Was bedeuten die unterschiedlichen Farben?

b. Lies das Diagramm nun genau.

▶ Der Lese-Profi für Grafiken, S. 223

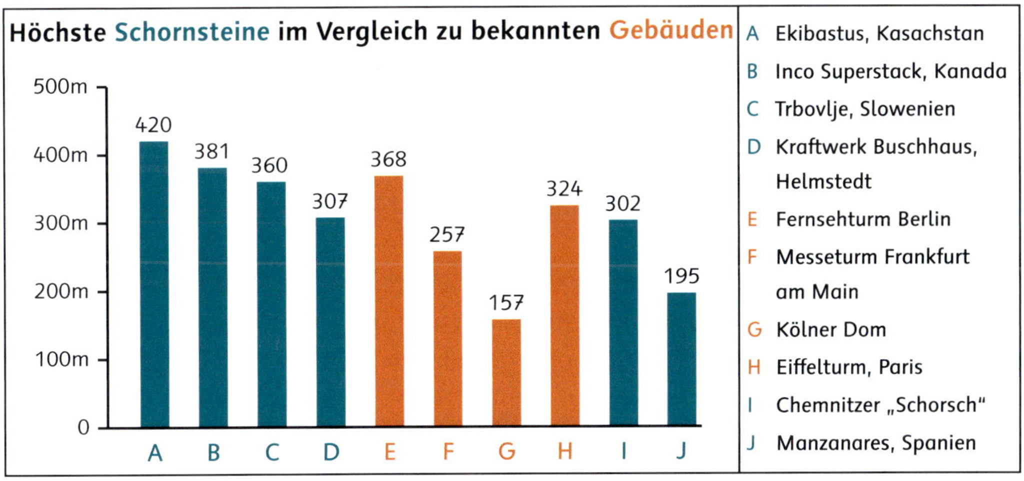

7 **a.** Welcher Schornstein ist der höchste der Welt, in Europa und in Deutschland? Schreibe die drei Schornsteine mit ihrer Höhe auf.

b. Welche Anforderung kannst du daraus an einen Feuerungs- und Schornsteinbauer ableiten? Schreibe deine Vermutung auf.

Die Tabelle liefert dir weitere Informationen zu dem Ausbildungsberuf.

8 **a.** Lies die Tabelle und vergleiche die drei Bauberufe.

die Berufsbezeichnung	die Ausbildungsdauer (in Monaten)	die Anzahl Auszubildender (im Jahr 2022)
Feuerungs- und Schornsteinbauer/-in	36	57
Dachdecker/-in	36	8682
Straßenbauer/-in	36	4374

Quelle: Verzeichnis der anerkannten Ausbildungsberufe 2024 (BIBB)

b. Beantworte folgende Fragen. Ergänze deine Notizen.
- Welche Zahlenwerte überraschen dich?
- Welche Aussage im Zeitungstext auf Seite 51 in Abschnitt (4) belegt die Tabelle?

Die Informationen auswerten, ein Referat mit Handout vorbereiten und üben

Du möchtest die Klasse über den besonderen Beruf Feuerungs- und Schornsteinbauer/-in informieren. Du bereitest ein Referat mit Handout vor.

MK **1** Was möchtest du über diesen Ausbildungsberuf außerdem wissen?
a. Formuliere Suchbegriffe und recherchiere im Internet.
b. Ergänze deine Stichworte und schreibe auf, wo du die Information gefunden hast.

► Im Internet recherchieren, S. 183

► Quellen angeben, S. 42

MK **2** In welches Berufsfeld* gehört der Beruf Feuerungs- und Schornsteinbauer/-in?
a. Recherchiere im Internet. Tipp: Du findest Informationen beispielsweise beim Bundesinstitut für Berufsbildung.
b. Notiere dein Ergebnis und gib die genaue Quelle an.

► Im Internet recherchieren, S. 183

3 Sieh dir noch einmal deine gesammelten Informationen an und markiere:
– Welche Informationen zum Beruf sind besonders wichtig?
– Was findest du interessant und überraschend an dem Beruf?
– Was könnte deine Mitschülerinnen und Mitschüler besonders interessieren?

4 Wähle drei Fachbegriffe aus und schreibe sie mit einer Erklärung auf.
Tipp: Falls du unsicher bist, kannst du die Bedeutung recherchieren.

die Feuerungsanlage | der Schornstein | sanieren | auf Montage sein

Ein Handout hilft den Zuhörerinnen und Zuhörern, deinem Referat gut zu folgen. Außerdem soll es die wichtigsten Informationen zum Nachlesen enthalten.

MK **5** Erstelle ein Handout am PC.
a. Schreibe als Überschrift das Thema deines Referats.
b. Gliedere dein Handout mithilfe von Zwischenüberschriften. Orientiere dich dabei an den Oberbegriffen in deiner Tabelle/auf deinen Blättern.
c. Schreibe wichtige, aber wenige Stichworte auf. Berücksichtige deine Ergebnisse von Aufgabe 3 und verwende passende Fachbegriffe.
d. Gib zum Schluss deine Quellen für Texte und Bilder an.

► Ein Handout erstellen, S. 43

1 *Zum Beispiel: Welcher Schulabschluss wird benötigt? …*

2 **Berufsfelder fassen Berufe mit ähnlichen Tätigkeiten zusammen. Sie helfen dabei, passende Berufe zu den eigenen Stärken und Interessen zu finden.*

5 **b.** *Du kannst die Zwischenüberschriften auch als Fragen formulieren, z. B.: Welche Aufgaben …?*

Du informierst deine Mitschülerinnen und Mitschüler mithilfe eines Referats. Du möchtest, dass sie dir aufmerksam zuhören.

6 Erstelle eine Gliederung für dein Referat.
Orientiere dich an deinem Handout.

a. Lege zu jedem Gliederungspunkt eine Karteikarte an und notiere Stichworte.

b. Ordne die Informationen und ergänze gegebenenfalls weitere Informationen.
Tipp: Du kannst deine Karteikarten nummerieren.

7 Formuliere eine Einleitung, die deine Zuhörerinnen und Zuhörer neugierig macht und ihr Interesse weckt.
Tipp: Du kannst beispielsweise mit interessanten Fakten über den Beruf oder einer überraschenden Information beginnen.

Du arbeitest gern im Team und willst hoch hinaus? …

Ob 40 Meter über dem Erdboden oder 200 Meter: als Feuerungs- und Schornsteinbauer/-in …

8 Formuliere einen Schluss. Hebe hervor, was dir besonders wichtig ist und was dich besonders beeindruckt hat.

9 Übe dein Referat mehrmals.

- Stelle deine Gliederung vor.
- Sprich langsam, deutlich und möglichst frei.
  Halte dabei den Blickkontakt zu den Zuhörerinnen und Zuhörern.
- Trage die Informationen in der richtigen Reihenfolge vor.

10 **a.** Bitte eine Partnerin/einen Partner um ein Feedback.
b. Überarbeite dein Handout und dein Referat, falls nötig.

MK **Du kannst dein Referat mit einer Computer-Präsentation oder einem Plakat unterstützen.**

▶ Ein Referat medial unterstützen, S. 229

7 *Ich werde über das Thema … sprechen. Ich beginne mit … Später werde ich … Zum Schluss … Als Informationsquellen habe ich …*

8 *Besonders interessant/außergewöhnlich/beeindruckend fand ich, dass … Zum Schluss möchte ich noch einmal betonen, dass … Der Beruf wird in Zukunft …*

Die Informationen präsentieren

Ihr habt ein Referat mit Handout vorbereitet. Das Handout hilft beim Zuhören und enthält die wichtigen Informationen zum Nachlesen.

1 **a.** Bildet Expertengruppen, die zu demselben Beruf gearbeitet haben.

Feuerungs- und Schornsteinbauer/-in | **Binnenschiffer/-in**

b. Überprüft eure Handouts mithilfe der folgenden Checkliste.
- Was findet ihr besonders gelungen?
- Welche Anregungen könnt ihr geben?

Checkliste: Ein Handout erstellen	**Ja**	**Noch nicht**
Auf dem Handout stehen der Name, die Klasse und das Datum.		
Das Handout nennt in der Überschrift das Thema.		
Das Handout fasst die wichtigsten Informationen zusammen.		
Es ist durch Zwischenüberschriften und Abschnitte gegliedert.		
Am Ende stehen die Quellenangaben.		

In den folgenden Referaten lernt ihr einen weiteren besonderen Beruf kennen.

2 Was interessiert euch besonders an dem Beruf? Formuliert Fragen.
Tipp: Achtet beim Referat darauf, ob eure Fragen beantwortet werden.

3 Worauf möchtet ihr bei den Referaten besonders achten? Überlegt euch Beobachtungspunkte zum Inhalt, zum Vortrag und zu den Medien.
Tipp: Ihr könnt in Gruppen Checklisten erstellen und sie für alle kopieren.

4 **a.** Entscheidet, ob ihr die Referate vor einer Gruppe oder der Klasse haltet.
b. Präsentiert euch gegenseitig eure Referate. Teilt das Handout zu Beginn aus. Die Zuhörenden machen sich Notizen zu den Beobachtungspunkten.

1 **b.** *Beachtet beim Feedback die Gesprächsregeln: Wir lassen uns ausreden. Wir beginnen mit dem Positiven. Wir begegnen uns wertschätzend.*

3 *Mögliche Beobachtungspunkte können sein: Du hast verständlich und frei gesprochen. Das Referat hatte eine erkennbare Gliederung. Das Handout war übersichtlich. …*

Die Arbeit auswerten

Ihr habt den Referaten aufmerksam zugehört und euch Notizen gemacht. Jetzt wertet ihr eure Arbeit aus.

1 Wertet die Referate gemeinsam aus.
- Gebt euch eine Rückmeldung mithilfe eurer Notizen.
- Haltet die Gesprächsregeln ein und formuliert Ich-Botschaften.

Ich fand den Vortrag gut, weil …
Zum Inhalt möchte ich dir noch sagen, dass …
Dein Handout war beim Zuhören hilfreich, denn …

2 **a.** Überlegt gemeinsam, was für ein gelungenes Referat besonders wichtig ist.
b. Schreibt jede/jeder für sich zwei bis drei Ziele auf, was davon ihr noch üben wollt.

In den Referaten habt ihr viel über zwei Ausbildungsberufe erfahren.

3 Welche weiteren Informationen wären für euch wichtig, um euch für oder gegen einen der Berufe zu entscheiden?
Besprecht in der Gruppe.

Ihr denkt über eure eigene Arbeit in diesem Kapitel nach.

4 **a.** Bildet Dreiergruppen für ein Dreischritt-Interview.
b. Führt das Interview reihum durch.
Stellt euch gegenseitig die Fragen und beantwortet sie:
- Was hat dir beim Verstehen der Texte und Grafiken am meisten geholfen?
- Welche Texte und Grafiken fandest du besonders informativ?
- Was war für dich besonders interessant oder neu?
- Welche Schritte in diesem Kapitel könnten dir bei deiner eigenen Berufswahl helfen?

▶ Das Dreischritt-Interview, S. 227

5 **a.** Bildet aus zwei Dreiergruppen eine Sechsergruppe.
b. Stellt euch gegenseitig eure Notizen vor.

3 Unser Alltag wird digital – *schriftlich argumentieren*

Immer mehr Apps, digitale Anwendungen und technische Geräte sind unsere ständigen Begleiter. Sie haben laut Hersteller das Ziel, uns zu unterstützen und den Alltag zu vereinfachen. Es gibt aber auch kritische Stimmen dazu.

Nele: Hey Tim! Was hast du denn da am Arm?
Tim: Ich mache jetzt intelligenten Sport!
Benno: Was soll das denn heißen?
Tim: Die App zählt meine Schritte, misst meinen Herzschlag und errechnet die verbrannten Kalorien. So behalte ich den Überblick über mein Training und mache es effizienter.
Nadja: Wer braucht denn so was? Ich finde diese Apps überflüssig.
Nele: Ich meine, solch eine App entlastet und vereinfacht den Alltag.
Tim: Genau! Ich muss mir um einige Sachen keine Gedanken mehr machen, denn ich werde daran erinnert.
Nadja: „Intelligent" bekommt da eine ganz neue Bedeutung. Ob das alles sinnvoll ist, muss man sich aber genauer ansehen.

1 **a.** Was begeistert die Freunde an Tims digitalem Begleiter?
b. Wie sind die anderen Reaktionen?
c. Welche Meinung habt ihr zu Fitnessapps und warum?

2 Was genau meint Nadja damit, dass digitale Begleiter unseren Alltag intelligenter machen?

Unser Alltag wird in vielen Bereichen zunehmend digitaler.

A Online-Shopping

B Fitnessapps

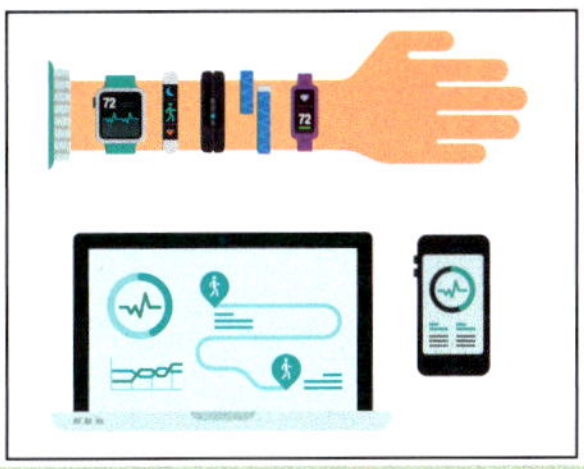

C Lernvideos

3 **a.** Welche digitalen Begleiter kennt ihr?
b. Welche nutzt ihr in eurem Alltag?
c. Was genau findet ihr daran hilfreich, was eher überflüssig?

3 Unser Alltag wird digital – *schriftlich argumentieren*

Online-Videoplattformen Seite 60
Online-Shopping Seite 68
Fitnessapps Seite 74

In diesem Kapitel setzt ihr euch mit strittigen Fragen rund um Digitalisierung im Alltag auseinander. Ihr informiert euch dazu in verschiedenen Materialien und argumentiert schriftlich.

Lernen mit Online-Videoplattformen – Argumente sammeln und ordnen

Gehört Lernvideos die Zukunft des Lernens?

Über die Vorteile und Nachteile von Lernen mit Online-Videoplattformen wird viel diskutiert. Ihr setzt euch mit dem Thema auseinander und schreibt am Ende dazu ein Statement*.

1 Wozu nutzt ihr Lernvideos? Was sind eure Erfahrungen damit?

a. Sprecht in der Gruppe darüber.

b. Schreibt jede/jeder für sich die eigene Meinung auf.

Ich finde Lernvideos (nicht so) gut, weil …

Die Klasse von Naomi, Anna, Tarik und Paul hat eine Umfrage durchgeführt.

Wozu nutzt du Videoplattformen?	*Musikvideos* 卌	*Lernvideos* 卌 ||	*Produkttests* ||	*Gaming-Videos* |||
Wie häufig nutzt du Lernvideos?	*oft* 卌 |	*manchmal* 卌	*selten* ||||	*nie* ||
Wozu nutzt du Lernvideos?	*Hausaufgaben* 卌	*Verständnis* |||	*Wiederholung* 卌 |	*Interesse* |||
Welche Meinung hast du zu Lernvideos?	*sinnvoll* 卌 ||||	*unnötig* |||	*keine Ahnung* 卌	

2 **a.** Wertet die Umfrage aus:

– Welche Antworten wurden am häufigsten genannt, welche am wenigsten?

– Was ist die vorherrschende Meinung zu Lernvideos?

b. Leitet Argumente für oder gegen Lernvideos aus der Umfrage ab. Notiert sie in einer Tabelle.

Argumente für Lernvideos	*Argumente gegen Lernvideos*
…	…

3 Führt eine Blitzumfrage zum Thema Lernvideos in eurer Klasse durch.

a. Stellt die Fragen wie in der Umfrage und ergänzt weitere Fragen.

b. Leitet Argumente aus eurem eigenen Umfrageergebnis ab. Notiert sie in der Tabelle.

** Ein Statement ist eine kurze, meist mündliche Stellungnahme zu einem Thema oder einer Fragestellung.*

Ihr könnt aus den Materialien M1 und M2 weitere Argumente ableiten.

4 Teilt die Klasse auf: Lest Diagramm M1 oder Diagramm M2.
- Was bildet das Diagramm ab?
- Wofür stehen die einzelnen Balken und Kreissegmente?
- Welche Zahlenwerte sind die höchsten, welche die niedrigsten?

▶ Der Lese-Profi für Grafiken, S. 223

M1 **Die führende Videoplattform im Vergleich zu Schule**

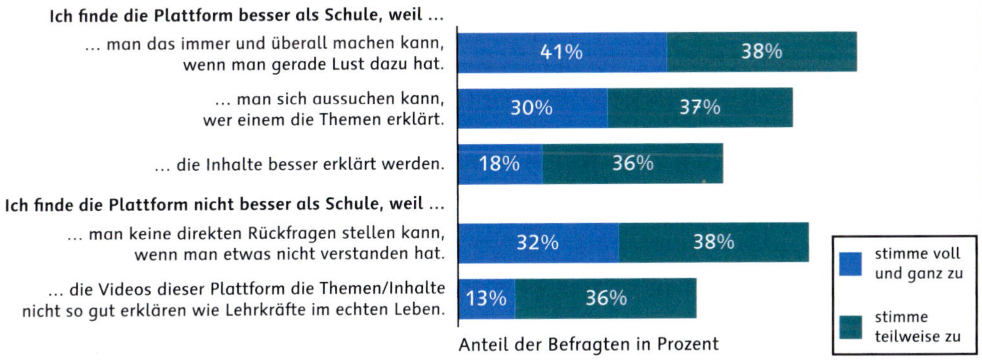

Quelle: © Rat für Kulturelle Bildung e. V., Essen

M2 **Jeder zweite Lehrer würde gerne öfter digitale Medien einsetzen**

Kommt es vor, dass Sie gerne digitale Medien im Unterricht einsetzen würden, dies aber nicht können?
Aus welchen Gründen können Sie neue Medien nicht einsetzen?

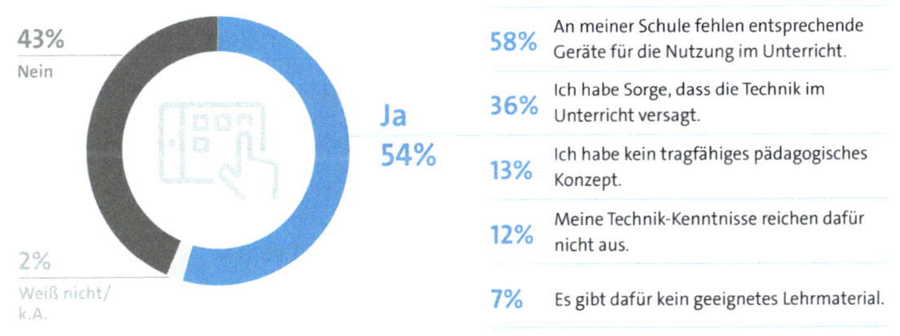

bitkom

5 **a.** Findet Partner, die das andere Diagramm gelesen haben. Bildet eine Vierergruppe.
b. Informiert euch gegenseitig: Stellt euch eure Ergebnisse aus Aufgabe 4 vor.

6 **a.** Leitet Argumente für oder gegen das Lernen mit Lernvideos aus den Diagrammen ab. Ergänzt sie in eurer Tabelle.
b. Ergänzt weitere eigene Argumente für beide Positionen.

Auch in den folgenden Texten findet ihr Argumente für oder gegen das Lernen mit Online-Videoplattformen.

7 Teilt die Klasse auf:
- Lest Text M3 auf Seite 62 oder Text M4 auf Seite 63 in Partnerarbeit.
- Findet Argumente für oder gegen das Lernen mit Videoplattformen und notiert Stichworte.

M3 Lernen mit Videoplattformen

► Das Partnerlesen, S. 227

Jugendliche verbringen viel Zeit auf digitalen Plattformen – auch, um sich dort Erklärvideos anzusehen. Diese Form des Lernens hat Vor- und Nachteile.

86 Prozent aller Jugendlichen zwischen zwölf und 19 Jahren **nutzen** die derzeit größte **Videoplattform**. Sie ist also ziemlich beliebt. Aber nicht nur, um zum Beispiel Musikvideos oder Anleitungen für Computerspiele anzusehen. **Fast die Hälfte** der Jugendlichen nutzt die Plattform auch **zum Lernen**. Das ist ein Ergebnis einer Untersuchung, die im Juni 2019 veröffentlicht wurde. Wer zum Beispiel das neue Thema im Matheunterricht oder im Geschichtsunterricht noch nicht ganz verstanden hat, holt sich **sozusagen Nachhilfe** auf der führenden Videoplattform. Dort gibt es Tausende Erklärvideos zu vielen verschiedenen Themen. [...] Wer etwas **lernen** will, kann das dann tun, **wenn** er gerade **Zeit und Lust** dazu hat. Auf einer Plattform muss man sich nicht an einen Stundenplan wie in der Schule halten. Beim Video kann man **zurückspulen**, wenn man etwas **mehrmals hören** muss, um es zu verstehen. Im Unterricht ist die Zeit häufig zu knapp, um die Fragen aller Schülerinnen und Schüler zu beantworten. Viele nutzen die Plattform auch, wenn sie zu Hause **Hilfe bei den Hausaufgaben** benötigen. Eine Lehrkraft kann dabei nicht helfen. [...] Wer auch im Video nicht sofort alles versteht, kann **nicht direkt nachfragen**. Im Unterricht geht das. Auf der führenden Plattform gibt es auch viele Videos, in denen **Quatsch** erzählt wird. Es ist **schwierig** zu unterscheiden, **welche Videos richtige Informationen geben** und welche nicht. [...] V

M4 Die Nutzung von Videoplattformen bei Jugendlichen *Peter Weissenburger*

▶ Das Partnerlesen, S. 227

Die Hälfte der Jugendlichen nutzt Videoplattformen zum Lernen und Recherchieren, ergibt eine Befragung. […]

Demnach nutzen nämlich gut 40 Prozent der Jugendlichen die derzeit größte und führende Videoplattform als Informationsquelle für die Schule. […] Dafür haben Forscherinnen und Forscher des hessischen Ifak-Instituts für Sozialforschung 818 deutschsprachige Jugendliche zwischen zwölf und 19 Jahren befragt. […] Knapp die Hälfte aller Befragten befinden die Plattform als wichtige Lernhilfe oder Informationsquelle für die Schulen. 47 Prozent sagten, die auf der Plattform angebotenen Videos seien wichtig oder sehr wichtig bei Themen, die in der Schule behandelt werden. Diese Gruppe nutzt Videos etwa zum Wiederholen von Schulstoff oder für die Hausaufgaben.

Im Idealfall sind Videoplattformen ein Marktplatz für Skills, also Fähigkeiten, und Wissen. Auch bei den über 19-Jährigen gibt es kaum jemand, der oder die noch nie ein Webvideo aufgerufen hat, um etwas zu lernen […]. Direktes Feedback und der gnadenlose Wettbewerb um Klicks schult zudem die Videomacherinnen und Videomacher darin, Infos kurz, einfach und anschaulich zu vermitteln. Die beste Schule also eigentlich. Auch die Jugendbildung ist längst auf der momentan beliebtesten Plattform – wenn sie gut ist. […] Im schlechtesten Fall jedoch ist die Plattform ein überfordernder Ozean von beinahe-aber-nicht-ganz-korrekter Information, stark vereinfachten und dadurch verkürzten Erklärungen, veralteten wissenschaftlichen Erkenntnissen und urbanen Mythen[1]. […] V

[1] die urbanen Mythen, ein urbaner Mythos: eine inhaltlich fragwürdige Geschichte, Großstadtlegende

8 Welche Argumente für oder gegen das Lernen mit Videoplattformen habt ihr in eurem Text gefunden? Ordnet sie in eure Tabelle ein.

9 **a.** Findet Partner, die den anderen Text gelesen haben. Bildet eine Vierergruppe.
b. Stellt euch die Argumente gegenseitig vor und ergänzt sie in eurer Tabelle.

Überzeugend formulieren, schriftlich argumentieren

Anna, Tarik und Paul haben sich mit dem Thema auseinandergesetzt. Tarik hat sich eine Meinung gebildet und passende Argumente ausgewählt.

– Internetverbindung nicht immer und überall zuverlässig
– Nachfragen bei Lernvideos nicht möglich
– Lehrperson kann unmittelbar unterstützen

1 **a.** Begründet, wie überzeugend ihr Tariks Argumente findet.
b. Ordnet die Argumente von weniger wichtig bis am wichtigsten.

Tarik hat mit den gewählten Argumenten einen Entwurf angefangen. Seine Freunde geben ihm ein Feedback.

Um Lernvideos ansehen zu können, ist eine gute Internetverbindung Pflicht. Das schränkt mich ein, da beispielsweise das Internet in unserer Schule nicht überall gleich gut ist. ☺
② Bei einem Lernvideo ist Nachfragen oft nicht möglich. ① [redacted]
③ Ich möchte eine Lehrperson direkt um Unterstützung bitten, um schnell Hilfe zu erhalten.

Anna: ☺ gutes Argument mit Beispiel! ① [redacted] *Hier fehlt noch ein Beispiel.*
Paul: ② Das kommt sehr plötzlich. Ergänze doch eine Überleitung.
③ Das ist dein stärkstes Argument, das solltest du mehr betonen.

2 **a.** Lest Annas Anmerkungen.
b. Was ist im ersten Abschnitt Tariks Argument und was ist das Beispiel? Schreibt die Sätze ab und markiert.
c. Mit welchem Beispiel kann Tarik sein zweites Argument veranschaulichen? Schreibt das Argument ab und ergänzt ein Beispiel.

3 **a.** Lest Pauls Anmerkungen.
b. Sammelt gemeinsam Formulierungen:
– Wie kann Tarik seine Argumente besser verknüpfen?
– Wie kann Tarik sein stärkstes Argument noch überzeugender betonen?

2 **c.** *Ich stelle oft Fragen. Ich möchte sicher sein, dass ich alles verstanden habe. Nachfragen ist nur zeitverzögert möglich, indem ich zum Beispiel eine E-Mail schreibe.*

3 **b.** *Am wichtigsten für mich … Das überzeugendste Argument ist jedoch …*

Tarik überlegt, mit welcher Einleitung er das Interesse wecken kann.

(A) Lernen wir in Zukunft nur noch mit Lernvideos? Meiner Meinung nach reicht das nicht aus.

(B) Umfragen zeigen: Viele Jugendliche nutzen Videos, um sich Inhalte aus dem Unterricht erklären zu lassen. Doch Lernvideos können die Schule und Lehrkräfte nicht ersetzen.

4 **a.** Wählt aus und begründet, welche Einleitung eher euer Interesse weckt.
b. Ordnet zu, welche Formulierungstipps Tarik verwendet hat.

Frage(n) formulieren | persönliche Erfahrungen einbringen | auf Studien oder Expertinnen und Experten verweisen | Zitate einbinden

Frage(n) formulieren: (A)

Für den Schlussteil möchte Tarik Verschiedenes ausprobieren: eine Vorhersage äußern, eine Warnung schreiben oder einen Appell (eine Aufforderung) formulieren.

(A) ... Deshalb meine ich: Lernen kann nicht ausschließlich über Lernvideos erfolgen!

(B) ... Mein Fazit ist: Wer Lernvideos zum Lernen nutzen möchte, muss die Qualität der Videos beurteilen können. Hier sehe ich noch dringenden Schulungsbedarf!

(C) Ich komme daher zu dem Schluss, dass Lernvideos das Lernen zwar sinnvoll bereichern, aber keinesfalls die Schule und Lehrkräfte ersetzen können.

5 **a.** Wählt aus und begründet, welchen Schluss ihr spontan überzeugend findet.
b. An welchen Stellen hat Tarik eine Vorhersage oder einen Appell (eine Aufforderung) formuliert?

Auch ihr habt euch mit der Bedeutung von Lernvideos auseinandergesetzt. Jede/Jeder von euch wägt die Argumente gegeneinander ab und überlegt, welche Meinung sie/er in dem Statement vertreten möchte.

Schritt 1: Planen

6 **a.** Sieh dir noch einmal deine gesammelten Argumente an.
b. Schreibe auf, welche Meinung du vertreten möchtest.

7 **a.** Wähle drei Argumente für deine Position aus und gewichte sie. Nummeriere sie von weniger wichtig (1) bis am wichtigsten (3).
b. Veranschauliche deine Argumente mit passenden Beispielen.

Ein Statement für eine Podiumsdiskussion verfassen

Gehört Lernvideos die Zukunft des Lernens?

Ihr seid zu einer Podiumsdiskussion eingeladen und sollt mithilfe eines Statements zu der Frage kurz Stellung nehmen.

Info

Ein Statement ist eine kurze, meist mündliche Stellungnahme zu einem Thema oder einer Fragestellung.
Ihr tragt es zum Beispiel in einer Podiumsdiskussion vor.
Das Statement sollte nicht länger als eine Minute dauern.

1 Finde eine Partnerin / einen Partner mit derselben Meinung.

Schritt 2: Schreiben

2 Verfasst zusammen ein Statement.
Tipp: Lasst jede zweite Zeile frei für die Überarbeitung.

a. Formuliert zu Beginn eine Behauptung. Sie verdeutlicht eure Meinung.

Das Lernen mit Lernvideos wird in Zukunft …

b. Begründet die Behauptung mit den beiden von euch gewählten wichtigsten Argumenten und veranschaulicht sie durch Beispiele. Berücksichtigt euer Ergebnis von Aufgabe 7 auf Seite 65.

c. Endet mit einer Schlussfolgerung oder mit einer Forderung zur Ausgangsfrage. Orientiert euch an Tariks Varianten von Aufgabe 5 auf Seite 65.

Schritt 3: Überarbeiten

Ihr überprüft eure Texte gemeinsam in einer Schreibkonferenz.

3 Führt eine Schreibkonferenz durch.
Überprüft folgende Punkte:

- Ist die persönliche Meinung klar formuliert?
- Sind die Argumente und Beispiele sprachlich gut miteinander verknüpft?
- Steht am Ende eine Schlussfolgerung oder eine Forderung?

▶ Die Schreibkonferenz, S. 227

MK

4 Überarbeitet euer Statement mithilfe des Feedbacks.
Schreibt es gut lesbar in Handschrift auf oder mit dem PC.

Ihr könnt eure Statements einer anderen Gruppe oder der Klasse vorstellen.

2 **a.** *… im Unterricht extrem an Bedeutung gewinnen. / … den Unterricht nicht ersetzen. / …*
c. *Wir möchten zum Schluss noch einmal hervorheben …*
Man kann daraus ableiten, dass … Daraus lässt sich schlussfolgern, dass …
Daher fordern wir auf … Aus diesen Gründen appellieren wir …

Schriftlich Stellung nehmen: mein Schreibplan

Ich kann zu einem strittigen Thema schriftlich meine Meinung begründen.

Ich sage **meine Meinung** und **begründe** sie **mit Argumenten.** Mit **Beispielen** kann ich die Argumente veranschaulichen.	***Ich bin für*** *Computerspiele,* ***denn*** *man kann Spaß haben und nebenbei wichtige Fähigkeiten trainieren.* ***Zum Beispiel*** *lernt man in Simulationsspielen, welche Folgen eine bestimmte Entscheidung haben kann.*

Die Argumentationskette: So ordne ich meine Argumente nach Wichtigkeit und veranschauliche sie mit passenden Beispielen.

Meinung → 1. Argument (weniger wichtig) → 1. Beispiel → 2. Argument (wichtig) → 2. Beispiel → 3. Argument (am wichtigsten) → 3. Beispiel

Einen Beitrag schreiben

Ich beachte die Form: die **Einleitung** / das **Thema**, die **eigene Meinung,** die **Argumente** und **Beispiele,** ein **Gegenargument** nennen und **entkräften,** den **Schluss** und den **Namen.**

die Einleitung / das Thema → *Im Folgenden beziehe ich mich auf … / Die Meinungen zum Thema … gehen auseinander …*

meine Meinung → *Ich bin für/gegen … , weil …*
Zum Beispiel …

Wichtig finde ich auch, dass … Beispielsweise … ← die Argumente, die Beispiele

Manche Leute sagen zwar, dass … ← ein Gegenargument nennen und entkräften
Ich aber denke, dass …

Mein wichtigstes Argument ist …
Zum Beispiel …

der Schluss → *Deshalb bin ich der Meinung, dass …*
Ich möchte euch empfehlen, …

der Name → *Lara*

Online-Shopping – Argumente sammeln und ordnen

In einem Internet-Forum wird über die Vorteile und Nachteile von Online-Shopping diskutiert. Du informierst dich über das Thema und bildest dir eine Meinung. Am Ende nimmst du Stellung zu der Frage:
Macht Online-Shopping das Einkaufen leichter und besser?

Ich liebe Online-Shopping! Das Angebot ist riesig und ich kann einfach und schnell die Angebote vergleichen.

Ich sehe das anders. Neulich habe ich mir eine Hülle für meine Kopfhörer im Internet gekauft. Die Hülle sah auf dem Foto richtig gut aus, aber in Wirklichkeit war die Farbe ganz anders.

1 **a.** Schreibe deine spontane Meinung zu Online-Shopping auf.
b. Leite Argumente für oder gegen Online-Shopping aus den Aussagen ab. Lege eine Tabelle an und trage sie in die richtige Spalte ein.

Argumente für Online-Shopping	*Argumente gegen Online-Shopping*
– …	*– ungenaue Angaben zu Farbe oder Größe*

Der folgende Text aus dem Internet nennt Gründe für und gegen Online-Shopping.

M1 Ist Online-Shopping wirklich besser als Einkaufen im Laden? *Sabine Meuter*

▶ Der Lese-Profi, S. 222

[…] Das Internet macht es möglich: Man sitzt zu Hause gemütlich auf dem Sofa, nimmt einen Laptop in die Hand und kauft ein. Ob Kleidung, Bücher, Lebensmittel oder Medikamente – der Online-Handel in Deutschland boomt.

[…] Die Vorteile: Verbraucher können unabhängig von Ladenöffnungszeiten einkaufen, und die Waren bekommen sie nach Hause geschickt. Auch Preise lassen sich im Netz oft gut vergleichen und so günstige Angebote finden. Nach einer Bitkom-Umfrage haben 52 Prozent der Verbraucher die Erfahrung gemacht, dass es sich im Netz billiger einkaufen lässt als im Geschäft.

Im Geschäft kann die Kundin oder der Kunde die Waren ausprobieren

„Das heißt aber nicht, dass man im Netz immer die besten Preise erzielen kann“, sagt Georg Tryba von der Verbraucherzentrale NRW in Düsseldorf. „Mitunter gibt es im Geschäft bessere Angebote.“ Solche Angebote lassen sich allerdings nicht vom Sofa aus entdecken. Wer in einen Laden geht, kann von einem Vorteil des stationären Handels* profitieren: Im Geschäft hat die Kundin oder der Kunde die Waren direkt vor Augen. „Das ist etwas anderes, als sich die Bilder von den Produkten im Internet anzugucken“, so Tryba. Zudem kann die Kundin oder der Kunde die Ware befühlen und anprobieren. […] V

*der stationäre Handel: Handel an einem festen Standort

2 Welche Argumente für oder gegen Online-Shopping werden im Text genannt? Ordne sie in deine Tabelle ein.

3 Welche Argumente kannst du aus deiner eigenen Erfahrung nennen? Ergänze in der Tabelle.

der Lieferzeiten, die Versandkosten, die Beratung, die Preise, höher als, kürzer/länger als, besser/schlechter als, günstiger als …

Es gibt noch mehr Gründe, die für das Einkaufen im Internet sprechen.

M2 Warum die Deutschen online shoppen

▶ Der Lese-Profi für Grafiken, S. 223

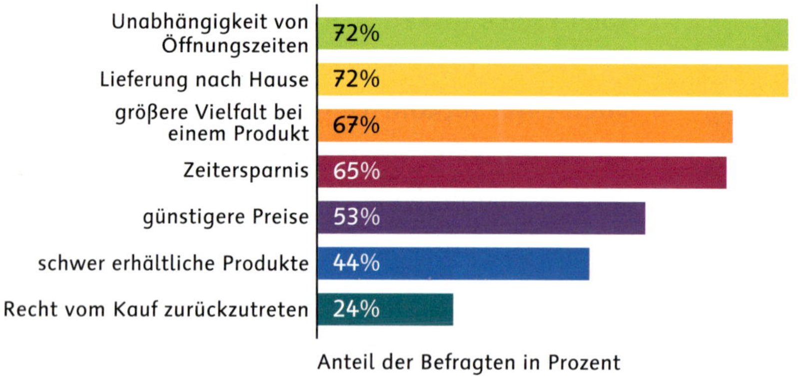

Quelle: Bitkom Research 2022

4 Welche weiteren Argumente kannst du aus der Grafik ableiten? Ergänze in deiner Tabelle mindestens zwei Argumente, die für dich wichtig sind.

Dieser Textabschnitt informiert über die Folgen der Rücksendungen.

M3 Retouren entwickeln sich zu einem Problem
Sabine Meuter

Zwar gehören Retouren beim Online-Handel zum Alltag. Allerdings werden sie inzwischen immer mehr zu einem Problem. Wissenschaftler der Universität Bamberg haben ermittelt, dass die Bundesbürger bei Bestellungen im Internet jedes sechste Paket wieder zurückschicken. Im vergangenen Jahr sind das demnach 280 Millionen Pakete und 487 Millionen Artikel gewesen. Bei Kleidung und Schuhen geht sogar fast die Hälfte der Pakete zurück an den Handel. Nach Erkenntnis der Forscher landen rund vier Prozent der Artikel im Müll. Nicht zuletzt deshalb gibt es inzwischen politische Diskussionen über das Thema. [...] V

5 Was spricht gegen Online-Shopping? Schreibe auf und belege anhand der im Text genannten Fakten.

zusätzliche Pakete, Müll, CO_2-Ausstoß, ...

Mit Beispielen veranschaulichen, Gegenargumente entkräften

Argumente sind überzeugender, wenn du sie durch Beispiele veranschaulichst. Lara sagt:

Ich kaufe nicht gern online. Dort kann ich Gegenstände nicht ausprobieren.
Für meine Kopfhörer habe ich beispielsweise eine Hülle im Internet gekauft. Da konnte ich nicht testen, ob die Kopfhörer in die Hülle passen.

1 **a.** Schreibe Laras Aussage ab.
b. Markiere Meinung, Argument und Beispiel in unterschiedlichen Farben.

Lara möchte auch zu folgenden Argumenten Beispiele ergänzen.

Die Rücksendungen beim Online-Handel belasten die Umwelt.

Beim Kauf im Geschäft kann ich die Ware direkt mitnehmen und nutzen.

2 Schreibe die Argumente ab und ergänze passende Beispiele.

Laras Freund Ben vertritt eine andere Meinung. Er argumentiert:

Wenn ich im Internet bestelle, spare ich viel Zeit. Ich muss dann nicht den langen Weg ins Geschäft auf mich nehmen.

Ich kann online mehrere Größen und Farben bestellen. Da finde ich auf jeden Fall etwas, das mir gefällt.

3 Was könnte Lara erwidern?
Schreibe die Gegenargumente ab und entkräfte sie.

Fehlkäufe und Retouren | teuer | zeitaufwendig | auf Zustellung warten | die Umwelt belasten | die Waren vorher bezahlen | …

Schriftlich argumentieren, Stellung nehmen

Macht Online-Shopping das Einkaufen leichter und besser?

Du hast Argumente dafür und dagegen gesammelt.
Nun planst du einen Kommentar für das Internet-Forum.

Schritt 1: Planen

1 a. Lies noch einmal die gesammelten Argumente.
b. Schreibe auf, welche Meinung du jetzt hast.

2 a. Welche drei Argumente für deine Position findest du besonders überzeugend? Nummeriere sie von weniger wichtig (1) bis am wichtigsten (3).
b. Welches Argument der Gegenseite möchtest du entkräften? Wähle aus. Achte darauf, dass nicht alle Gegenargumente entkräftet werden können.

3 Erstelle einen Schreibplan. Verwende deine Ergebnisse der Aufgaben 1–2.
a. Trage deine Meinung und die Argumente in Stichworten ein.
b. Ergänze zu jedem Argument ein Beispiel.
c. Notiere Stichworte, wie du das Gegenargument entkräften kannst.

die Kaufempfehlungen, die Sonderangebote, der Preisvergleich, die Beratung …

Du schreibst die Stellungnahme mithilfe deines Schreibplans.

Schritt 2: Schreiben

4 Formuliere die Einleitung. Führe in das Thema ein oder berichte von eigenen Erfahrungen.

Beim Thema Einkaufen gehen die Vorlieben auseinander …
Ich finde Online-Shopping …

5 a. Begründe im Hauptteil deine Meinung mit Argumenten. Bilde dazu eine Argumentationskette.
b. Schreibe ein Gegenargument und deine Entkräftung auf. Ergänze dazu einen der folgenden Satzanfänge.

▶ Argumentationskette, S. 67

Es ist ein berechtigter Einwand … Dem möchte ich entgegnen, dass …
Sicherlich stimmt es auch, dass … Ich aber denke …
Mir ist bewusst, dass … Dennoch finde ich …

6 Fasse zum Schluss noch einmal deine Meinung zusammen.
Du kannst auch eine Schlussfolgerung ziehen oder etwas empfehlen.

Daher komme ich zu dem Schluss, dass …
Dies alles spricht aus meiner Sicht …

Nach dem Schreiben überarbeitest du deine Stellungnahme.
Arbeite mit einer Partnerin / einem Partner.

Schritt 3:
Überarbeiten

7 **a.** Überprüft eure Stellungnahmen mithilfe folgender Fragen:
- Sind die Argumente nachvollziehbar und begründet?
- Sind drei Argumente genannt und mit Beispielen veranschaulicht?
- Ist das Gegenargument überzeugend entkräftet?

b. Überarbeitet eure Texte. Überprüft dabei auch die Rechtschreibung, Zeichensetzung und Grammatik.
Tipp: Übungen dazu findet ihr auf den Seiten 202–203.

MK **c.** Schreibt eure Texte gut lesbar in Handschrift auf oder mit dem PC.

Deine Stellungnahme hat die Redaktion einer Talkshow überzeugt.
Du wirst zu einer Podiumsdiskussion eingeladen.
Das Thema lautet:
Machen digitale Begleiter den Alltag intelligenter?

8 Stelle dar, unter welcher Bedingung du Online-Shopping als intelligent bezeichnen würdest.

wenn … genaue Informationen | reale Bilder | umfassende Beschreibung | …
dann … bequem | unkompliziert | angenehm | zeitsparend | …

9 Formuliere ein Statement, das du zu Beginn der Diskussion vortragen willst.
Tipp: Du kannst dich an deiner Stellungnahme orientieren.

a. Nenne das Thema. Berücksichtige dabei dein Ergebnis von Aufgabe 4.

b. Äußere deine Meinung und begründe sie mit zwei Argumenten. Veranschauliche diese durch Beispiele.

c. Ziehe zum Schluss ein kurzes Fazit oder formuliere einen Appell.

Fitnessapps und Wearables – Argumente sammeln und ordnen

(Wirklich) fitter und gesünder durch digitale Begleiter wie Fitnessapps und Wearables? In einem Internetforum wird über diese Frage diskutiert. Du informierst dich über das Thema und bildest dir eine Meinung. Zum Schluss nimmst du Stellung in einem Kommentar.

1 a. Welche digitalen Begleiter für den Bereich Sport und Fitness kennst du? Schreibe eine Liste. Tipp: Du kannst dazu auch recherchieren.
b. Welche dieser digitalen Begleiter nutzt du selbst? Schreibe auf und begründe.
Ich nutze folgende Fitnessapps … Diese nutze ich, weil …
Ich nutze keine Fitnessapps, weil …

2 Begründe, welcher Meinung du spontan eher zustimmst.

Ich finde digitale Fitnessapps nicht so toll, weil ich dabei viele Daten von mir preisgebe. Das möchte ich nicht.

Meiner Meinung nach sind digitale Apps toll, weil ich so einen guten Überblick über meine sportliche Leistung habe.

Ich stimme der Meinung zu, dass digitale Fitnessapps …

Der folgende Beitrag aus dem Internet erläutert, was Fitnesstracker sind. Er setzt sich auch mit Argumenten dafür und dagegen auseinander.

M1 Fitnesstracker – Pro und Kontra für die Kontrolle *Pauline Zaeh*

[…] Ein Fitnesstracker zeichnet durch mehrere Sensoren verschiedene Daten wie Schrittanzahl, gelaufene Distanz, Schlafenszeiten, verbrauchte Kalorien, Herzfrequenz und vieles mehr auf. Meist gibt es zum jeweiligen Fitnessarmband eine passende Smartphone-App, an die das Gerät die Daten übermittelt. Dort kann die Nutzerin oder der Nutzer dann Ergebnisse einsehen, vergleichen und kontrollieren. In den meisten Fitnesstracker-Apps ist es möglich, persönliche Ziele festzuhalten und den Tracker durch Daten wie Geschlecht, Größe und Körpergewicht zu spezifizieren. Auch sind viele Apps direkt mit sozialen Netzwerken verbunden. […]

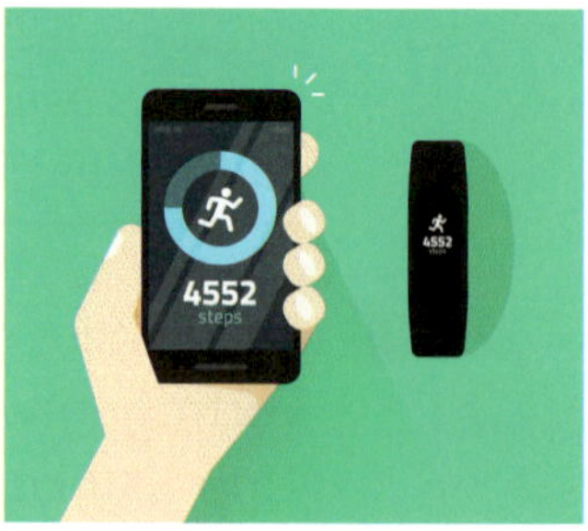

Die Nutzenden bekommen durch die Aufzeichnung ihrer Daten einen realistischen Überblick über ihr gesamtes Bewegungsverhalten, wodurch ein besseres Körperbewusstsein geschaffen werden kann. Tracker können auch Aufschluss über schlechte Ernährungsangewohnheiten geben, da das Gerät das Essverhalten dokumentieren kann. Fitnesstracker dienen oft als Motivationshilfe für mehr Bewegung und Sport. So kann die Anzahl der verbrannten Kalorien oder die aufgezeichnete, beim Joggen bereits zurückgelegte, Strecke Ansporn für eine Leistungssteigerung sein. Die motivierende Wirkung der Tracker kann durch soziale Medien weiter verstärkt werden, denn das Teilen von getrackten Aktivitäten mit Freundinnen und Freunden kann als zusätzlicher Anreiz dienen. Ein weiterer Vorteil der Fitnessarmbänder und Co.: Ihre Bedienung ist meist unkompliziert und intuitiv. Lange Vorbereitung vor Beginn der Aufzeichnungen ist in der Regel nicht nötig. Auch die Übertragung auf das Smartphone erfolgt schnell und einfach über eine Bluetooth-Verbindung. So sind Fitnesstracker auch für Menschen ohne viel technisches Vorwissen geeignet. [...]

Fitnesstracker sind allerdings häufig ungenau. Oft messen sie zu viel oder zu wenig Bewegung. Schnelles Radfahren wird zum Beispiel oft als Autofahren falsch interpretiert. Auch werden Routen häufig nicht richtig aufgezeichnet, sodass die Streckenverläufe am Ende nicht zu 100 Prozent korrekt sind. [...] Auch das Thema Datenschutz spielt bei Fitnesstrackern eine große Rolle, da sehr persönliche Daten aufgezeichnet und gespeichert werden. So weit ist das kein Problem. Allerdings kann sich der Hersteller in der Datenschutzerklärung das Recht herausnehmen, die Daten auch für andere Zwecke zu verwenden. [...] V

3 **a.** Benenne die wesentlichen Merkmale von Fitnesstrackern.
b. Benenne auch, welche Funktionen Fitnesstracker erfüllen können.

4 Welche Vorteile und Nachteile von Fitnesstrackern werden genannt? Lege eine Tabelle an, in der du alle Argumente sammelst.
Tipp: Du kannst auch eigene Argumente ergänzen.

Vorteile digitaler Begleiter (Bereich Sport und Gesundheit)	*Nachteile digitaler Begleiter (Bereich Sport und Gesundheit)*
...	...

Auch aus einem Balkendiagramm kannst du Argumente ableiten.

5 **a.** Sieh dir das Diagramm M2 an. Worüber informiert es?
b. Erkläre mithilfe eines Beispiels, ob das Diagramm eher Vorteile oder Nachteile von digitalen Fitnesshelfern benennt.

▶ Der Lese-Profi für Grafiken, S. 223

M2 **Gründe für die Nutzung digitaler Begleiter**

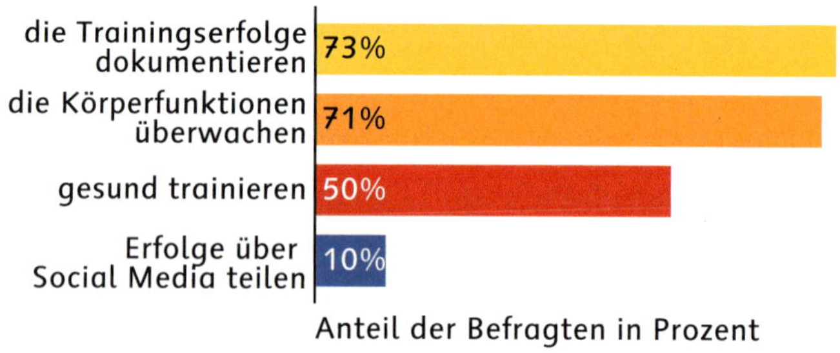

Daten nach: TK Bewegungsstudie 2022

6 Leite mindestens zwei Argumente aus dem Diagramm ab und ergänze sie in deiner Tabelle.

Das folgende Interview und die Infografik vertiefen einen weiteren Aspekt.

M3 Gespräch zwischen Verbraucherschützer und Schülerin Jasmin

Jasmin Hallo Herr Meyer! Schön, dass wir uns heute über Wearables und Gesundheitsapps austauschen. Die Nutzung dieser Produkte hat stark zugenommen und es sieht so aus, als ob dieser Trend sich in den nächsten Jahren noch weiter verstärkt.

Herr M. Das sehe ich genauso. Diese Produkte werden immer beliebter und können sicher zu einer gesünderen Lebensweise motivieren. Zu bedenken finde ich jedoch, dass man hier mit persönlichen Daten arbeitet und man sehr vorsichtig sein sollte. Meist ist man verpflichtet, Dinge über sich preiszugeben wie das Gewicht oder Alter – sonst funktionieren die Apps teilweise nicht.

Jasmin Ich verstehe, so wird man sehr gläsern. Aber wer sieht denn das?

Herr M. Bei jeder Nutzung der Apps und auch beim nachträglichen Teilen auf sozialen Netzwerken gibt man viele Daten frei. Diese haben einen hohen Wert beispielsweise für Forschungsunternehmen, die Pharmaindustrie oder Versicherungen. Auch die Hersteller von Fitnessprodukten selbst profitieren von den Nutzungsdaten.

Jasmin Darüber habe ich bisher nicht nachgedacht. Was schlagen Sie vor?

Herr M. Meiner Meinung nach sollten die Nutzungsbedingungen nicht so kompliziert sein und man sollte mehr Wahlmöglichkeiten bei den Einstellungen haben. Ich wünsche mir mehr Transparenz: Welche Gesundheitsdaten werden erhoben und wie werden sie weiterverarbeitet? Und welche Daten genau werden an andere Unternehmen weitergegeben?

Jasmin Vielen Dank für das Gespräch.

7 a. Schreibe das Thema des Interviews auf.
b. Begründe anhand eines Beispiels, wer eher gegen digitale Begleiter spricht.
c. Ergänze deine Tabelle mit weiteren Argumenten aus dem Interview.

8 Sieh dir die Infografik M4 an. Was ist die Hauptaussage?

▶ Der Lese-Profi für Grafiken, S. 223

M4

9 a. Sprechen die in der Infografik genannten Aspekte eher für oder gegen digitale Fitnesshelfer? Begründe anhand eines Beispiels.
b. Leite weitere Argumente oder Beispiele ab und trage sie in deine Tabelle ein.

Überzeugend formulieren, schriftlich argumentieren

Auch Paul und Naomi haben sich mit dem Thema beschäftigt und sich eine Meinung gebildet. Die Argumente veranschaulichen sie durch Beispiele.

Ich nutze eine Fitnessapp, weil ich dadurch viel motivierter bin. So zeigt mir die App beispielsweise meine Trainingsdaten genau an. Somit habe ich einen guten Überblick über meine Fortschritte.

Ich finde das Sammeln von Trainingsdaten bedenklich, [redacted] die genaue Dokumentation belastend sein kann. Wenn meine Traingingsdaten [redacted] keinen Fortschritt zeigen, fühle ich mich [redacted] eher schlecht als motiviert.

1 **a.** Wie hat Paul sein Argument mit Begründung und Schlussfolgerung verknüpft? Schreibe die Sätze ab und markiere die hervorgehobenen Wörter.
b. Wie kann Naomi ihre Sätze miteinander verbinden? Schreibe die Sätze auf und ergänze passende Wörter.

deswegen | folglich | zum Beispiel | darum | sodass | infolgedessen | da

2 Wie können Naomi und Paul die folgenden Argumente und Beispiele verknüpfen? Schreibe die Sätze auf und verwende passende Wörter aus Aufgabe 1.

Ich nutze keine Fitnessapps. Ich möchte keine persönlichen Daten preisgeben. Ich möchte nicht mein Alter oder mein Geschlecht angeben.

Ich finde Gesundheitsapps klasse. Ich kann meine Ernährung kontrollieren. Ich sehe auf einen Blick in einer Tabelle, was ich täglich esse.

(Wirklich) fitter und gesünder durch digitale Begleiter wie Fitnessapps und Wearables? Du hast Argumente dafür und dagegen gesammelt. Nun planst du einen Kommentar, in dem du deine Meinung vertrittst.

Schritt 1: Planen

3 **a.** Sieh dir noch einmal deine Tabelle an.
b. Schreibe auf, welche Meinung du jetzt zu digitalen Fitnesshelfern hast.

4 **a.** Welche drei Argumente stützen deine Meinung besonders überzeugend? Wähle aus und gewichte, indem du sie nummerierst.
b. Welches Gegenargument möchtest du entkräften? Wähle aus und markiere.

Schriftlich argumentieren, Stellung nehmen

Mithilfe eines Schreibplans bereitest du den Kommentar vor.

▶ Argumentationskette, S. 67

1 **a.** Wie kannst du das Interesse der Leserinnen und Leser wecken? Wähle aus oder überlege dir eine eigene Einleitung. Notiere im Schreibplan.

(A) *Bist du schon sportlich digital unterwegs? Immer häufiger werden digitale Fitnessapps genutzt, um ... Ich finde das sinnvoll / nicht sinnvoll, weil ...*

(B) *Der Alltag wird immer digitaler. Auch im Sport- und Gesundheitsbereich ist dieser Trend zu beobachten. Das finde ich sehr gut / nicht so gut, denn ...*

b. Wie möchtest du die Leserinnen und Leser im Hauptteil überzeugen?
- Notiere im Schreibplan deine Argumente und Beispiele in Stichworten.
- Trage das gewählte Gegenargument und deine Entkräftung ein.

c. Wie kannst du deine Meinung im Schlussteil zusammenfassen? Notiere.

2 Schreibe nun den Kommentar mithilfe deines Schreibplans.
Tipp: Die Formulierungen auf Seite 67 helfen dir dabei.

Schritt 2: Schreiben

3 **a.** Überprüft eure Kommentare mithilfe folgender Fragen.
- Sind die Argumente überzeugend?
- Sind die Sätze sprachlich verknüpft?
- Endet der Kommentar mit einer Zusammenfassung der Meinung?

Schritt 3: Überarbeiten

b. Überarbeitet eure Texte. Überprüft dabei auch die Rechtschreibung, Zeichensetzung und Grammatik.
Tipp: Übungen dazu findet ihr auf den Seiten 202–203.

MK **c.** Schreibt eure Texte gut lesbar in Handschrift auf oder mit dem PC.

Dein Kommentar hat die Redaktion einer Talkshow überzeugt.
Du bist zu einer Podiumsdiskussion eingeladen zum Thema:
Machen digitale Begleiter den Alltag intelligenter?

4 Erkläre, was der Begriff intelligent bezogen auf digitale Fitnesshelfer bedeutet.

das Verhalten steuern | Fortschritte dokumentieren | einen Trainingsplan erstellen | ...

5 Du verfasst ein Statement, mit dem du deine Meinung in der Talkshow vorstellst.
a. Nenne zu Beginn das Thema. Berücksichtige dein Ergebnis von Aufgabe 4.
b. Formuliere deine Meinung als schlagkräftige Behauptung.
c. Begründe sie mit zwei Argumenten und veranschauliche durch Beispiele.
d. Beende das Statement mit einem kurzen Fazit oder einem Appell.

Die Argumente in einer Talkshow präsentieren

Ihr habt euch mit strittigen Fragen rund um unseren digitalen Alltag auseinandergesetzt und könnt an einer Talkshow* teilnehmen zum Thema:
Machen digitale Begleiter den Alltag intelligenter?

1 **a.** Findet gemeinsam eine Moderatorin oder einen Moderator**.
b. Bearbeitet je nach Rolle die Aufgaben **2 1** oder **2 2**.

2 1 Die Moderatorin / Der Moderator plant die Einleitung für die Talkshow. Sie/Er notiert Stichworte oder Sätze auf Karteikarten:
- Worum geht es in der Talkshow?
- Wer nimmt teil und wie soll ich begrüßen?

2 2 Die anderen bilden Expertengruppen und bereiten sich auf die Talkshow vor.

Lernvideos | **Online-Shopping** | **Fitnessapps**

a. Stellt euch gegenseitig eure Statements vor und gebt euch ein Feedback.
b. Überlegt, was die Zuschauenden fragen könnten und wie ihr antwortet.
c. Legt fest, wer von euch als Expertin oder Experte und wer als Zuschauerin oder Zuschauer an der Talkshow teilnimmt.

Arbeitstechnik

Eine Podiumsdiskussion durchführen
- Die Moderatorin / Der Moderator begrüßt und stellt die Experten vor.
- Die Expertinnen und Experten tragen nacheinander ihre Statements vor.
- Die Moderatorin / Der Moderator führt durch die Diskussion. Sie/Er achtet auf die Einhaltung der Gesprächsregeln und darauf, dass alle Experten gleich oft reden dürfen. Außerdem behält sie/er die Zeit im Blick.
- Am Ende können interessierte Zuschauerinnen und Zuschauer Fragen an die Experten stellen. Die Moderatorin / Der Moderator ruft jeweils auf.
- Die Moderatorin / Der Moderator beendet schließlich die Diskussion. Sie/Er bedankt sich bei allen Teilnehmenden und verabschiedet sie.

** Eine Talkshow ist eine Diskussionsrunde, zu der verschiedene Expertinnen und Experten zu einem bestimmten Thema eingeladen werden.*
*** Die Moderatorin / Der Moderator leitet die Podiumsdiskussion und sorgt dafür, dass alle Expertinnen und Experten zu Wort kommen.*

1 *Heute geht es um das Thema … Ich begrüße als Expertinnen und Experten …*

Die Arbeit auswerten

Ihr wertet gemeinsam die Talkshow aus und gebt euch gegenseitig ein Feedback.

1 **a.** Die Zuschauerinnen und Zuschauer geben den Experten ein Feedback:
- Welches Statement war überzeugend?
- Welche Argumente konntet ihr nachvollziehen?
- Welches Beispiel ist euch im Gedächtnis geblieben?

b. Die Experten geben der Moderatorin / dem Moderator ein Feedback: Hat sie/er gut durch die Diskussion geführt?

c. Die Moderatorin / Der Moderator gibt den Zuschauerinnen und Zuschauern ein Feedback: Haben sie sich angemessen verhalten?

d. Alle geben ein Feedback: Wurden die Gesprächsregeln eingehalten und sachlich und fair diskutiert? Formuliert Ich-Botschaften.

Auch Anna, Naomi, Paul und Tarik haben Online-Kommentare geschrieben. Sie sprechen über ihre Arbeit.

Ich fand das Thema spannend und hatte spontan eine Meinung dazu. Es fiel mir aber schwer, in den Texten die Argumente von Beispielen zu unterscheiden.

Ich fand es herausfordernd, die Informationen aus den unterschiedlichen Materialien in meine Argumentation einzubeziehen. Die Argumentationskette hat mir geholfen, einen Schreibplan zu erstellen.

Mir ist es gut gelungen, im Schlussteil meines Textes nochmals die Ausgangsfrage aufzugreifen und eine Schlussfolgerung zu ziehen.

Es fiel mir leicht, Argumente zu finden. Es bereitete mir aber Schwierigkeiten, auf Gegenargumente einzugehen und sie zu entkräften.

2 **a.** Was fiel Anna, Naomi, Paul und Tarik leicht? Was fiel ihnen noch schwer?

b. Welche Tipps könnt ihr ihnen zur Überwindung der Schwierigkeiten geben?

Du denkst über deine eigene Arbeit nach.

3 Was ist dir schon gut gelungen? Wobei hattest du noch Schwierigkeiten? Schreibe auf und belege anhand von Beispielen.

die Argumente erkennen und ordnen | die Argumente gegeneinander abwägen | eine Argumentationskette bilden | die Argumente und Beispiele sprachlich verknüpfen | zwischen den Argumenten Überleitungen formulieren | eine Schlussfolgerung ziehen

Sich auf die Abschlussprüfung vorbereiten

Lina steht kurz vor ihren Prüfungen und trifft Jan, der im letzten Jahr die Prüfung abgelegt hat. Die beiden sprechen über seine Erfahrungen bei der Vorbereitung.

Hi Jan, ich sitze gerade vor den Materialien für die Prüfung. Es können verschiedene Prüfungsaufgaben drankommen, zum Beispiel eine Argumentation oder ein informierender Text. Ich weiß nicht recht, was ich lernen soll, und die Zeit wird knapp!

Hi Lina, das kommt mir bekannt vor. Wir haben uns in unserer Lerngruppe zuerst einen Überblick verschafft über die verschiedenen Prüfungsaufgaben und die jeweiligen Lerninhalte.

1 **a.** Welches Problem hat Lina?
b. Wie ist Jans Lerngruppe im letzten Jahr vorgegangen?

2 Welche Prüfungsaufgaben gibt es?
a. Notiert jeweils auf einer Karteikarte, welche Prüfungsaufgaben Lina nennt.
b. Ergänzt weitere mögliche Prüfungsaufgaben. Schreibt auf einzelne Karteikarten.
Tipp: Ihr könnt euch auch darüber informieren, was in alten Prüfungen vorkam.

eine Argumentation schreiben
...

3 **a.** Bildet Vierergruppen.
b. Vergleicht eure Ergebnisse und ergänzt eure Karteikarten, falls nötig.

Bei jeder Prüfungsaufgabe werden verschiedene Erwartungen an euch gestellt. Das sind eure Lerninhalte.

4 Ihr habt euch einen Überblick über die möglichen Prüfungsaufgaben verschafft. Findet heraus, auf welche Lerninhalte ihr euch jeweils vorbereiten müsst. Geht in drei Schritten vor: Think – Pair – Share.
a. Notiere auf jeder Karteikarte passende Lerninhalte in Stichworten. Think.
b. Vergleicht eure Ergebnisse und ergänzt eure Karteikarten. Pair.
c. Sammelt eure Ergebnisse in der Klasse. Share.

4 **a.** *eine Argumentation schreiben: Texte erschließen, Argumente sammeln, nach Pro und Kontra ordnen, Argumente gewichten, einen Schreibplan erstellen ...*

Einen Lernplan erstellen

Jan rät Lina, sich einen Lernplan anzulegen. Er zeigt ihr ein Beispiel.

Tag	*Datum*	*die Prüfungsaufgabe*	*Zeit*	*der Lerninhalt*	*zu tun*	*die Fragen*	*erl.*
1	*10.04.*	*eine Argumentation schreiben*	*15:30* *16:00* *16:20* *16:40*	*Argumente sammeln* *Pause* *Argumente ordnen* *Feierabend: Volleyball*	*Lese-Profi wiederholen*	… … …	✓
2	*11.04.*	*eine Argumentation schreiben*	*15:00* *15:30* *15:40*	*die Argumentationskette* *Pause* *der Schreibplan*	… …	… …	

1 **a.** Beschreibt den Lernplan. Erklärt auch, wozu die einzelnen Spalten dienen.
b. Erläutert, wie ein Lernplan Lina bei der Prüfungsvorbereitung helfen kann.

2 Erstellt eine Vorlage für einen eigenen Lernplan auf einem Blatt (Querformat).
Legt fest, welche Spalten ihr einfügen wollt.
Orientiert euch an dem Lernplan oben.

3 Ergänzt eure Karteikarten von Seite 82.
Notiert Stichworte zu diesen Fragen:
- Was habt ihr bei den einzelnen Lerninhalten zu tun?
- Welche Fragen habt ihr zu den einzelnen Lerninhalten?
- Welche Hilfen könnt ihr verwenden?

Du hast dir einen Überblick über deine Lerninhalte verschafft. Du legst nun eine Reihenfolge für deine Lerninhalte fest und erstellst einen eigenen Lernplan.

4 Was gelingt dir schon gut, was möchtest du noch mehr üben?
a. Schätze dich selbst ein. Berücksichtige dabei deine bisherigen Lernerfahrungen.
Tipp: Bitte eine Partnerin / einen Partner oder deine Lehrkraft um Feedback.
b. Nummeriere deine Karteikarten und deine Lerninhalte.
Beginne mit den Inhalten, die du noch mehr üben möchtest.

5 Trage deine Ergebnisse der Aufgaben 3 und 4 in deinen Lernplan ein.
- Trage deine Lernzeiten ein.
  Plane auch Zeit für Freizeitaktivitäten und Hobbys ein.
- Überlege, wie viel Zeit du für den jeweiligen Lerninhalt einplanen möchtest.
- Plane zwischen den Lerninhalten kurze Pausen ein.

1 **b.** *die Lerninhalte einteilen, einen Zeitplan erstellen, das Lernen organisieren …*

Lernmethoden kennenlernen und auswählen

Jan hat Lina erzählt, dass er gut mit selbst geschriebenen Lernzetteln lernt. Lina ist sich unsicher, was ihr am besten hilft. Sie hört sich in ihrer Klasse um.

Julius: Mir hilft es, wenn ich die Lerninhalte sehe, zum Beispiel in Mind-Maps, Skizzen oder Schaubildern. Diese kann ich mir dann einprägen.

Blenda: Vor allem, wenn ich etwas höre, ist es für mich gut. Zu Hause nehme ich mir die Inhalte mit dem Handy auf und höre sie mir mehrmals an. Dann bleiben sie mir gut im Kopf.

Zahir: Ich kann schlecht alleine lernen. Für mich ist es wichtig, dass ich mit jemanden über die Lerninhalte rede. Wenn ich es anderen erkläre, weiß ich, dass ich es verstanden habe.

Emily: Mir fällt es schwer, beim Lernen nur stillzusitzen. Ich muss etwas tun. Daher schreibe ich mir die Lerninhalte auf oder bastele etwas dazu. Oder ich erstelle mir ein Erklärvideo.

1 Lernen erfolgt über die sogenannten Lernkanäle: Sehen, Sprechen, Hören, Tun.
a. Findet heraus, welche Lernkanäle die Schülerinnen und Schüler jeweils nutzen.
b. Übertragt die Tabelle in euer Heft und notiert, welche Methoden sie dazu nennen.

Lernen durch Sehen	*… Hören*	*… Sprechen*	*… Tun*
die Lerninhalte sehen in Mind-Maps …	*…*	*…*	*…*

c. Ergänzt weitere Methoden für die einzelnen Lernkanäle.

2 **a.** Stellt euch die Methoden vor und besprecht jeweils Vor- und Nachteile.
b. Diskutiert, welche Methode sich für welchen Lerninhalt eignen könnte.

3 Welche Methoden passen zu dir, welche zu deinen Lerninhalten? Markiere die Inhalte in deinem Lernplan in unterschiedlichen Farben.

4 **a.** Bildet Gruppen und stellt euch eure Lernpläne gegenseitig vor.
b. Gebt euch ein Feedback zu euren Lernplänen.
c. Überarbeitet jeweils euren Lernplan.

4 **b.** *Ihr könntet zum Beispiel zu diesen Fragen ein Feedback geben: Ist der Lernplan vollständig? Ist er übersichtlich? Ist die Reihenfolge sinnvoll? Sind ausreichend Pausen eingeplant? Passen die Lernmethoden zu den Lerninhalten? …*

Eine Prüfungsaufgabe erschließen

Lina möchte bei der Vorbereitung üben, eine Prüfungsaufgabe zu erschließen. Ihre Lehrkraft hat Lina eine Aufgabe aus dem letzten Jahr gegeben.

Soll der Zugriff zu sozialen Netzwerken im Schulnetzwerk gesperrt werden?
Nimm in einem Brief an die Schulkonferenz Stellung zu der Frage und überzeuge die Mitglieder von deiner Meinung.
Verwende deine Vorarbeiten der vorangegangenen Aufgaben.

a. Nenne in der Einleitung den Anlass des Briefes, das Thema und deine Meinung.
b. Begründe im Hauptteil deine Meinung mit drei Argumenten und veranschauliche sie jeweils mit Beispielen.
c. Ordne die Argumente in einer sinnvollen Reihenfolge. Nenne ein Gegenargument und entkräfte es.
d. Fasse zum Schluss deine Meinung zusammen und ziehe eine Schlussfolgerung. Werbe bei deinen Adressatinnen und Adressaten für deine Meinung.
e. Beachte beim Schreiben die Form des Briefes und die Adressatinnen und Adressaten.

1
a. Lest die Aufgabe einmal durch.
b. Nennt das Thema, über das ihr schreiben sollt.
c. Schreibt auf, was für einen Text ihr schreiben sollt.
d. Notiert, an wen ihr schreiben sollt.

Ihr lest die Aufgabenstellung genau. So versteht ihr, was ihr jeweils tun sollt. Die Verben geben euch dabei Hinweise.

2
a. Lest die Aufgabe aufmerksam und genau.
b. Legt eine Folie über die Aufgabe und markiert alle Verben.
c. Markiert Wörter und Wortgruppen, die euch weitere Hinweise geben.
d. Notiert die Verben in der Grundform (Infinitiv) und ergänzt, was ihr tun sollt.

Stellung nehmen → die eigene Meinung zu einem Thema/Sachverhalt begründen …

3
a. Vergleicht eure Ergebnisse in der Klasse.
b. Formuliert in eigenen Worten, was ihr jeweils tun sollt.
c. Fasst zusammen, wie ihr beim Erschließen einer Prüfungsaufgabe vorgeht.

Ihr könnt das Erschließen einer Prüfungsaufgabe weiter üben. Besorgt euch dazu Aufgaben aus alten Prüfungen und ergänzt eure Lernpläne.

4 Wohnen heute und morgen – *informierende Texte verfassen*

Schon heute wohnen wir sehr unterschiedlich: auf dem Land oder in der Stadt, in einer Wohnung oder in einem Haus, allein, in der Familie oder gemeinsam mit anderen. Doch wie werden wir in Zukunft wohnen?

A

B

C

1 **a.** Welche Wohntrends könnt ihr auf den Fotos erkennen?
b. Welche heutigen Formen des Wohnens kennt ihr? Worin bestehen jeweils die Unterschiede?

2 Wie stellt ihr euch das Wohnen in der Zukunft vor?

Zukunft des Wohnens *Tobias Aufmkolk und Almut Röhrl*

Die Menschheit wächst stetig. [...] Laut UNO wird die Weltbevölkerung bis 2050 um ein weiteres Drittel wachsen. Wo werden all diese Menschen dann unterkommen? Wie wird der enorme Energiebedarf der Megacitys gedeckt? Wird es gelingen, die Umweltverschmutzung und den CO_2-Ausstoß zu reduzieren? Und welche Folgen hat der Anstieg des Meeresspiegels für die dicht besiedelten Küstenstreifen? Architektinnen und Städteplaner stehen vor großen Herausforderungen. [...] V

3 Worüber informiert der Sachtext? Worüber möchtet ihr mehr erfahren?

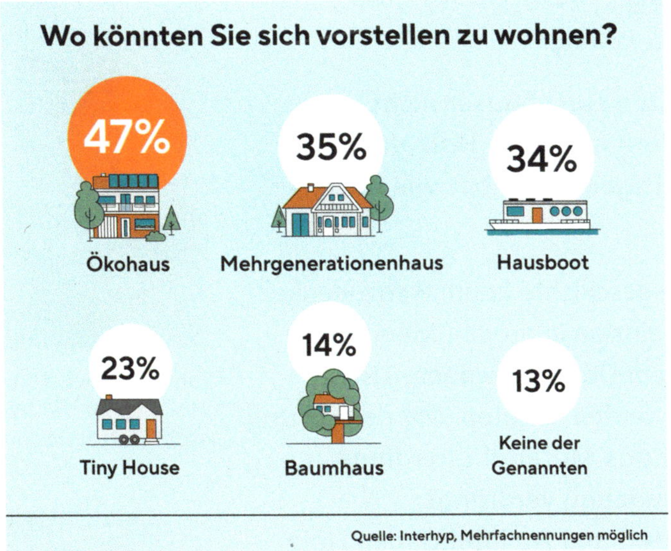

4 Worüber informiert die Grafik? Was findet ihr bemerkenswert?

4 Wohnen heute und morgen – *informierende Texte verfassen*

In diesem Kapitel informiert ihr euch über aktuelle Wohntrends. Ihr sammelt, ordnet und verknüpft Informationen aus verschiedenen Materialien. Anschließend verfasst ihr einen informierenden Text für eine Informationsbroschüre.

Nachhaltig bauen mit Holz – sich informieren

Warum ist Holz als Baustoff derzeit so beliebt? Ihr erschließt Sachtexte und Grafiken und plant einen informierenden Text für eine Informationsbroschüre zum Thema Wohnen heute und morgen.

1 a. Worüber informiert der Zeitungsartikel M1 vermutlich? Seht euch die Bilder an und lest die Überschrift.
b. Sammelt Fragen zu diesem Thema.

▶ Der Lese-Profi, S. 222

2 a. Bildet Gruppen.
b. Lest gemeinsam den Text. Klärt nach jedem Abschnitt unbekannte Wörter aus dem Textzusammenhang oder schlagt sie nach.

▶ Das Gruppenlesen, S. 227

M1 Werden wir künftig Hochhäuser aus Holz bauen? *Jakob Pallinger*

In immer mehr Städten sollen Hochhäuser nicht nur aus Beton und Stahl, sondern auch aus Holz gebaut werden und damit nachhaltiger sein. Aber wie hoch lässt sich damit bauen?

Holz ist aus der Menschheitsgeschichte kaum wegzudenken. Denn lange Zeit war es das einzige in großen Mengen vorhandene Material, aus dem Dächer, Treppen, Tische und vieles mehr hergestellt werden konnten. Mit dem Einzug von Stahl und Beton wurde das Material allerdings immer mehr aus dem Gebäudebau verdrängt.
Nun wollen einige Architekten und Architektinnen Holz ein neues goldenes Zeitalter bescheren: Als zentraler Bestandteil neuer Hochhäuser soll damit weit höher gebaut werden als bisher in der Geschichte des Baustoffs. Mehrere knapp hundert Meter hohe Holzhochhäuser befinden sich weltweit bereits in Planung, darunter in Deutschland, Großbritannien, Schweden, Kanada und den USA.
Indem die Hochhäuser mit Holz gebaut werden, sollen Energie und CO_2-Emissionen[1] gespart und gleichzeitig soll auf nachwachsende Rohstoffe gesetzt werden, so die Befürworter und Befürworterinnen.

Eins der höchsten Holzhäuser der Welt steht in Norwegen.

Der Eingangsbereich des Mjøstårnet

Das Potenzial[2] ist durchaus beachtlich: Der Gebäudesektor ist laut Studien für rund 40 Prozent der weltweiten Emissionen verantwortlich. Gleichzeitig verschlingt die weltweite Betonproduktion gewaltige Mengen an Sand und Kies und die Stahlproduktion Unmengen an Eisen. Holz verspricht für viele, die nachhaltigere Alternative zu Beton und Stahl zu sein, weil es nicht nur nachwächst, sondern auch CO_2 speichert. [...] Laut einer Studie könnten Holzhochhäuser rund 25 Prozent weniger Emissionen verursachen als vergleichbare Betonhäuser. [...] Tatsächlich gibt es bereits jetzt einige Holzhochhäuser, die traditionellen Hochhäusern durchaus ebenbürtig[3] sind. Das derzeit[4] höchste, das Mjøstårnet, befindet sich im Norden Oslos in Norwegen und wurde 2019 fertiggestellt. Es ist rund 85 Meter hoch und hat 18 Stockwerke. [...] Und in der Seestadt Aspern in Wien wurde 2019 das rund 80 Meter hohe Holzhochhaus HoHo fertiggestellt, das zu 75 Prozent aus Holz gebaut wurde. V

Auch das „Hoho Wien" besteht zu 75 Prozent aus Holz.

1 die Emissionen: das Ausströmen umweltschädlicher Stoffe
2 das Potenzial: die Entwicklungsmöglichkeit
3 ebenbürtig: gleichrangig
4 in Wien soll bis 2026 ein höheres Holzhaus entstehen

3 **a.** Was habt ihr alles zum Thema Nachhaltig bauen mit Holz erfahren? Legt gemeinsam eine Tabelle an und notiert wichtige Informationen.
b. Ergänzt wichtige Fachbegriffe und erklärt sie.
c. Notiert mindestens ein aussagekräftiges Zitat mit Zeilenangaben.

Material	*wichtige Informationen mit Zeilenangabe*	*Fachbegriffe mit Erklärung*	*aussagekräftige Zitate*
M1	*Hochhäuser aus Holz (vgl. Z. 1 f.)*	*die CO_2-Emissionen: das Ausstoßen von ...*	*„Der Gebäudesektor ist laut Studien ...*

4 Vergleicht eure Tabelle mit einer anderen Gruppe und ergänzt sie bei Bedarf.

In den Texten und Grafiken auf den Seiten 90–93 erhaltet ihr weitere Informationen. Ihr erschließt die Materialien arbeitsteilig in eurer Gruppe.

5 **a.** Verteilt die Materialien M2 – M5 in der Gruppe.
b. Lest euer Material mit dem Lese-Profi und bearbeitet die dazugehörige Aufgabe. Erweitert dazu die Tabelle aus Aufgabe 3.

► Der Lese-Profi, S. 222

M2 Nachhaltiges Bauen

Die Grundprinzipien nachhaltigen Bauens sind ein bewusster Umgang mit vorhandenen Ressourcen und ein möglichst geringer Energieverbrauch. Beim nachhaltigen Bauen kommen Baustoffe zum Einsatz, die wenig klimaschädliches CO_2 erzeugen, die Umwelt nicht verschmutzen und entweder nachwachsen oder recycelt werden können. Nachhaltige Baustoffe sind zum Beispiel Holz, Lehm, Stroh. Die Baustoffe Glas, Stahl und Beton gelten dagegen als nicht nachhaltig. Bei ihrer Herstellung entsteht viel CO_2. Durch das Verwenden von Baustoffen aus der Region sollen zusätzlich lange Transportwege vermieden und Energie eingespart werden.

6 Notiere wichtige Informationen in deiner Tabelle:
- Was sind die zwei Grundprinzipien nachhaltigen Bauens?
- Wie werden diese Prinzipien umgesetzt?

M3 Von der Hütte zum Hochhaus *Theresia Baldus*

Stein auf Stein – das muss nicht sein. Immer häufiger kommt Holz als Baumaterial zum Einsatz. In Berlin zeigen einige Projekte, wie gut die uralte Bauweise ins Heute passt.

Ein modernes Mehrfamilienhaus in Holzhybridbauweise

Eine rustikale Blockhütte am See – sie ist der Traum vieler Großstädterinnen und Großstädter vom einfachen, naturnahen, entschleunigten Leben. Daran wird sich sicherlich so schnell nichts ändern. Was sich aber ändert: Holz findet sich zunehmend im urbanen[1] Raum, auch Mehrfamilienhäuser werden sich künftig mehr und mehr etablieren[2]. Selbst Hochhäuser in Holz- beziehungsweise Holzhybridbauweise sind jetzt möglich. In Berlin-Kreuzberg soll demnächst sogar das höchste Holzhaus Deutschlands entstehen. 98 Meter wird das „Woho" in die Höhe ragen, 29 Geschosse zählen. Ein weiteres Projekt der Superlative ist das in der Nähe des früheren Flughafens Berlin-Tegel entstehende „Schumacher Quartier" mit rund 5 000 Wohnungen für mehr als 10 000 Menschen. Es soll die weltweit größte Holzstadt werden. [...]
Aber warum überhaupt Holz als Baustoff? [...] Die Antwort ist einfach: Bauen mit Holz leistet einen Beitrag zum Umweltschutz.

Holz ist der einzige nachwachsende Rohstoff, die CO_2-Bilanz[3] ist hervorragend. „In Deutschland verfügen wir über ein großes Potenzial an Holzvorräten. Eine ausgewogene Waldnutzung stärkt die Forstwirtschaft bei Aufbau und Pflege des Bestandes", sagt Ingo Kern. Kern ist Inhaber eines Architekturbüros. Seit rund zehn Jahren plant er Ein- und Mehrfamilienhäuser aus Holz vornehmlich in Berlin und Brandenburg. Außerdem, so Kern, steigere Holz den Wohnkomfort, weil es ein gutes Raumklima erzeugt. „Holz kann Feuchtigkeit speichern und wieder abgeben." Holz steht somit für Behaglichkeit und Wärme, gerade weil es „lebt". Ein Holzhaus ist, da jeder Baum individuell ist, ebenso individuell, ein Unikat[4] in Farbe, Textur und Maserung. Zudem ist der Rohstoff ein dauerhaftes Material. Die Unterhaltskosten für ein Holzhaus sind wegen des niedrigeren Energieverbrauchs günstiger. Außerdem ist Holz leistungsfähig, schon aufgrund seines geringen Eigengewichts. Nicht ohne Grund ist es ein uralter, früher häufig eingesetzter Baustoff. Doch irgendwann wurde er, vor allem in urbanen Räumen, durch Beton und andere Materialien ersetzt. Man will immer so günstig wie möglich bauen. Und da steht Holz aktuell nun mal nicht an oberster Stelle. Rund zehn Prozent mehr müsse man für ein Holzhaus kalkulieren, sagt Kern. Dennoch hat der Architekt sehr gut zu tun. Die Menschen wollen einen Beitrag zum Umweltschutz leisten und gesund sowie behaglich wohnen. [...] Im Übrigen könnte sich das Thema mit den höheren Baupreisen sowieso bald erledigt haben. Die Verantwortlichen des „Schumacher Quartiers" nahe dem ehemaligen Flughafen Berlin-Tegel beschäftigen sich genau damit: Durch zum Beispiel standardisierte Baukörper wollen sie die Baukosten von Holzhäusern so weit senken, dass sie preislich mit Gebäuden aus Stein konkurrieren können. [...] V

[1] urban: städtisch
[2] (sich) etablieren: hier: (sich) allgemein verbreiten
[3] Die CO_2-Bilanz weist die Menge an freigesetzten Treibhausgasen aus.
[4] ein Unikat: ein Einzelstück

7 Notiere wichtige Informationen in deiner Tabelle:
- Welche zwei Holzbauprojekte stellt der Zeitungsartikel vor?
- Was erfährst du über den Baustoff Holz?

M4 Holzhäuser helfen uns in der CO_2-Frage

Interview mit Prof. Hermann Kaufmann

Bauen mit Holz war lange in Vergessenheit geraten, heute liegt es wieder im Trend. [...]

Professor Kaufmann, woher kommt der Trend zum Bauen mit Holz?
Angesichts des Klimawandels gewinnen nachwachsende Rohstoffe an Bedeutung und da ist Holz definitiv ein Hoffnungsträger. Denn Holzhäuser helfen uns in der CO_2-Frage: Bäume entnehmen CO_2 aus der Atmosphäre und binden dieses in Form von Kohlenstoff im Holz. Verbauen wir das Holz, schaffen wir Platz für neues Waldwachstum. Man muss sich vorstellen, dass wir uns mit Holzhäusern in gewisser Weise einen zweiten Wald, einen zusätzlichen Kohlenstoffspeicher, in unsere Dörfer und Städte stellen. Darüber hinaus ersetzt Holz aber auch Baustoffe, die mit fossiler Energie[1] erzeugt werden. Und wenn ein Holzhaus schließlich am Ende seines Lebens angekommen ist, kann das Material entweder weiterverwertet werden oder zur CO_2-neutralen[2] Energieerzeugung beitragen.

Sie haben sich dem Holz bereits verschrieben, bevor nachhaltiges Bauen ein großes Thema in der Öffentlichkeit war. Was fasziniert Sie an diesem Material?
Holz ist ein natürliches und damit sinnliches Material. Es riecht gut, hat eine angenehme Haptik[3] und ist dem Menschen schon von alters her vertraut. Holz gilt als Inbegriff von Gemütlichkeit und Wohlbefinden. Als Sohn einer Zimmererfamilie im Bregenzer Wald hatte ich schon immer einen besonderen Bezug zum Holz. In der Moderne verwendete man aber hauptsächlich Stahl, Beton und Glas, der Holzbau war in Vergessenheit geraten. Im Architekturstudium wurde mir dann klar: Ich will mithelfen, den Holzbau wiederzubeleben. [...]

Trotzdem sind Gebäude aus Holz noch die Ausnahme ...
Im Moment ist der Holzbau leider noch mit vielen Vorurteilen behaftet. Eines davon ist, dass Holz brennt und deshalb ein Sicherheitsrisiko darstellt.

Da muss ich sagen: Ja, Holz brennt, aber die Wahl des Baumaterials hat keinen Einfluss auf die Zahl der Brandtoten. Feuerwehrleute sehen in brennenden Holzgebäuden rechtzeitig, wann die Konstruktion versagen wird – das ist bei anderen Materialien teilweise nicht der Fall. Holz brennt also „sicher". Außerdem hört man oft, Holz sei nicht dauerhaft. Dabei gibt es im Alpenraum, wo es viel regnet und windet, 500 bis 600 Jahre alte Bauernhäuser aus Holz. […] V

[1] die fossile Energie: Energie, die durch das Verbrennen von Kohle, Torf, Erdgas und Erdöl entsteht; bei der Verbrennung entsteht jedoch viel CO_2
[2] CO_2-neutral: ohne den Ausstoß von CO_2
[3] eine angenehme Haptik haben: hier: sich gut anfühlen

8 Notiere wichtige Informationen in deiner Tabelle:
- Warum gilt der Baustoff Holz angesichts des Klimawandels als Hoffnungsträger?
- Was erfährst du über die Vorteile und Nachteile von Holz?

▶ Der Lese-Profi für Grafiken, S. 223

M5

Umfrage: Die wichtigsten Gründe für nachhaltiges Bauen

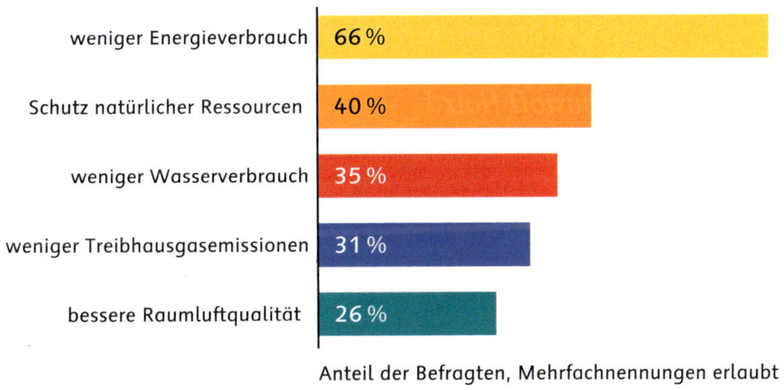

Quelle: United Technologies Corporation; Dodge Data & Analytics

9 **a.** Lies das Balkendiagramm mit dem Lese-Profi für Grafiken.
b. Welche Aussagen über nachhaltiges Bauen kannst du aus dem Balkendiagramm ableiten? Notiere die Informationen in deiner Tabelle.

Informationen ordnen und in Beziehung setzen

Ihr habt als Expertinnen und Experten verschiedene Materialien ausgewertet.

1 a. Bildet Expertengruppen zu den Materialien M2 – M5.

▶ Das Gruppenpuzzle, S. 225

b. Vergleicht eure Stichworte und ergänzt sie bei Bedarf.
- Was sind jeweils die wichtigsten Informationen zum Thema?
- Welche Fachbegriffe habt ihr aufgeschrieben und was bedeuten sie?
- Welche aussagekräftigen Zitate habt ihr notiert?

2 a. Besprecht, welche Informationen zum Thema ihr selbst besonders wichtig oder bemerkenswert findet und welche Informationen eure Mitschülerinnen und Mitschüler besonders interessieren könnten.
b. Markiert diese Informationen in eurer Tabelle.

Nun tragt ihr eure gesammelten Informationen zusammen und ordnet sie.

3 a. Geht zurück in eure Stammgruppen.
b. Informiert euch gegenseitig über die Materialien M2 – M5.
Orientiert euch dabei an den markierten Informationen in eurer Tabelle.

4 Ordnet eure Informationen gemeinsam mithilfe einer Mind-Map.
Orientiert euch dabei an den folgenden Oberbegriffen oder findet eigene.

nachhaltiges Bauen | der Baustoff Holz |
Beispiele für Gebäude in Holzbauweise | …

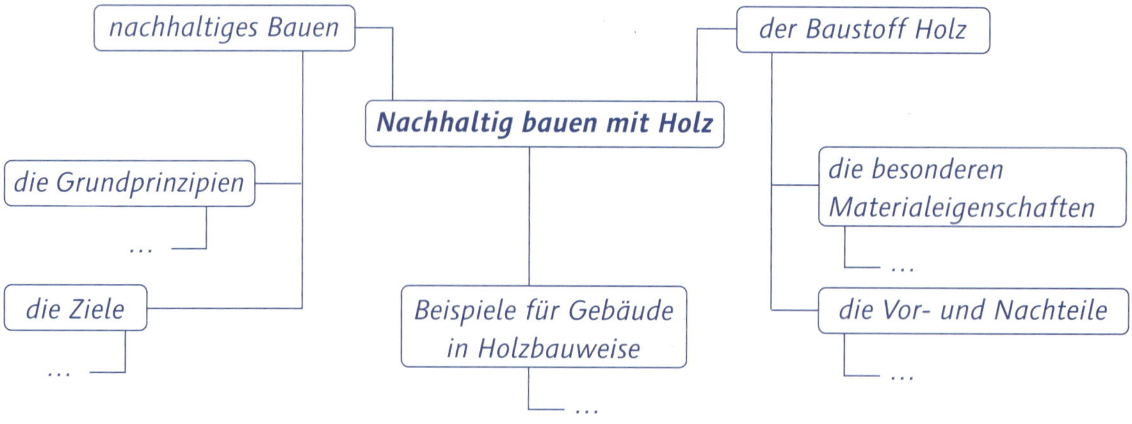

Einen informierenden Text planen

Mit der Einleitung weckt ihr das Interesse eurer Leserinnen und Leser. Ihr könnt gleich zu Beginn eine bemerkenswerte Tatsache nennen, ein aussagekräftiges Zitat anführen, ein konkretes Beispiel nennen oder eine Frage stellen.

1 a. Lest die möglichen Einstiege für einen informierenden Text.

(A) Bedenken wir den Klimawandel, sind beim Bauen Rohstoffe, die nachwachsen, besonders wichtig. Insbesondere Holz …
(B) „Man muss sich vorstellen, dass wir uns mit Holzhäusern in gewisser Weise einen zweiten Wald …" (M4, Z. 10–11) Diese Aussage eines Experten …
(C) Das geplante „Schumacher Quartier" in Berlin ist etwas ganz Besonderes. Es …
(D) Stellt euch vor, ihr wohnt in einem Hochhaus aus Holz …

b. Besprecht, welchen Einstieg ihr besonders überzeugend findet und warum.
c. Formuliert eine vollständige Einleitung. Stellt darin auch das Thema vor.

Im Hauptteil informiert ihr darüber, warum Holz derzeit so beliebt ist.

2 a. In welcher Reihenfolge würdet ihr die Informationen anordnen? Nummeriert die Äste in eurer Mind-Map.
b. Welche Fachbegriffe zum Thema sind besonders wichtig? Unterstreicht sie in eurer Mind-Map oder ergänzt sie, falls nötig.
c. Welche Zitate würdet ihr in euren Text integrieren? Schreibt mindestens ein aussagekräftiges Zitat auf. Beachtet die korrekte Zitierweise.

▶ Wörtlich zitieren, S. 96

Zum Schluss fasst ihr das Wichtigste noch einmal zusammen und zieht ein Fazit.

3 Formuliert einen Schluss für euren informierenden Text.

Abschließend/Zusammenfassend lässt sich sagen, …
Besonders bemerkenswert/interessant/faszinierend ist die Tatsache, dass …

4 Notiert Ideen für eine treffende Überschrift.

5 Besprecht eure Ergebnisse der Aufgaben 1–4 mit einem anderen Tandem.
- Was gefällt euch gut?
- Welche Tipps könnt ihr euch geben?

MK **Tipp: Ihr könnt einen vollständigen informierenden Text mit dem PC schreiben und ihn auf Seite 110 in eurer gemeinsamen Informationsbroschüre ergänzen.**

Aussagen am Text belegen und verknüpfen

Mit einem informierenden Text informiere ich andere sachlich über ein Thema.

Info

Informierende Texte
In einem informierenden Text wird ein Thema sachlich und verständlich dargestellt. Wichtige Fachbegriffe werden genannt und erläutert. Informierende Texte sind meistens in Sinnabschnitte gegliedert, in denen jeweils ein Teilaspekt des Themas dargestellt wird.

**Meine Aussagen belege ich an den von mir verwendeten Materialien.
Ich kann in meinen Text auch wörtliche Zitate einbauen.**

Arbeitstechnik

Aussagen am Text belegen
- Ich gebe eine Information aus einem Text **in eigenen Worten** wieder.
- Ich gebe dahinter in Klammern an, auf welchen Text und welche Textstelle ich mich beziehe. Ich verwende dafür die Abkürzung **vgl.** für **vergleiche**.

Bei den neuen Holzhochhäusern wird mit dem Baustoff Holz höher gebaut als je zuvor (vgl. M1, Z. 12–14).

Arbeitstechnik

Wörtlich zitieren
- Ich übernehme eine Textstelle aus einem Text, **ohne** sie **zu verändern**. Ich setze diese Textstelle in Anführungszeichen („...").
- Wenn ich etwas innerhalb des Zitats weglasse, kennzeichne ich dies mit **[...]**.
- Wenn ich innerhalb des Zitats ein Wort oder eine Wortgruppe ergänze, damit der Satz grammatikalisch richtig ist, setze ich eckige Klammern **[...]** um das entsprechende Wort oder die Wortgruppe.
- Ich gebe nach dem Zitat in Klammern den Text und die Zeilenangabe an.

Laut dem Architekten Ingo Kern „wollen [die Menschen] einen Beitrag zum Umweltschutz leisten und gesund sowie behaglich wohnen" (M3, Z. 43–45).

So kann ich meine Aussagen verknüpfen und Zusammenhänge verdeutlichen:

darüber hinaus | des Weiteren | sowohl ... als auch | zum einen ... zum anderen | außerdem | folglich | also | dadurch | demnach | dafür | dazu | darum | deswegen | deshalb | daher | jedoch | allerdings | trotzdem | dennoch | ...

Einen informierenden Text schreiben

Arbeitstechnik

Einen informierenden Text schreiben

Vor dem Schreiben

- Ich prüfe genau, was die Aufgabenstellung von mir verlangt und wer meine Adressatin / mein Adressat ist. Ich überlege, was ich dabei beachten muss.
- Ich sammle Informationen aus verschiedenen Materialien zum Thema, zum Beispiel aus Texten oder Grafiken. Ich kann im Internet, in Sachbüchern, in Lexika oder Zeitschriften recherchieren. Ich notiere Stichworte, zum Beispiel in einer Tabelle oder auf Karteikarten.
- Ich wähle wichtige und interessante Informationen für meinen Text aus.
- Ich ordne meine Informationen, zum Beispiel mithilfe einer Mind-Map.
- Ich erstelle eine Gliederung, indem ich zum Beispiel die Informationen in der Mind-Map nummeriere.

Während des Schreibens

- Ich benenne in der **Einleitung** das Thema und wecke das Interesse meiner Leser/-innen, z. B. mit einer bemerkenswerten Tatsache, einem anschaulichen Zitat, einem konkreten Beispiel oder einer Frage.
- Ich informiere im **Hauptteil** sachlich und verständlich. Ich verdeutliche Zusammenhänge, indem ich Informationen in Beziehung setze und Sätze sinnvoll verknüpfe. Ich gebe wichtige Informationen nach Teilthemen geordnet wieder und strukturiere meinen Text durch Absätze. Ich belege meine Aussagen am Text und verwende passende Zitate.
- Ich fasse zum **Schluss** wichtige Aussagen noch einmal zusammen. Ich stelle einen Bezug zur Einleitung her, gebe meine eigene Meinung wieder oder erkläre, was mich an dem Thema besonders interessiert oder fasziniert hat. Ich kann auch ein Fazit ziehen oder eine Empfehlung aussprechen.
- Ich finde eine **Überschrift**, die zu meinem Text passt und neugierig macht.

Nach dem Schreiben

- Ich überprüfe, ob mein Text informativ, sachlich und verständlich ist.
- Ich überprüfe die Rechtschreibung, Grammatik und Zeichensetzung.
- Ich gebe unter meinem Text alle verwendeten Quellen* an.
- Tipp: Ich kann Bilder ergänzen, die meinen Text anschaulicher machen.

*Quellen können zum Beispiel sein: ein Lexikon, eine Zeitschrift oder ein Text aus dem Internet.

Wohnen auf dem Wasser – sich informieren

Warum wohnen Menschen auf dem Wasser und wie leben sie dort? Du wirst zur Expertin / zum Experten für das Wohnen auf dem Wasser und schreibst einen informierenden Text für eure Informationsbroschüre.

1 **a.** Was weißt du bereits über das Wohnen auf dem Wasser?
b. Wie stellst du dir das Wohnen auf dem Wasser vor?

2 Lies den Sachtext M1: Wende die Schritte 1 und 2 des Lese-Profis an.

► Der Lese-Profi, S. 222

M1 Leben auf dem Wasser *Sandra Leitte*

[…] In den **Niederlanden** sind Wohnformen auf dem Wasser **weit verbreitet** – sowohl **in umgebauten Schiffen und Lastkähnen*** **als auch** in Neubauten auf Stahl- oder Betonpontons**, sogenannten ***floating homes.*** Diese ungewöhnliche Art des Wohnens bietet zum Beispiel in einigen Vororten von Amsterdam, wo **ganze Wohnviertel** aus schwimmenden Häusern entstehen, auch für Familien relativ **gut bezahlbaren Wohnraum.** Auch in Städten wie **London, Paris und Kopenhagen** tummeln sich unzählige Hausboote auf Flüssen und Kanälen. An der **Westküste der USA** liegen die Siedlungen auf dem Wasser meist in Buchten und Häfen […]. In **Deutschland** dagegen ist es noch eher mühsam, wenn man in ein schwimmendes Heim ziehen möchte. Es gibt nur eine sehr **begrenzte Anzahl an Liegeplätzen**, zum Beispiel in Hamburg und Berlin, baurechtlich sind Wohnboote oft mit **langen Genehmigungsverfahren** verbunden. […] V

*der Lastkahn: ein Boot für den Transport von Gütern
**der Betonponton: ein schwimmendes Betongerüst

3 Wende nun Schritt 3 des Lese-Profis an und lies den Text genau.
a. Schlage unbekannte Wörter nach.
b. Erkläre den Fachbegriff „floating homes" (Z. 4) aus dem Textzusammenhang.

► Im Wörterbuch nachschlagen, S. 244

4 Notiere wichtige Informationen auf Karteikarten. Lege zu jedem Unterthema eine Karteikarte an.

die verschiedenen Wohnformen auf dem Wasser | die Gründe für das Wohnen auf dem Wasser | die Orte, an denen das Wohnen auf dem Wasser bereits verbreitet ist | die Hindernisse in Deutschland

die verschiedenen Wohnformen auf dem Wasser:
– in umgebauten Schiffen
– …

Das Diagramm und die Zeitungsmeldung zeigen noch einen Grund, warum in Zukunft vermutlich mehr Menschen auf dem Wasser wohnen werden.

M2

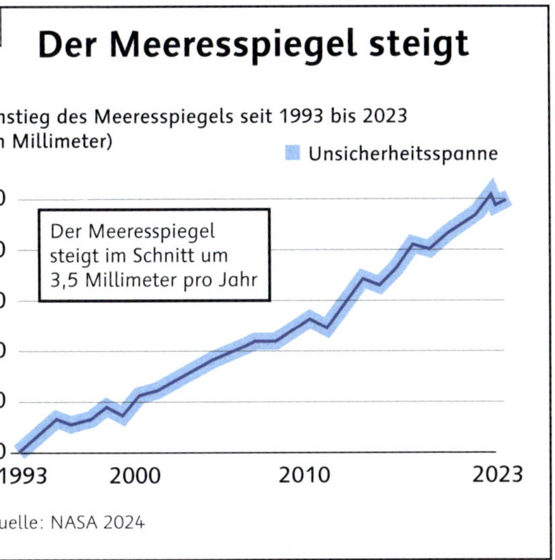

M3

Alarmierende Studien

Wissenschaftliche Studien warnen, dass Küstengebiete auf der ganzen Welt bei einem Meeresspiegelanstieg unter Wasser stehen könnten.

5 **a.** Lies das Diagramm M2 mit dem Lese-Profi für Grafiken.

► Der Lese-Profi für Grafiken, S. 223

b. Was zeigt das Diagramm? Ergänze die Satzanfänge.

Die Grafik zeigt, dass der Meeresspiegel seit …
Jedes Jahr …

6 **a.** Lies nun die Zeitungsmeldung M3.
b. Welche Folgen hat der Anstieg des Meeresspiegels für Küstengebiete? Beschreibe es mit eigenen Worten.
c. Welchen weiteren Grund für das Wohnen auf dem Wasser kannst du ableiten? Ergänze ihn auf deiner Karteikarte aus Aufgabe 3.

Du möchtest mehr über das Leben auf dem Wasser erfahren. Wähle einen der Texte M4 oder M5 aus und lies ihn mit dem Lese-Profi.

▶ Der Lese-Profi, S. 222

Du informierst dich über eine schwimmende Studentenstadt in der dänischen Hauptstadt Kopenhagen.

M4 Urban Rigger *Sandra Leitte*

Wie in vielen europäischen Städten haben Studierende es auch in Kopenhagen schwer, bezahlbaren Wohnraum zu finden. Doch es gibt Flächen in zentraler Lage, deren Nutzung Abhilfe schaffen* könnte – wie das Hafenbecken. Wenn es nach Bjarke Ingels geht, dann wird sich dieses bald in eine schwimmende Studentenstadt verwandeln. Dazu hat der dänische Architekt mit seinem Büro eine schwimmende Konstruktion aus neun aufeinandergestapelten Schiffscontainern entwickelt. 15 Zimmer mit 23 bis 27 Quadratmetern Wohnfläche sind darin untergebracht. Dank der großen Glasflächen wirken sie alle hell und freundlich, ein toller Blick auf den Hafen gehört mit zur Ausstattung. Darüber hinaus gibt es einen gemeinschaftlichen, glasüberdachten Innenhof, eine Anlegestelle für Kajaks, ein Schwimmdeck, einen Grillplatz sowie eine Dachterrasse auf einem der Container. Auch der Schwimmkörper wird genutzt, dort befinden sich neben der Haustechnik auch Kellerabteile und eine Waschküche für die Studierenden. [...] V

*Abhilfe schaffen: eine Lösung bieten, hier: Wohnraum für Studierende

7 1 Was hast du über die schwimmende Studentenstadt Urban Rigger erfahren? Notiere Stichworte auf einer zusätzlichen Karteikarte.
Tipp: Beachte auch die Bilder neben dem Text.

der Standort | der Grund für den Bau | die Besonderheiten | die Raumaufteilung

Die schwimmende Studentenstadt wurde tatsächlich gebaut. Im Internet findest du weitere Informationen darüber.

Du informierst dich genauer über schwimmende Häuser und Städte.

M5 Schwimmende Häuser und Städte

Volker Thomas

Leben mitten in der Natur, baden aus dem Küchenfenster heraus und bei Flut steigt das Haus einfach mit. So ein schwimmendes Haus hat viele Vorteile und die Natur macht es vor: Blässhühner und Haubentaucher schützen mit schwimmenden Nestern ihre Brut vor Feinden und Überschwemmung. Auch die sogenannten „floating houses" in den Niederlanden können der Flut standhalten. Steigt der Meeresspiegel an, gleitet das gesamte Haus an zwei Stahlpfeilern bis zu fünf Meter hoch. Alle Leitungen sind für diesen Höhenunterschied ausgelegt, sie „wachsen" praktisch mit. Angesichts des Klimawandels könnten schwimmende Häuser oder gleich ganze Stadtteile einen Schutz vor Überflutung bieten. Immerhin liegen 21 von 33 Städten mit einer Bevölkerung über zehn Millionen an den Küsten der Weltmeere. Dänische Architektinnen und Architekten haben Pläne entwickelt, nach denen eine schwimmende Stadt aus sechseckigen Plattformen zusammengesetzt sein könnte, die für jeweils 300 Menschen ausgelegt sind. Die Teile werden am Meeresboden verankert und miteinander verbunden. „Oceanix City" soll sich mit Nahrung, Energie und Trinkwasser aus dem Meer selbst versorgen. Erste Ideen für schwimmende Städte gibt es also bereits.

7 2 **a.** Was hast du über schwimmende Häuser und Städte erfahren? Notiere Stichworte auf einer zusätzlichen Karteikarte.

die Vorbilder in der Natur | die Besonderheiten | die Vorteile | die Ideen für die Zukunft

b. Erkläre die Funktionsweise eines schwimmenden Hauses mithilfe des Textes. Ergänze die Erklärung auf deiner Karteikarte. Tipp: Du kannst auch eine Skizze anfertigen.

Einen informierenden Text schreiben

**Warum wohnen Menschen auf dem Wasser und wie leben sie dort?
Als Expertin/Experte schreibst du nun deinen informierenden Text für eure gemeinsame Informationsbroschüre.**

Du siehst dir deine Informationen noch einmal an und ordnest sie.

Schritt 1: Planen

1 **a.** Verschaffe dir einen Überblick über deine gesammelten Informationen:
– Was findest du besonders interessant oder bemerkenswert?
– Was könnte deine Mitschüler/-innen besonders interessieren?
b. Markiere Informationen, die du in deinem Text hervorheben möchtest.
c. Ergänze Fachbegriffe, die du verwenden und erklären möchtest.

2 Es gibt verschiedene Möglichkeiten, die Informationen zu ordnen.
a. In welcher Reihenfolge möchtest du deine Mitschüler/-innen informieren? Wähle eine der folgenden Möglichkeiten A oder B oder überlege dir selbst eine passende Reihenfolge.
b. Nummeriere deine Karteikarten in der entsprechenden Reihenfolge.

A

1 die verschiedenen Wohnformen
2 die Gründe
3 die Orte
4 das Beispiel
5 die Hindernisse in Deutschland

B

1 die Gründe
2 die Orte
3 die verschiedenen Wohnformen
4 das Beispiel
5 die Hindernisse in Deutschland

**Du schreibst deinen informierenden Text mit dem PC.
Insgesamt sollte dein Text höchstens zwei Seiten umfassen.**

MK

3 Formuliere eine Einleitung. Wecke darin das Interesse deiner Mitschüler/-innen und stelle dein Thema vor. Ergänze eine der folgenden Einleitungen.

Schritt 2: Schreiben

*Viele Menschen träumen davon, auf dem Wasser zu wohnen. … |
Beim Aufwachen Wellenrauschen hören und vom Frühstückstisch aus Enten füttern? Beides ist möglich, wenn …*

4 Schreibe den Hauptteil mithilfe deiner Karteikarten.
– Informiere sachlich und verständlich.
– Gliedere deinen Text durch Zwischenüberschriften.
– Verknüpfe zusammengehörende Informationen miteinander.

Bei uns in Deutschland ist es heute noch schwierig, …
In einigen Ländern ist das Wohnen auf dem Wasser jedoch …
Durch den Klimawandel wird der Meeresspiegel … Daher …
Ein Beispiel für das Wohnen auf dem Wasser ist …

5 Fasse die wichtigsten Informationen zum Schluss noch einmal in ein bis zwei Sätzen zusammen. Schreibe deine eigene Meinung auf oder erkläre, was du an dem Thema besonders interessant oder faszinierend findest.

Zusammenfassend lässt sich sagen, dass … Besonders interessant finde ich, …
Ich persönlich kann mir das Wohnen auf dem Wasser (nicht) vorstellen, weil …

6 **a.** Finde eine passende Überschrift für deinen Text.
b. Schreibe unter deinen Text alle Quellen (Materialien), die du verwendet hast.

► Quellen angeben, S. 42

Nach dem Schreiben holst du dir ein Feedback ein und überarbeitest deinen Text.

Schritt 3: Überarbeiten

7 Überprüft eure Texte gegenseitig mithilfe der Checkliste und gebt euch ein Feedback.

Checkliste: Einen informierenden Text schreiben

	Ja	**Noch nicht**
Ist der Text sachlich und verständlich?		
Stehen die Informationen in einer sinnvollen Reihenfolge?		
Sind zusammengehörende Informationen miteinander verknüpft?		
Ist der Text durch passende Zwischenüberschriften gegliedert?		
Sind unter dem Text alle verwendeten Quellen genannt?		

8 Überarbeite deinen Text mithilfe des Feedbacks.
Überprüfe dabei auch die Rechtschreibung, Zeichensetzung und Grammatik.
Tipp: Übungen dazu findest du auf den Seiten 204–205.

► Die Rechtschreibprüfung mit dem PC, S. 244

Wohnen in einem Tiny House – sich informieren

Was sind Tiny Houses und welche Vor- und Nachteile bieten sie? Du wirst zur Expertin / zum Experten für das Wohnen in einem Tiny House und schreibst einen informierenden Text für eure gemeinsame Informationsbroschüre.

1 Was könnte ein Tiny House sein und was weißt du darüber? Notiere Stichworte.

2 Sammle aus den Materialien M1 – M5 Informationen für deinen informierenden Text über Tiny Houses. Lege dazu folgende Tabelle an und lasse ausreichend Platz für Ergänzungen.

Material	*wichtige Informationen (Kernaussagen)*	*wichtige Fachbegriffe und ihre Bedeutung*	*aussagekräftige Zitate*
M1	...	...	...

3 Lies den Text M1 mithilfe des Lese-Profis.

▶ Der Lese-Profi, S. 222

M1 Was ist ein Tiny House?

Auch wenn es hierzulande keine offizielle Definition davon gibt, was „Tiny Houses" sind, so lässt sich aus der wörtlichen Übersetzung des englischen Begriffs („winzige Häuser") leicht ableiten, dass es sich um die kleinste Form von Wohngebäuden – in der Tat könnte man sie „Kleinsthäuser" nennen – handelt. [...] Tiny Houses werden auch hierzulande nicht als Alternative zu Wohnwagen verstanden, mit denen man auf Tour geht, sondern viel eher als die ideale Lösung, um das Bedürfnis des „eigenen Daches über dem Kopf" und ein knappes Budget (sowie nicht auszuschließende Wohnortswechsel) ohne nennenswerte Verschuldung unter einen Hut zu bringen. „Tinyhousern" geht es in der Regel um die Reduzierung auf das Wesentliche zugunsten finanzieller Freiheit und persönlicher Unabhängigkeit sowie um einen Beitrag zu Ökologie und Nachhaltigkeit. [...] V

4 **a.** Kläre die Bedeutung der folgenden Wortgruppen aus den Zeilen 13–15. Schreibe die Wortgruppen zusammen mit ihrer Erklärung auf.

ein knappes Budget | nicht auszuschließende Wohnortswechsel | ohne nennenswerte Verschuldung | unter einen Hut zu bringen

b. Formuliere die Aussage in den Zeilen 13–15 in deinen eigenen Worten.

5 Was hast du im Text über Tiny Houses und ihre Bewohnerinnen und Bewohner erfahren?

a. Trage wichtige Informationen und Fachbegriffe in deine Tabelle ein. Notiere jeweils die Zeilenangaben.

b. Schreibe besonders aussagekräftige Textstellen als Zitate auf.

Auch der folgende Zeitungsartikel M2 berichtet über den Tiny-House-Trend.

M2 Große Ideen auf kleinem Raum

Tiny-Houses sind kleine, mobile[1] Wohnhäuser ausgestattet mit viel Komfort[2].

Der Trend zu Tiny Houses hat seinen Ursprung in den USA. Mittlerweile gewinnt er auch in Europa zunehmend an Bedeutung. Die Mini-Häuser sind meist zwischen 20 und 45 Quadratmeter klein, viele haben Räder und sind mobil. Sie sind eine Antwort auf steigende Mieten und den Wunsch nach Downsizing[3]. Das kompakte Design ermöglicht ein umweltschonenderes Leben, weil es weniger Ressourcen verbraucht. In Europa erschweren unterschiedliche Bauvorschriften die Umsetzung. Deutschland verlangt beispielsweise eine Baugenehmigung für Tiny-Houses, während sie in den USA keine benötigen und als Wohnmobile gelten. Doch trotz dieser Hürden bieten Tiny-Houses eine bezahlbare Wohnalternative, die den Zeitgeist trifft.

[1] mobil: beweglich
[2] komfortabel: bequem, behaglich
[3] Downsizing (engl.): Verringerung des Platzbedarfs

6 **a.** Erkläre die Überschrift Große Ideen auf kleinem Raum mit eigenen Worten.

b. Ergänze wichtige Informationen in deiner Tabelle. Gehe vor wie bei Aufgabe 5.

Die Materialien M3 – M5 informieren dich genauer.

M3 Interview mit der Tiny-House-Besitzerin Luise Gleason *Lisa Albrecht*

[...] Wie kam es dazu, dass ihr euch für ein Tiny House entschieden habt? Kam ein „normales" Haus für euch nicht infrage?

Die Idee kam eigentlich von meinem Mann. [...] Als Deutsche, die gerade erst ein paar Jahre in den USA lebte, war das alles für mich noch sehr neu. Doch je mehr ich darüber nachdachte, umso mehr gefiel mir der Gedanke. Zu viel Besitz war für mich schon immer eine Last und durch die vielen Umzüge meiner Familie lockte mich eher ein nomadisches[1] Leben. Außerdem muss man sich für ein „normales Haus" hoch verschulden und da ich meine Freiheit liebe, ist dies eher ein furchterregender Gedanke. Also haben wir kurz nach unserer Hochzeit entschieden, ein kleines Haus auf Rädern zu bauen, damit wir in unseren eigenen vier Wänden an verschiedenen Orten Nordamerikas wohnen können. [...] Wenn uns eine Umgebung oder ein Ort nicht gefällt, können wir einfach umziehen. Es ist ein tolles Gefühl, nicht gebunden zu sein, und es verstärkt noch einmal das Gefühl von Freiheit. [...]

Welche besonderen Vorteile siehst du in deinem Tiny House im Vergleich zu einem durchschnittlich großen Haus?

Unsere Lebenshaltungskosten[2] sind deutlich geringer. Wir verbrauchen weniger Strom und weniger Wasser. Wir brauchen nicht viel zum Leben und kaufen deswegen auch nicht viel. Stattdessen können wir unser Geld in Dinge stecken, die uns wirklich glücklich machen, und das ist vor allem Zeit zusammen zu verbringen, verreisen, die Natur erkunden, auch mal Essen gehen und neue Dinge ausprobieren. Auch wenn ich täglich mehrfach putzen muss, verbringe ich allgemein weniger Zeit mit der Reinigung. Meist habe ich innerhalb von fünfzehn Minuten alles sauber. [...] V

[1] nomadisch: reisend, ohne festen Wohnsitz
[2] die Lebenshaltungskosten: das Geld, das man für das tägliche Leben ausgeben muss

7 Welche Vorteile eines Tiny Houses benennt Luise? Ergänze sie in deiner Tabelle.

M4 Umfrage zu Tiny Houses

▶ Der Lese-Profi für Grafiken, S. 223

Leben in einem Tiny House – können Sie sich das vorstellen?

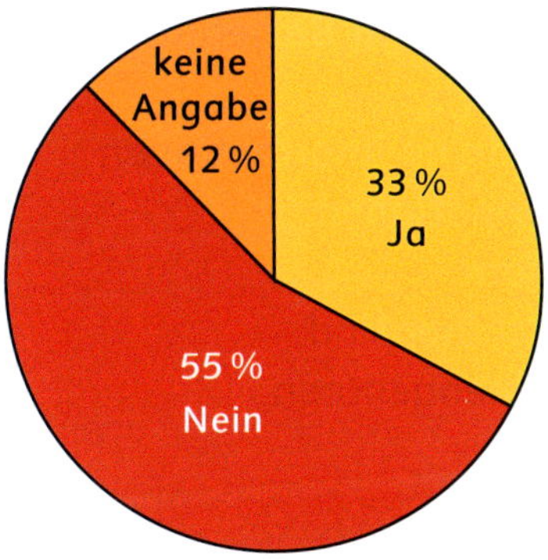

Quelle: J. Wagner; Schöner Wohnen Farbe, © Statista 2021

8 Ergänze deine Tabelle, indem du die Aussage des Diagramms knapp zusammenfasst.

M5 Checkliste: Passt ein Tiny House zu mir?

- Wie groß bin ich? Oft wird das Satteldach eines Tiny Hauses als Schlafnische genutzt, sodass die Raumhöhe sehr niedrig ist.
- Brauche ich voneinander abgetrennte Räume? Da Innenwände viel Platz verbrauchen, wird oft auf sie verzichtet.
- Bin ich dazu bereit, Möbel täglich umzubauen, damit ich sie unterschiedlich nutzen kann?
- Kann ich mich reduzieren? Für zu viele Haushaltsgeräte, Möbel, Kleidungsstücke und andere Gegenstände ist kein Platz.
- Bin ich ordentlich genug? Ordnung ist in einem Tiny House besonders wichtig, da unaufgeräumte Räume kleiner wirken.

9 **a.** Leite aus der Checkliste und den Fotos Eigenschaften ab, die man braucht, um sich in einem Tiny House wohlzufühlen. Ergänze sie in deiner Tabelle.
b. Benenne Nachteile eines Tiny Houses, die du schlussfolgern kannst.

Einen informierenden Text schreiben

Du hast verschiedene Texte und Grafiken gelesen und bist zur Expertin / zum Experten geworden. Für deinen informierenden Text ordnest du deine Informationen und setzt sie miteinander in Beziehung.

Schritt 1: Planen

1 **a.** Verschaffe dir einen Überblick über deine Informationen.
b. Unterstreiche in deiner Tabelle Informationen, die besonders wichtig oder interessant für deine Mitschülerinnen und Mitschüler sind.
c. Markiere Informationen, die zusammengehören, in deiner Tabelle mit derselben Farbe.

2 Ordne deine Informationen mithilfe einer Mind-Map. Orientiere dich dabei an den folgenden Oberbegriffen oder finde eigene.

das Aussehen | die Besonderheiten | die Tiny-House-Bewegung | die Hindernisse | die Vorteile und die Nachteile | die Bewohnerinnen und Bewohner | …

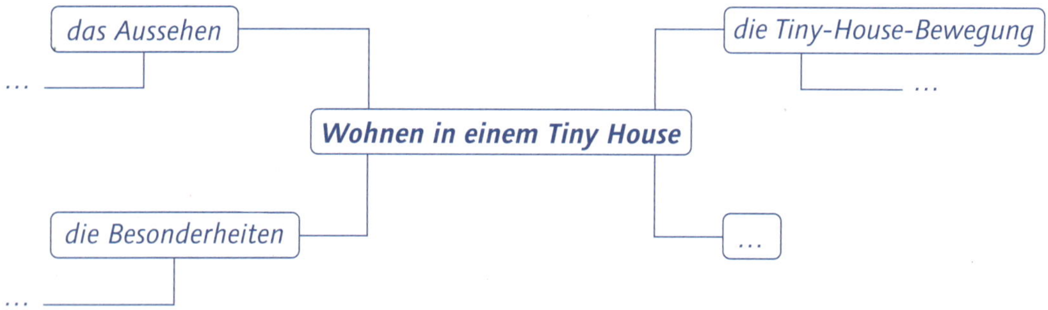

3 **a.** Überlege, in welcher Reihenfolge du deine Mitschülerinnen und Mitschüler informieren möchtest.
b. Nummeriere die einzelnen Äste in deiner Mind-Map.

4 Unterstreiche in deiner Mind-Map Fachbegriffe zum Thema Tiny Houses, die deine Mitschülerinnen und Mitschüler kennen sollten.

5 Wähle aus deiner Tabelle mindestens ein aussagekräftiges Zitat aus, das du in deinem informierenden Text verwenden möchtest.

Was sind Tiny Houses und welche Vorteile und Nachteile bieten sie? Für eure Informationsbroschüre schreibst du nun deinen informierenden Text mit dem PC. Insgesamt sollte dein Text höchstens zwei Seiten umfassen.

Schritt 2: Schreiben

Mit der Einleitung weckst du das Interesse deiner Leserinnen und Leser.

MK **1** Formuliere eine Einleitung für deinen Text.
Tipp: Du kannst zu Beginn eine Frage aufwerfen oder ein Beispiel anführen.

Im Hauptteil informierst du sachlich und verständlich über dein Thema.

MK **2** Schreibe den Hauptteil im Präsens.
- Beachte deine zuvor festgelegte Reihenfolge.
- Gliedere deinen Text durch Zwischenüberschriften und füge Absätze ein.
- Verdeutliche Zusammenhänge mit passenden Satzanfängen und Konjunktionen.
- Belege deine Aussagen mit Textstellen und führe mindestens ein Zitat an.

▶ Aussagen am Text belegen, wörtlich zitieren, S. 96

Zum Schluss fasst du das Wichtigste zusammen und beziehst selbst Stellung.

MK **3** Formuliere einen Schluss.
Zusammenfassend lässt sich sagen, dass …
Ich persönlich kann es mir …

MK **4** **a.** Ergänze eine Überschrift, die neugierig auf deinen Text macht.
b. Gib unter deinem Text alle verwendeten Quellen an.

▶ Quellen angeben, S. 42

Abschließend überarbeitest du deinen Text.

Schritt 3: Überarbeiten

MK **5** Tauscht eure Texte aus und gebt euch gegenseitig ein Feedback mithilfe der Hinweise aus Aufgabe 2.

MK **6** Überarbeite deinen Text. Überprüfe dabei auch die Rechtschreibung, Zeichensetzung und Grammatik.
Tipp: Übungen dazu findest du auf den Seiten 204–205.

▶ Die Rechtschreibprüfung mit dem PC, S. 244

2 ***Beispiel für einen Textbeleg:*** *Die Tiny-House-Besitzerin Luise sieht einen Vorteil des Tiny Houses darin, mehr Geld für die wichtigen Dinge zu haben (vgl. M3, Z. 20–25).*
Beispiel für ein Zitat: *Die Tiny-House-Besitzerin Luise beschreibt einen Vorteil so: „Stattdessen können wir unser Geld in Dinge stecken, die uns wirklich glücklich machen" (M3, Z. 22–23).*

4 **a.** *Mobil und sparsam, Mit kleinem Geldbeutel und kleinem Fußabdruck …*

Mit den Texten eine Informationsbroschüre gestalten

Als Expertinnen und Experten habt ihr für eure Mitschülerinnen und Mitschüler informierende Texte zu verschiedenen Wohntrends verfasst.

Wohnen auf dem Wasser

Wohnen in einem Holzhochhaus

Wohnen in einem Tiny House

1 a. Bildet Gruppen.
Tipp: Zu jedem Thema sollte möglichst eine Expertin / ein Experte in der Gruppe sein.
b. Stellt euch eure informierenden Texte gegenseitig vor.
c. Begründet, welche Wohnform aus diesem Kapitel ihr euch am ehesten für euch selbst vorstellen könntet.

Mit euren Texten gestaltet ihr eine Informationsbroschüre zum Thema Wohnen heute und morgen.

MK **2** Gestaltet eine Informationsbroschüre mit dem PC. Orientiert euch an der Arbeitstechnik.

Arbeitstechnik

Eine Informationsbroschüre mit dem PC erstellen
- Legt fest, in welcher Reihenfolge ihr eure Texte anbieten wollt.
- Kopiert eure Texte entsprechend in ein gemeinsames Dokument.
- Gebt euren Texten ein einheitliches Layout: Benutzt dieselbe Schriftart und setzt die Überschriften und Zwischenüberschriften fett und größer.
- Findet passende Bilder zu den einzelnen Texten und fügt sie ein. Beachtet das Urheberrecht und achtet auf ein ausgewogenes Verhältnis zwischen Texten und Bildern. Tipp: Wählt für die Position der Bilder die Funktion „Textumbruch passend".
- Fügt Seitenzahlen ein und ergänzt ein Inhaltsverzeichnis. Tipp: Ihr könnt auch noch eine kurze Einleitung ergänzen.
- Findet einen Titel für eure Informationsbroschüre und gestaltet das Cover (Deckblatt) mit dem Titel und passenden Bildern.

MK **Mithilfe eurer Informationsbroschüre könnt ihr andere in der Schule zum Thema Wohnen heute und morgen informieren. Druckt die Informationsbroschüre aus oder präsentiert sie in digitaler Form.**

Über die Arbeit nachdenken

Ihr habt in diesem Kapitel Informationen aus verschiedenen Texten und Grafiken entnommen, miteinander in Beziehung gesetzt und informierende Texte verfasst.

1 Ihr wertet eure Arbeit gemeinsam aus.
a. Übertragt die Zielscheibe auf ein DIN-A3-Blatt.
b. Hängt das Blatt im Klassenraum auf oder legt es auf einem Tisch aus.
c. Alle bewerten für sich die Aussagen in den vier Ecken. Je mehr ihr der Aussage zustimmt, desto näher setzt ihr einen Punkt in die Mitte.

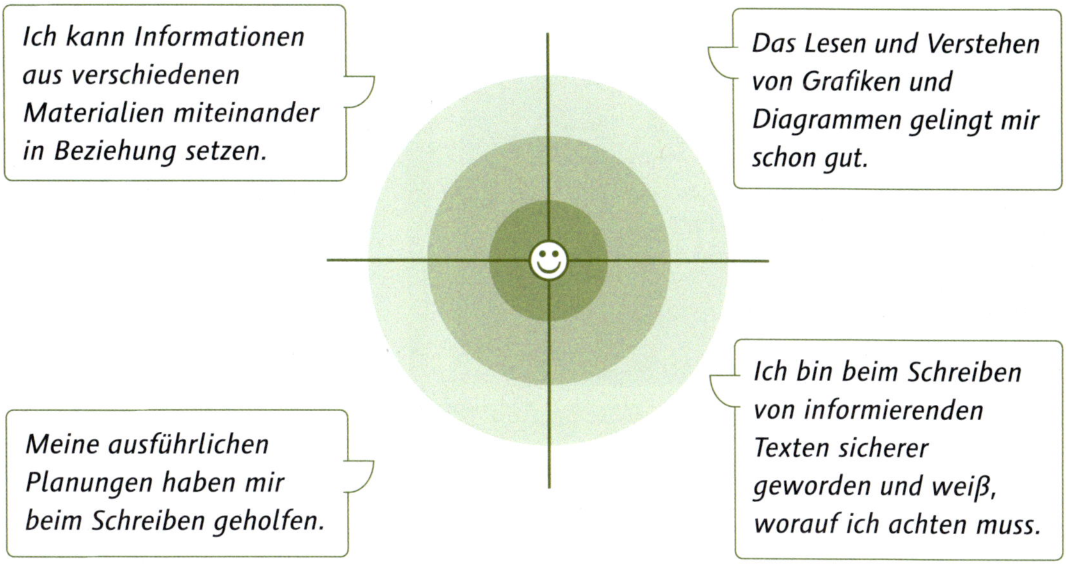

2 **a.** Wertet die Zielschreibe aus:
– Was ist gut bewertet?
– Wo gibt es noch Probleme?
b. Formuliert gemeinsam Tipps, die euch bei den Problemen helfen könnten.

Mit euren informierenden Texten habt ihr gemeinsam eine Broschüre gestaltet.

3 Wie gut ist euch die Gestaltung der Informationsbroschüre gelungen? Tauscht eure Informationsbroschüre mit mindestens einer anderen Gruppe aus und gebt euch gegenseitig ein Feedback. Berücksichtigt folgende Kriterien:

das einheitliche Layout | die Übersichtlichkeit | der passende Titel | die gute Gestaltung des Covers | die passenden Bilder | ...

5 Zeit der Veränderung – *literarische Texte erschließen und weiterschreiben*

Literarische Figuren befinden sich manchmal in schwierigen Situationen. Dabei können andere Figuren eine Rolle spielen, die der Figur nahestehen. Sie können Teil der Situation sein oder der Figur helfen, sich weiterzuentwickeln.

1 Die Bilder zeigen literarische Figuren in schwierigen Situationen.
a. Worum könnte es in den Texten gehen?
b. Was könnten die Figuren denken oder fühlen?

2 **a.** In welcher Beziehung könnten die Figuren jeweils zueinander stehen?
b. Welche der Grafiken rechts könnte die Beziehung jeweils darstellen? Warum?

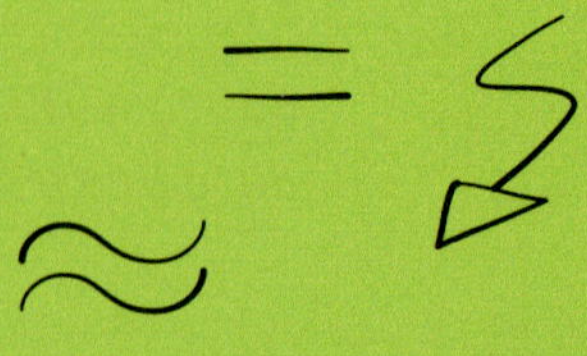

Diese Textausschnitte gehören zu den Bildern auf Seite 160.

1

[…] „Du hast doch gesagt, du weißt jetzt, was ich dir für einen Gefallen tun soll", fing ich an.
„Ach so, ja, du musst mir helfen –"
[…] „Spielt keine Rolle, was es ist, die Antwort lautet *Nein*. Ich bringe dich nach Hause. Das ist meine Strafe." […] V

2

JOJO Schönen Tag, die Knackibrigade Schöner Wohnen soll aus der Butze hier wieder eine menschliche Behausung machen. […] Glaub bloß nicht, dass ich das hier aus Menschenfreude mache. Seh ich aus wie jemand, der ein Herz für Senioren hat? Eben. Also, bringen wir's hinter uns, ich streich dir die Bude, reiß meine Stunden runter und du versuchst, mir nicht im Weg rumzustehen, okay? […]
Leo sieht ihn an, Stille. […] V

3

[…] Ich ging auch gemeinsam mit Jack zu den Unterrichtsräumen. Ich weiß, dass ihm auffiel, wie die anderen mich anstarrten, aber er tat so, als würde er es nicht bemerken. […] Später […] flüsterte Jack: „Willst du diesen Typen eigentlich manchmal eine reinhauen?" Ich zuckte mit den Schultern. „Kann sein. Weiß nicht." […] V

3 Welcher Textausschnitt passt zu welchem Bild? Warum?

4 Wer könnte jeweils die Hauptfigur sein? In welcher Situation könnte sie sein? Welche Rolle könnte die jeweils andere Figur dabei spielen?

5 Zeit der Veränderung – *literarische Texte erschließen und weiterschreiben*

In diesem Kapitel lest ihr Ausschnitte aus erzählenden und dramatischen Texten. Ihr lernt die Figuren kennen und versetzt euch in sie hinein. Außerdem schreibt ihr die Textausschnitte weiter.

Wunder – einen erzählenden Text erschließen

Das Jugendbuch Wunder handelt von dem zehnjährigen Jungen August. August hat einen Gendefekt. Seine Krankheit sieht man besonders in seinem Gesicht. In dem folgenden Ausschnitt berichtet er über seinen neuen Mitschüler Jack.

1 **a.** Seht euch das Bild an und lest die Überschrift.

b. Worum könnte es in dem Ausschnitt gehen, worum in dem Jugendbuch? Führt ein Blitzlicht durch.

▶ Der Lese-Profi, S. 222

2 Lest die Jugendbuchausschnitte auf den Seiten 114–116.

▶ Das Partnerlesen, S. 227

Wunder *Raquel J. Palacio (2013, Textausschnitt)*

[…] Ich ging auch gemeinsam mit Jack zu den Unterrichtsräumen. Ich weiß, dass ihm auffiel, wie die anderen **mich anstarrten**, aber er tat so, als würde **er es nicht bemerken**. Einmal jedoch, auf unserem Weg zur Geschichtsstunde, knallte so ein riesiger Achtklässler, der die Treppe heruntergeschossen kam und immer zwei Stufen gleichzeitig nahm, versehentlich gegen uns und riss mich zu Boden. Als der Typ mir beim Aufstehen half, fiel ihm plötzlich mein Gesicht auf, und obwohl er es nicht wollte, entfuhr ihm ein: „Whoa!“ Dann klopfte er mir auf die Schulter, als würde er mich abstauben wollen, und rannte hinter seinen Freunden her.

Aus irgendeinem Grund mussten **Jack und ich losprusten vor Lachen**.

„Der hat echt das abgefahrenste Gesicht überhaupt gezogen!“, sagte Jack, als wir uns auf unsere Plätze setzten.

„Aber echt“, sagte ich. „Und dann noch: *Whoa!*“

„Der hat sich sicher in die Hose gepisst!“

Wir mussten so sehr lachen, dass uns der Lehrer, Mr. Roche, zur Ruhe rufen musste.

Später […] flüsterte Jack: „Willst du **diesen Typen** eigentlich manchmal **eine reinhauen**?“

Ich **zuckte mit den Schultern**. „Kann sein. Weiß nicht.“

„Also, **ich würd's wollen**. Ich finde, du solltest dir eine unsichtbare Spritzpistole besorgen oder so was und sie irgendwie an deinen Augen anbringen. Und immer wenn dich einer anglotzt, spritzt du ihm ins Gesicht.“ […] V

Im folgenden Ausschnitt erzählt Jack, wie er August sieht.

Also erst mal: Man **gewöhnt sich** an sein Gesicht. Die ersten paar Male denkt man noch: Whoa, daran werde ich mich niemals gewöhnen. Und dann, nach etwa einer Woche, ist es mehr so: Ach, ist gar nicht so schlimm.
Zum Zweiten ist er eigentlich ein echt **cooler Typ**. Ich meine, er ist ziemlich **witzig**. Also, der Lehrer sagt zum Beispiel irgendetwas, und August **flüstert mir irgendwas Lustiges** zu, das sonst keiner hören kann, und ich krieg mich echt nicht mehr ein. Außerdem ist er einfach insgesamt total in Ordnung. Also, man kann gut **mit ihm abhängen und reden** und so weiter.

Drittens ist er echt **clever**. Ich dachte, dass er hinter allen herhinken würde, weil er ja vorher noch nie zur Schule gegangen war.[1] Aber in den meisten Fächern ist er **mir weit voraus**. Ich meine, vielleicht ist er nicht so clever wie Charlotte oder Ximena, aber so in der Richtung. Und anders als Charlotte oder Ximena lässt er mich bei sich abschreiben, wenn ich's wirklich nötig habe (auch wenn das nur ein paarmal der Fall war). Er hat mich auch mal seine **Hausaufgaben abschreiben lassen**, auch wenn wir dann **beide** nach dem Unterricht deswegen **Ärger bekamen**.
„Ihr beide habt in den Hausaufgaben von gestern exakt dieselben Antworten falsch", sagte Miss Rubin und schaute uns an, als warte sie auf eine Erklärung. Ich wusste nicht, was ich sagen sollte, denn die einzige Erklärung wäre natürlich gewesen: Tja, das liegt daran, dass ich die Hausaufgaben bei August abgeschrieben habe.
Aber August **deckte mich**. Er sagte bloß: „Ja, das kommt daher, dass wir unsere Hausaufgaben gestern Abend zusammen gemacht haben", was überhaupt nicht stimmte. [...]
Nachdem wir den Klassenraum verlassen hatten, sagte ich: „Mann, danke dafür." Und er nur so: „**Kein Problem**."
Das war cool.

[1] Wegen des Gendefekts war August oft krank und musste häufig operiert werden. Deswegen wurde er bisher von seiner Mutter zu Hause unterrichtet. In den USA, wo das Jugendbuch spielt, dürfen Eltern ihre Kinder zu Hause unterrichten.

Viertens: Jetzt, wo ich ihn kenne, würde ich sagen, dass ich wirklich **mit August befreundet sein möchte**. Zuerst, das geb ich zu, war ich nur nett zu ihm, weil Mr. Pomann mich gebeten hatte, besonders freundlich mit ihm umzugehen und so. Aber jetzt würde ich ganz freiwillig Zeit mit ihm verbringen. Er **lacht über all meine Witze**. Und irgendwie hab ich das Gefühl, als **könnte** ich **August alles erzählen**. Als wäre er ein **guter Freund**. Also, wenn alle Typen aus dem fünften Jahrgang sich in einer Reihe aufstellen würden und ich irgendeinen von ihnen auswählen sollte, mit dem ich Zeit verbringen will, dann würde ich **August wählen**. V

August ist die Hauptfigur. Er ist neu an der Schule. Jack ist eine wichtige Person für August. Ihr untersucht die beiden Figuren.

3 a. Beschreibt Augusts Situation in Stichworten.
b. Schreibt auf, welche Rolle Jack dabei spielt.

4 a. Erstellt eine Mind-Map mit Augusts Wünschen und Hoffnungen sowie seinen Zweifeln und Ängsten.

▶ Die Mind-Map, S. 228

b. Erstellt eine weitere Mind-Map für Jack nach demselben Muster.

5 Vergleicht eure Mind-Maps mit zwei anderen Tandems und ergänzt sie.

6 Die Beziehung zwischen August und Jack entwickelt sich.
a. Besprecht, wie die Spirale, der Kreis und das waagrechte Ypsilon die Beziehung zwischen August und Jack darstellen könnten.
b. Nennt jeweils eine Grafik, die die Beziehung aus eurer Sicht am besten darstellt.

Die Spirale passt zu der Beziehung zwischen August und Jack, weil ...

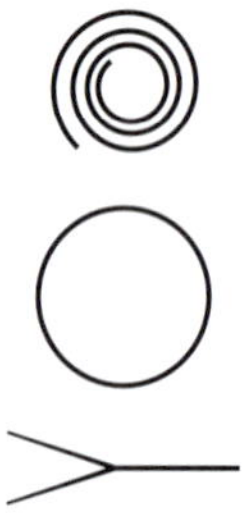

c. Vergleicht eure Ergebnisse und begründet eure Wahl.

3 a. *Achtet auch darauf, in welchem Land August wohnt und was ihr darüber erfahrt.*

Es ist Halloween, August hat sich verkleidet. Er hat sich kurzfristig gegen sein Kostüm als Boba Fett entschieden und geht stattdessen als *Scream*-Killer. Als er im Klassenraum ankommt, hört er seinen Mitschüler Julian mit anderen reden.

[…] Er sprach gerade mit zwei Mumien, die Miles und Henry sein mussten, und alle schauten dabei irgendwie Richtung Tür, als würden sie **auf jemanden warten**. Ich wusste, dass es kein Scream[1]-Killer war, nach dem sie Ausschau hielten. Es war ein Boba Fett[2]. […] Aus irgendeinem Grund, ich weiß auch nicht, warum, ging ich plötzlich auf einen Tisch in ihrer Nähe zu. Und ich konnte sie **reden hören**.
[…] „Ich finde, er sieht aus wie ein Ork[3]."
„Ja, genau!"
„Wenn ich so aussehen würde", sagte die Julian-Stimme mit einem komischen Lachen, „ich schwör bei Gott, dann würd ich mir jeden Tag ne Kapuze übers Gesicht ziehen."
„Ich hab viel darüber nachgedacht", sagte **die andere Mumie** und **klang ernst**. „Und ich glaub echt … wenn ich wie er aussehen würde, ganz im Ernst, ich glaub, dann würd ich mich umbringen." […]
„Warum hängst du denn dann so viel mit ihm ab?" fragte Darth Sidious[4].
„Weiß ich nicht", antwortete die Mumie. „**Pomann** hat mich am Anfang des Schuljahres **gebeten**, mich ein bisschen **um ihn zu kümmern**. […]"
Die Mumie **zuckte mit den Schultern**. Ich kannte das Schulterzucken natürlich. Ich kannte die Stimme. Ich wollte auf der Stelle aus dem Klassenzimmer rennen. Aber ich blieb stehen, wo ich war, und hörte **Jack Will** zu, wie er weitersprach:
„Ich meine, es ist halt so: Er **läuft mir** ewig **hinterher**. Was soll ich denn da machen?" […] V

[1] Scream: ein amerikanischer Horrorfilm
[2] Boba Fett: eine Figur aus der Film-Reihe *Star Wars*
[3] der Ork: ein Fantasiewesen aus dem Roman *Der Herr der Ringe*
[4] Darth Sidious: eine Figur aus der Film-Reihe *Star Wars*

7 Die Mitschüler haben August nicht erkannt. Er hört, wie sie über ihn reden.
a. Stellt Vermutungen an, wie August sich in diesem Moment fühlen könnte.
b. Schreibt in einer Gedankenblase auf, was er denken könnte.

August zieht sich von Jack zurück. Jack wundert sich darüber:

[…] Es ist so komisch, denn **eben** waren August und ich **noch Freunde**. Und dann, am nächsten Tag – Zack! – **redet er kaum noch mit mir**. Und ich hab **nicht die geringste Ahnung, warum**. Als ich zu ihm sagte: „Hey August, bist du sauer auf mich oder so?", hat er bloß mit den Schultern gezuckt und ist weggegangen. […] Und da ich mit Sicherheit weiß, dass ich ihm nichts getan habe, weswegen er sauer auf mich sein könnte, dachte ich, Summer könnte mir sagen, was los ist. Aber das Einzige, was ich von ihr kriege, ist: „Der Killer aus *Scream*"? Yeah, große Hilfe. […] V

Später versteht Jack den Hinweis seiner Mitschülerin Summer.

[…] Es ist total **verrückt**, wie das alles so **blitzartig** über mich kam. Irgendwer in Homeroom[1] hatte an Halloween so ein *Scream*-Kostüm getragen. Ich **erinnerte mich**, dass ich ihn ein paar Tische von mir entfernt gesehen hatte. Und dann erinnerte ich mich, dass ich ihn anschließend nicht mehr gesehen hatte. Oh Mann. Das war August! All das traf mich mitten im Naturwissenschafts-Unterricht, während die Lehrerin redete. Oh Mann. Ich hatte mit Julian über August geredet. Oh Mann. Jetzt war mir alles klar! Ich war **so gemein gewesen**. Ich **weiß nicht** mal, **warum**. Ich bin mir nicht mal sicher, was ich gesagt habe, aber es war schlimm. Es dauerte höchstens ein, zwei Minuten. Es war doch nur so, dass ich wusste, dass **Julian** und **die anderen es so komisch fanden**, dass ich die ganze Zeit **mit August** abhing, und ich mir **blöd vorkam**. Und ich weiß nicht, warum ich diesen Kram gesagt habe. Ich habe mich einfach so **mittreiben lassen**. Ich war **dämlich**. Ich bin dämlich. […] Okay, ich bin ein totaler **Heuchler**[2]. […] V

[1] Homeroom: In der Schule in den USA heißt die erste Unterrichtsstunde am Tag so.
[2] Heuchler: Jemand, der unehrlich ist oder seine Einstellung nicht ehrlich zeigt.

8 **a.** Schreibt auf, was Jack plötzlich verstanden hat.
b. Notiert in Stichworten, wie er sein Verhalten begründet und wie er sich fühlt.

9 Wie würdet ihr die Beziehung zwischen August und Jack jetzt darstellen?
a. Zeichnet jeweils eine oder zwei Grafiken und stellt sie euch gegenseitig vor.
b. Entscheidet euch jeweils für eine Grafik.

Sich in eine literarische Figur hineinversetzen

Wenn ihr euch in eine literarische Figur hineinversetzt, lernt ihr mehr über sie. Dazu findet ihr im Text Hinweise auf das Denken und Fühlen der Figuren.

August:
„Ich wollte auf der Stelle aus dem Klassenzimmer rennen. Aber ich blieb stehen, wo ich war, und hörte Jack Will zu […].“ (S. 117, Z. 24–26)

Jack:
„Als ich zu ihm sagte: ‚Hey August, bist du sauer auf mich oder so?‘, hat er bloß mit den Schultern gezuckt […].“ (S. 118, Z. 4–5)

1 **a.** Lest die zwei Textausschnitte oben.
b. Benennt, was August hört und wie seine Köperhaltung ist.
c. Benennt, was Jack sieht und vermutet, was er dabei denken könnte.

August:
„[…] alle schauten dabei irgendwie Richtung Tür, als würden sie auf jemanden warten.“ (S. 117, Z. 2–3)

Jack:
„Es ist total verrückt, wie das alles so blitzartig über mich kam.“ (S. 118, Z. 10–11)

2 **a.** Lest die zwei Sätze aus dem Text.
b. Besprecht, welche Hinweise sie euch auf das Fühlen und Denken von August und Jack geben.

Du näherst dich August oder Jack.
Wähle eine der Aufgaben 3 1 oder 3 2 aus.

3 1 August hört mit an, wie er von seinem vermeintlichen Freund verraten wird.
a. Untersuche den Text auf Seite 117 auf Hinweise zu Augusts Empfinden.
b. Notiere mögliche Gedanken und Gefühle in der Ich-Form.

3 2 Jack erkennt, dass er seinen Freund verletzt hat.
a. Untersuche den Text auf Seite 118 auf Hinweise zu Jacks Empfinden.
b. Notiere mögliche Gedanken und Gefühle in der Ich-Form.

3 1 **b.** *dachte, er wäre mein Freund / von Julian erwartet, aber … / bin enttäuscht …*

3 2 **b.** *Idiot / hätte mich trauen müssen / denkt jetzt, dass ich die Freundschaft nur …*

4 Versetze dich in deine Figur hinein.
a. Verhalte dich eine Minute lang ruhig und blende die Geräusche im Klassenraum aus. Denke an alle Empfindungen deiner Figur aus Aufgabe 3.
b. Notiere weitere Gedanken und Gefühle der Figur in Stichworten.

5 a. Bildet Gruppen aus vier Schülerinnen und Schülern, die sich in dieselbe Figur hineinversetzt haben.
b. Erzählt von euren Erfahrungen, sich in die Figur hineinzuversetzen.
c. Stellt euch eure weiteren Gedanken und Gefühle vor.
d. Ergänzt jeweils eure Stichworte aus Aufgabe 4.

6 Was könnte eure Figur tun? Diskutiert in eurer Gruppe Frage (A) oder Frage (B).
Tipp: Ihr könnt auch eure Mind-Maps von Seite 116 berücksichtigen.

(A) Was könnte August von Jack erwarten? |
(B) Was könnte Jack tun, damit August ihm verzeiht?

August:
So ein Verräter! … Enttäuschung.
Wut. Von wegen Freund …
Wenn ich ihn das nächste Mal …

Jack:
Ich Heuchler! … August ist doch mein Freund. Wie soll ich bloß …?
Ich Idiot!

Du schreibst aus der Sicht der Figur einen inneren Monolog.

7 Schreibe einen inneren Monolog aus der Sicht deiner Figur.
– Verwende deine Ergebnisse aus den Aufgaben 5 und 6.
– Schreibe in der Ich-Form und im Präsens.
– Du kannst mit den Gedanken hin- und herspringen. Verdeutliche dies zum Beispiel durch halbe Sätze.
Tipp: Du kannst den Textanfang von oben zu deiner Figur weiterschreiben.

▶ Einen inneren Monolog schreiben, S. 122

8 Besprich deinen Text mit einer Partnerin/einem Partner, die/der dieselbe Figur gewählt hat.
– Passt er zu der Figur?
– Sind die Gedanken und Gefühle nachvollziehbar?

9 Welche Gedanken und Gefühle hat die andere Figur? Stellt eure inneren Monologe einem Tandem vor, das zu der anderen Figur geschrieben hat.

Den literarischen Text weiterschreiben

Ihr übernehmt die Rolle des Erzählers.
Ihr plant und schreibt ein Ende für die Situation zwischen August und Jack.

1 Sammelt Möglichkeiten, wie es mit August und Jack weitergehen könnte. Geht in drei Schritten vor: Think – Pair – Share.

a. Schreibe auf, wie Jack die Freundschaft zu August retten könnte. Notiere auch, wie August reagieren könnte. Think.

– Jack bekennt sich vor den anderen Schülerinnen und Schülern zu August.
→ August …

b. Vergleicht eure Ergebnisse. Pair.

c. Stellt eure Ergebnisse in der Gruppe vor und besprecht sie. Share.

2 Plane deinen Text.

Schritt 1: Planen

a. Entscheide dich für Augusts oder für Jacks Sicht.

b. Lege fest, an welchem Ort und in welchem Zeitraum die Handlung spielt.

c. Notiere Stichworte zur Handlung.

wütend sein | sich schämen | ein schlechtes Gewissen haben | ignorieren | enttäuscht sein | den ersten Schritt machen | sich überwinden | reagieren | …

3 Schreibe deinen Text.

Schritt 2: Schreiben

– Schreibe in der Ich-Form aus der Sicht deiner Figur.
– Verwende das Präteritum.
– Erzähle lebendig mithilfe von wörtlicher Rede.
– Verwende abwechslungsreiche Verben und anschauliche Adjektive.

August:
Ich war so wütend auf Jack, dass ich kein Wort mehr mit ihm wechselte …
Trotzdem sollte er wissen …

Jack:
Ich wollte mit August reden und ihm erklären …
Aber er ignorierte mich …

4 **a.** Überprüft gegenseitig eure Texte und gebt euch ein Feedback: Tipp: Orientiert euch dabei an Aufgabe 3.

b. Überarbeitet eure Texte mithilfe des Feedbacks.

Schritt 3: Überarbeiten

2 **b.** *Mögliche Orte könnten sein: in der Schule, in Homeroom, bei August zu Hause …*
Mögliche Zeiträume könnten sein: das nächste Treffen, die nächsten Wochen …

Sich in eine literarische Figur hineinversetzen, einen inneren Monolog schreiben

Ich kann eine literarische Figur und ihr Handeln besser verstehen, wenn ich mich in sie hineinversetze. Ich kann auch einen inneren Monolog aus ihrer Sicht schreiben.

Arbeitstechnik

Sich in eine literarische Figur hineinversetzen

Ich untersuche, welche Hinweise ich **im Text** zu der Figur finde:
- die äußerliche Erscheinung: Welche Körperhaltung hat die Figur? Wie sind ihre Augen? Wie ist ihre Haut, ihr Mund, ihre Stimme?
- die inneren Vorgänge: Was sieht, hört, riecht, fühlt, denkt die Figur?

Ich untersuche, welche Hinweise ich zu der Figur **zwischen den Zeilen** finde: in ihren Aussagen, ihren Gedanken oder ihrem Verhalten.
Ich **notiere die Empfindungen** der Figur in Stichworten.
Ich **verhalte mich** eine Minute lang **ruhig** und blende meine Umgebung und Geräusche aus. Ich **denke an alle Empfindungen** der Figur.
Ich **entscheide** über die **weiteren Gedanken** oder **Handlungen** der Figur.
- Ich notiere weitere Gedanken und Gefühle der Figur und wie sie als Nächstes handeln könnte.
- Ich benutze meine Sammlung beim Schreiben eines weiterführenden Textes.

Arbeitstechnik

Einen inneren Monolog schreiben

Ich versetze mich in die Lage einer Figur. Ich notiere in Stichworten:
- In welcher **Situation** befindet sich die Figur?
- Welche **Gefühle und Gedanken** hat die Figur?
- Welche **Wünsche** hat die Figur? Was möchte sie tun?

Ich verfasse den inneren Monolog:
- Ich schreibe im **Präsens.**
- Ich schreibe in der **Ich-Form.**
- Ich verwende eine **Sprache, die zu der Figur passt.**
- Ich darf Gedankensprünge einbauen und kurze, unvollständige Sätze schreiben.
- Ich kann Ausrufe machen und Fragen stellen.

Ich beachte: Der innere Monolog muss zum Text passen, aber nicht alles muss belegbar sein. Ich kann über die Gedanken der Figur Vermutungen anstellen.

Einen literarischen Text weiterschreiben

Wenn ich das Handeln der Figuren verstanden habe, kann ich in die Rolle des Erzählers schlüpfen und einen Text weiterschreiben.

Arbeitstechnik

Einen literarischen Text weiterschreiben
Ich lese den Text aufmerksam durch und notiere Stichworte zum **Inhalt** (die Handlung und der Handlungsort, die Hauptfiguren und weiteren Figuren, ihre Sprechweise) und zur **sprachlichen Gestaltung** (die Zeitform, die Erzählform und die Erzählperspektive, die Textsorte).
Ich entwickle einen **Schreibplan** mithilfe der folgenden Fragen:
- Aus welcher Perspektive schreibe ich?
- Wo und wann spielt sich meine Handlung ab?
- Welche Figuren sind beteiligt?
- Was tun die Figuren? Was sagen, denken oder fühlen sie?
- Wie endet meine Forsetzung, sodass sie zu dem literarischen Text passt?

Ich schreibe die Fortsetzung mithilfe meines Schreibplans.
- Ich beachte die sprachliche Gestaltung des literarischen Textes.
- Ich erzähle anschaulich und verwende abwechslungsreiche Verben.

Info

Erzählende Texte
Erzählende Texte sind zum Beispiel Jugendbücher und Romane.
Die Handlung wird aus der Sicht eines Ich-Erzählers oder eines Er/Sie-Erzählers erzählt. Der Er/Sie-Erzähler kann dabei aus der personalen, der neutralen oder der auktorialen Perspektive erzählen.

Info

Dramatische Texte
Dramatische Texte (Theaterstücke) sind für die Aufführung auf einer Bühne gedacht. Die Handlung wird durch Dialoge (Gespräche) und Monologe (Selbstgespräche) ausgedrückt.
Die Schauspielerinnen und Schauspieler nutzen ihre Stimme sowie ihre Mimik und Gestik, um die Gefühle und Stimmungen der Figuren auszudrücken.
Wie sie ihren Text sprechen und was sie auf der Bühne tun sollen, erfahren die Schauspielerinnen und Schauspieler durch die Regieanweisungen.

Das Herz eines Boxers – einen dramatischen Text erschließen

Das Jugend-Theaterstück Das Herz eines Boxers von Lutz Hübner handelt von dem 16-jährigen Jojo. Er leistet Sozialstunden in einem Altenheim ab. In der ersten Szene streicht er das Zimmer des ehemaligen Boxers Leo. In dem Stück geht es darum, was beide voneinander lernen können.

1 **a.** Sieh dir die Bilder auf den Seiten 124 und 125 an und lies die Überschrift.
b. Stelle Vermutungen an, worum es in der Szene gehen könnte.

▶ Der Lese-Profi, S. 222

2 Lies den Ausschnitt aus der ersten Szene.

Das Herz eines Boxers *Lutz Hübner (1996, Textausschnitt)*

Zimmer in einem Altenheim, ungemütlich, klein. Ein Tisch, Sessel, ein Fenster zum Park. Viele Kartons, keine Bilder an der Wand. […] Leo markiert ein paar Boxschläge, ein Geräusch ist von draußen zu hören, Leo setzt sich schnell in den Sessel, zieht sich eine Decke über die Füße, rückt den Sessel Richtung Fenster, sieht nach draußen. Die Tür geht auf, Jojo kommt herein, er hat Folie, einen Eimer weiße Wandfarbe und Pinsel dabei.

JOJO Schönen Tag, die Knackibrigade* Schöner Wohnen soll aus der Butze hier wieder eine menschliche Behausung machen. Glückwunsch, dass es ausgerechnet dich erwischt hat, lass die Korken knallen, die nächste Kolonne** kommt frühestens in hundert Jahren. Wer weiß, ob wir das noch erleben, was?

*die Knackibrigade: eine Gruppe von Straftätern
**die Kolonne: eine Einheit oder eine Truppe

Er stellt die Sachen ab.

Also, die nächsten Tage geht hier die Post ab. Da hilft nur eins, Ruhe bewahren, keine Panik. Die Pantoffeln und die Strickweste bleiben sauber. Du wirst gleich hübsch in Folie verpackt, ich hab sogar durchsichtige mitgebracht, damit du mir schwer beeindruckt **beim Streichen zusehen** kannst. Kommt ja schließlich nicht alle Tage vor, dass hier im Heim einer arbeitet, was? Klar, Strohsterne und so'n Tinnef*** ist ja auch 'ne Schweinearbeit. Okay, das war der **Showteil**. Wo fang ich denn an?

Er sieht sich um.

[…] **Glaub** bloß **nicht**, dass ich das hier aus **Menschenfreude** mache. Seh ich aus wie jemand, der ein Herz für Senioren hat? Eben. Also, bringen wir's hinter uns, ich streich dir die Bude, **reiß meine Stunden runter** und du versuchst, mir nicht im Weg rumzustehen, okay? Also, ran an die Buletten. […] Ich krieg **keinen Cent** für den Job, also seh ich auch nicht ein, dass ich mir hier den Buckel krumm schufte, das sind **Strafstunden, höchstrichterliche Anordnung**.

Leo sieht ihn an, Stille. […] V

*** der Tinnef: wertloses Zeug

3 Beantworte die folgenden Fragen. Schreibe Sätze auf.

- Welche Figuren treten in der Szene auf?
- Wo spielt die Szene?
  Tipp: Du findest wichtige Informationen auch in den *Regieanweisungen* (Z. 1–7).
- Wer spricht in diesem Ausschnitt?
- Warum arbeitet Jojo im Altenheim?
- Wie tritt Jojo gegenüber Leo auf?

In der Szene treten die Figuren … und … auf. …

Die Hauptfigur untersuchen

Die zweite Szene spielt am nächsten Tag. Leo redet immer noch nicht mit Jojo.

1 Lies den Ausschnitt aus der zweiten Szene.

[...] Stille

JOJO Du hältst mich halt für 'nen Gangster. So ein Typ, der nachts in seiner Lederkutte loszieht, Joe Cool, der Rentnerschreck. Also, dann halt jetzt mal dein Gebiss fest, ich hab das **Mofa** gar **nicht geklaut**. Da staunst du, was? Ich bin genauso ein Trottel wie du, ich hab's **für 'nen anderen auf mich genommen**, weil der mit seinen Vorstrafen sonst direkt in den Bau gegangen wär. Echt edel von mir, was? So richtig Robin Hood.

Er streicht.

JOJO Und jetzt **gibt er** überall **an**, dass er einen Idioten gefunden hat, der für ihn die Strafe reißt, einfach, weil **ich ihn so toll finde** und mich bei ihm einscheißen will, da hab ich mir echt Ruhm eingehandelt, was? Ein Idiot, der einem Idioten kostenlos bei Regen die Bude pinselt, dolle Welt.

Er streicht, Leo hustet. [...] V

2 Beantworte die folgenden Fragen. Schreibe Sätze auf.
- Warum hat Jojo die Strafstunden bekommen?
- Wie verhält sich der wahre Täter gegenüber Jojo?

verständnisvoll | großspurig | demütig | cool | höflich | überheblich

3 Jojo ist nicht der wahre Täter.
Warum könnte er die Strafe auf sich genommen haben?
Stelle Vermutungen an.

4 Jojo ist die Hauptfigur. Was erfährst du über ihn? Sammle in einer Mind-Map.

▶ Die Mind-Map, S. 228

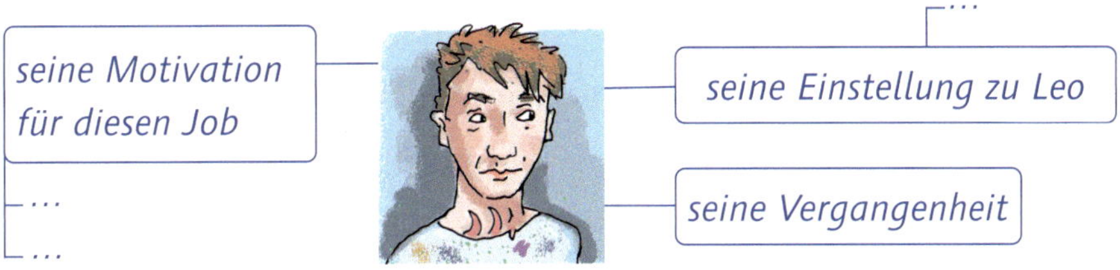

Dann geschieht etwas, womit Jojo nicht gerechnet hat.

LEO […] **Du hast** ja richtig **Charakter**.

Jojo lässt den Pinsel sinken, sieht Leo an.

JOJO Hast du grade was gesagt, oder bilde ich mir das ein?

LEO Du hast ja richtig Charakter.

JOJO Sag mal, kriegst du etwa alles mit, was ich da labere? […] Was soll das heißen, ich hab Charakter, soll das 'ne Beleidigung sein?

LEO Du hast **für einen anderen eine Strafe auf dich genommen**, das ist Charakter. Das ist, was man tut für einen Freund. Jetzt hat dich der Freund verraten, die Welt ist schlecht.

JOJO Der war nie mein Freund, der hat nur 'ne große Schnauze und spielt den Chef, also das ist es nicht.

LEO Ist sie ein **schönes Mädchen**?

JOJO Was soll der Scheiß denn jetzt, ich hab kein Wort von einer Tussi gesagt, bist du ein alter Schweinigel*, oder was?

LEO […] Du **wolltest ein Held** sein, damit **dein Mädchen dich liebt**, und hast eine **gute Tat begangen**. Es bleibt eine gute Tat, auch wenn dich jetzt alle für einen Trottel halten. Du musst stolz darauf sein, und wenn dein Mädchen nicht blöd ist, ist sie auch stolz auf dich. […] V

*der Schweinigel: ein unanständiger Mensch

5 Leo hat Jojo gut zugehört und zwei Dinge von Jojo erkannt. Erkläre sie.

(A) Jojo hat Charakter.
(B) Jojo wollte einem Mädchen imponieren.

(A) Jojo hat die Schuld auf sich genommen, weil …

Leo meint, dass das Mädchen stolz auf Jojo ist. Jojo widerspricht Leo.

JOJO Hör mal, das ist hier nicht Hollywood, so denkt die nicht.
LEO Wie denkt sie denn?
JOJO (*kleinlaut*) Das wüsste ich auch gerne.
Sie ist 'ne Freundin von einer aus unserer Clique,
ich kenn sie kaum.
LEO Na, und da wolltest du ein bisschen **Eindruck schinden**
als großer Zampano*, ist eigentlich nicht verkehrt gedacht.
JOJO Mir wird das hier langsam ein bisschen zu privat.
LEO Streich deine Wand, sonst musst du noch ein Mofa klauen,
um fertig zu werden. […]
Du solltest **zu ihr gehen** und
mit ihr sprechen.
JOJO Tolle Idee, dass ich da nicht selbst
drauf gekommen bin. Ich geh einfach hin
und sage: Hier bin ich, dich habe ich
unter Millionen Frauen ausgesucht.
Ich, der große Jojo, der letzte **Depp**
meiner Gang, weil ich so cool bin,
dass ich noch **nicht mal schwarzfahren**
kann. Der Meister des Universums,
der's noch **nicht** mal **geschafft** hat,
'ne **Lehrstelle zu kriegen,** und deshalb
seine Zeit auf Erden damit zubringt,
bei einem Trödler das Lager auszumisten.
Folge mir in die kosmischen Weiten,
ich spendier dir 'ne Currywurst,
ich hab zwei Tage gespart.
LEO **Kauf ihr eine Rose**.

JOJO Wie?
LEO Das sind diese roten Blumen mit den Dornen am Stiel,
leg sie ihr **vor die Tür**.
JOJO Alles klar, ich **reite auf einem weißen Gaul**
in ihre Mietskaserne und leg ihr **Gemüse vor die Tür**.

*der Zampano: ein Mann, der mit seinem Verhalten andere beeindrucken will

LEO Und morgen wieder, eine Woche lang.

JOJO Das geht bei der nicht.

LEO Dann nicht, du kennst ihr Herz besser.

Jojo streicht, denkt nach.

JOJO Wenn da irgendwas schiefgeht, komm ich morgen mit Silberfarbe hier an, da wird das hier das Raumschiff Enterprise**, ob dir das passt oder nicht, klar? V

** das Raumschiff Enterprise: das Raumschiff aus der gleichnamigen amerikanischen Science-Fiction-Fernsehserie, auch bekannt als *Star Trek*

6 Jojo vertraut sich Leo an.
Welche Wünsche und Hoffnungen, welche Zweifel und Ängste hat er?
Ergänze sie in deiner Mind-Map von Seite 127.

seine Einstellung zu Leo
- …

seine Vergangenheit

seine Wünsche und Hoffnungen
- *ein Held sein*
- …

seine Zweifel und Ängste
- *der Depp in der Gang sein*
- …

Jojo gibt vor, ein cooler Macher zu sein.
Aber Leo hat eine zweite Seite an ihm entdeckt.

Nach außen tut Jojo so, als ob er hart ist …

In seinem Inneren hat er ein weiches Herz, denn …

7 Welche beiden Seiten hat Leo von Jojo erkannt?
Schreibe sie auf.

In der dritten Szene findet Jojo Zeitungsausschnitte über Leos Boxkarriere.

[…] Jojo wühlt in den Zeitungsausschnitten.

JOJO Oh Mann, du warst ja ein richtiger Star, du warst ein Boxer.

LEO Das ist ein **Beruf wie jeder andere** auch. Man versucht, so **schnell** wie möglich **Feierabend** zu haben und **ohne** ein **blaues Auge** nach Hause zu kommen.

JOJO […] Der rote Leo! Du warst 'ne **richtig große Nummer**.

LEO Was sollte ich denn tun. Ich hatte keinen Job, kein Geld, was hätte ich denn machen sollen, **von irgendwas** musste ich ja **leben**. Damals haben alle geboxt, die ganze Stadt war verrückt danach. Die **Boxer** waren **richtige Stars** […]. Ich hab immer **Angst gehabt**.

JOJO Angst?

LEO Dass ich mal an so einen gerate, so einen Killer, der kämpft, um sich zu beweisen, dass er der Größte ist, dass er ein Kerl ist, so einer, der es genießt, wenn Blut fließt. […] Ein **richtiger Boxer** ist ein **Gentleman**, ein **Künstler**. Ein richtiger Boxer hat ein so **großes Herz**, dass er **niemanden hassen** kann. Er schlägt zu, aber nicht aus Hass […]. V

8 **a.** Notiere in Stichworten, was Jojo über Leos Vergangenheit erfahren hat.
b. Schreibe in Stichworten auf, wie Jojo darauf reagiert.

9 Leo hat Jojo etwas über das Herz eines Boxers erklärt.
a. Lies noch einmal die Zeilen 4–7 und 16–22.
b. Notiere Stichworte zur harten und zur weichen Seite des Herzens.

c. Erkläre, welche Seite ein Boxer von sich preisgeben sollte.
Tipp: Du kannst es auch einer Partnerin / einem Partner erklären.

Sich in eine literarische Figur hineinversetzen, den literarischen Text weiterschreiben

Jojo hat Leos Vorschlag angenommen, dem Mädchen eine Rose zu kaufen. In der sechsten Szene berichtet er Leo davon. Du schreibst die Szene weiter.

[...]

JOJO Die **Rosennummer**. Gestern bin ich mit einer Rose hin, mit einem Zettel: Zwanzig Uhr McDonald's.

LEO Wer ist McDonald's?

JOJO Das ist kein Kollege von dir. Auf jeden Fall schleiche ich auf Zehenspitzen hin und [...] V

Wähle eine der Aufgaben 1 1 oder 1 2 aus.

1 1 Versetze dich in Jojos Situation.

a. Was erfährst du im Text über Jojos Körperhaltung?

b. Stell dir vor, du bist Jojo. Was könntest du in dieser Situation denken und fühlen? Notiere Stichworte.

▶ Sich in eine literarische Figur hineinversetzen, S. 122

1 2 Verfasse einen inneren Monolog aus Jojos Sicht. Verwende dein Ergebnis von Seite 130, Aufgabe 9.

Wenn die anderen Jungs mich hier sehen würden, ...

▶ Einen inneren Monolog schreiben, S. 122

Die Szene endet abrupt. Du schreibst die Szene weiter.

2 Was erzählt Jojo Leo als Nächstes? Wie reagiert Leo darauf?

a. Sammle Ideen in einem Cluster.

▶ Der Cluster, S. 228

an der Tür klingeln | nicht zu Hause sein | stolz sein ...

b. Schreibe die Szene zwischen Jojo und Leo weiter. Tipp: Du kannst auch *Regieanweisungen* ergänzen.

▶ Einen literarischen Text weiterschreiben, S. 123

3 **a.** Bitte eine Partnerin / einen Partner um Feedback.

b. Überarbeite deinen Text mithilfe des Feedbacks. Überprüfe dabei auch die Rechtschreibung, Zeichensetzung und Grammatik in deinem Text. Tipp: Übungen dazu findest du auf den Seiten 206–207.

Halbe Helden – einen erzählenden Text erschließen

Das Jugendbuch Halbe Helden wurde 2015 von Erin Jade Lange geschrieben. Es handelt von dem 16-jährigen Dane und dem 16-jährigen Billy. Am Anfang berichtet Dane von einem vergangenen Ereignis.

1 a. Lies die Überschrift und sieh dir das Bild an.
b. Stelle Vermutungen an, worum es in dem Ausschnitt gehen könnte.
c. Lies den Textausschnitt mit dem Lese-Profi.

▶ Der Lese-Profi, S. 222

Halbe Helden *Erin Jade Lange (2015, Textausschnitt)*

[…] Ich dachte an das erste Mal, als ich selbst zum „Berserker“[1] geworden war. […] Ich war gerade dabei, mir ein Schneefort zu bauen, und ein **Junge aus der Nachbarschaft** strunzte damit herum[2], dass **sein Dad ihm gezeigt** habe, wie man ein ganzes Iglu machte. Zuerst beachtete ich ihn gar nicht, so wie die ganzen anderen Loser aus unserem Block auch, aber er hörte einfach nicht auf zu quasseln. Sein Dad habe ihm auch gezeigt, wie man die Kette an seinem Fahrrad auswechselte, und gesagt, dass er ihm, wenn er erst alt genug sei, auch zeigen werde, wie man ein Auto reparierte. Als ich dort im Schnee kniete, fühlte ich **zum allerersten Mal das Jucken**. Es war, als würden die eisigen Klumpen, die ich zu meinem Fort auftürmte, mich durch meine Handschuhe hindurch piksen. Immer wieder ballte ich die Fäuste und versuchte, meine Handflächen mit den Fingerspitzen zu kratzen. Ballen. Loslassen. Ballen. Loslassen. Das Jucken ließ nicht nach.

Ich sagte immer noch nichts, aber das schien den anderen Jungen nicht zu stören. Er hielt die einseitige Unterhaltung dickköpfig aufrecht, stapfte sogar durch den Schnee und **beugte sich über mein Fort**, damit ich auch ja **jedes Wort mitbekam**. Er erzählte mir, wie sein Dad mit ihm campen und zum Minigolf und schwimmen ging, und schloss damit, dass **ich davon** wahrscheinlich **keine Ahnung hätte**, denn schließlich **hätte ich ja keinen Dad**. Schon da hätte ich ihm eine reinhauen sollen, aber mir fiel nichts Besseres ein, als zu lügen.

[1] der Berserker: ein kampflustiger Mensch
[2] herumstrunzen: hier: angeben, prahlen

Ich erklärte ihm, dass mein Dad Astronaut und nur deswegen nie zu Hause sei, weil er im Weltraum Aliens erforsche. Das war nur eins der vielen **Märchen**, die ich mir als Kind aus den Fingern sog, **wenn mich jemand nach meinem Dad fragte**. Aber der Junge kaufte es mir nicht ab. Seine Antwort werde ich wohl nie vergessen.
„Meine Mom sagt, **deine Mom weiß nicht** mal, **wer dein Dad ist**!"
Es **geschah so schnell**, dass ich erst gar nicht begriff, dass ich das alles ausgelöst hatte, aber mit einem Mal war das **Schneefort platt**, der Idiot lag mittendrin und **aus seiner Nase lief Blut**. Es sickerte in die weißen Ruinen unter ihm und ließ sie aussehen wie ein riesiges Kirschwassereis.
Das **Jucken** in meinen Handflächen **hatte aufgehört**. [...] V

Einige Jahre später bekommt Dane nach einer erneuten Prügelei die Aufgabe, sich um Billy zu kümmern, einen Jungen mit Förderbedarf.

[...] „Du hast doch gesagt, du weißt jetzt, was ich dir für einen Gefallen tun soll", fing ich an.
„Ach so, ja, du musst mir helfen –"
„Nein."
„Wie?"
„Spielt keine Rolle, was es ist, die Antwort lautet *Nein*. Ich **bringe dich nach Hause**, das ist **meine Strafe**. [...] Meinetwegen zeige ich dir die Schule, aber ich tue dir bestimmt nicht irgendwelche bescheuerten Gefallen, die du dir ausdenkst, wie ... wie dir beim Zimmeraufräumen helfen oder so."
„Du sollst mir nicht beim Aufräumen helfen. Du sollst mir helfen, meinen Dad zu finden." [...]
Billy zeigte auf den unteren Seitenrand im **Atlas**, wo eine einzige **handgeschriebene Zeile** zu sehen war – zu ordentlich, um von Billy selbst zu stammen.
„Was ist das?"
„**Hat mein Dad geschrieben**. Davon gibt's jede Menge." Billy blätterte durch die Seiten, und tatsächlich, hier und da fanden sich Fußnoten unterhalb der Karten, alle in derselben gleichmäßigen Handschrift. Mindestens ein Dutzend. „**Das sind Hinweise**", erklärte Billy.
„Hinweise worauf?"
„Neue Städte. Hier, guck." [...]
„Also ... du glaubst, wenn du hinter alle Hinweise kommst, dann **verrät dir** das, **wo dein Dad ist**?"

Billy setzte sich auf, die Augen kreisrund. „Denkst du das auch?"
[…] „Kann jedenfalls nicht schaden, wenn wir uns das Ganze mal vornehmen, was? […] Wo haben sich deine Eltern denn kennengelernt und geheiratet?"
Billy zuckte mit den Schultern. Sein Blick war ausdruckslos.
„Das weißt du nicht? Dann frag doch einfach deine Mom."
„Aber die wird wütend, wenn ich sie solche Sachen frage."
Ich nickte und fragte mich insgeheim, warum Billys Eltern sich wohl getrennt hatten. Offensichtlich war irgendwas richtig Übles zwischen ihnen vorgefallen, aber ich fand es trotzdem unfair von Billys Mom, dass sie mit ihm nicht mal über seinen Dad reden wollte. […]
Was auch immer **meine** eigene **Mom gegen meinen Dad** hatte, sie hatte **sich gerächt**, indem sie seinem Sohn **nie verraten** hatte, **wer er war**. Wieso **bestraften unsere Mütter** die **Falschen**? […] V

2 Beantworte die folgenden Fragen schriftlich. Schreibe Sätze auf.
- Warum schlägt Dane als Kind den Jungen beim Schneefort?
- Welche Gefühle beschreibt Dane mit dem Jucken in seinen Handflächen?
- Warum kümmert sich Dane um Billy?
- Wobei soll Dane Billy helfen?
- Warum trägt Billy einen Atlas mit sich?

Im Text erfährst du etwas über Danes und Billys Wünsche und Hindernisse, die ihnen jeweils begegnen.

3 **a.** Sammele Danes Wünsche und die Hindernisse, die ihm begegnen, in einer Mind-Map.

▶ Die Mind-Map, S. 228

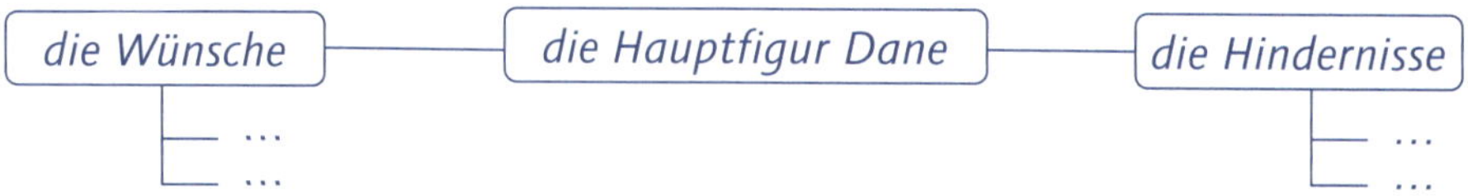

b. Erstelle eine weitere Mind-Map für Billy nach demselben Muster.
c. Markiere in deinen Mind-Maps Gemeinsamkeiten zwischen Dane und Billy.

4 Wähle die Figur Dane oder die Figur Billy. Beschreibe ihre Gefühle mithilfe der folgenden Begriffe.

die Hoffnung | *die Sehnsucht* | *die Ohnmacht* | *die Stärke*

Sich in eine literarische Figur hineinversetzen

Billy macht Dane ein Angebot.

[...] „Wenn du mir hilfst, meinen Dad zu finden, dann helfe ich dir auch bei der Suche nach deinem."
Wieder blieb ich wie angewurzelt stehen. „Alter, wie kommst du darauf, dass ich auf der Suche nach meinem Dad bin? Das ... das ... geht dich gar nichts an, klar?" Ich marschierte weiter und fühlte, wie meine Handflächen zu jucken anfingen.
„Und wer hat eigentlich behauptet, dass ich nicht weiß, wo mein Dad ist?" [...] V

1 **a.** Schreibe in einem Satz auf, was Billy anbietet und wie Dane reagiert.
b. Erkläre in zwei bis drei Sätzen, ob dich Danes Reaktion überrascht.
Tipp: Du kannst noch einmal das Textende auf Seite 134 lesen.

Einige Zeit später gibt Billy Dane einen Zettel.
Darauf soll ein Hinweis zu Danes Vater stehen.

[...] Ich hatte diesen Zettel nun zwei Wochen mit mir herumgeschleppt, aber ihn bis heute nicht noch mal geöffnet. Er steckte in meiner Gesäßtasche, und sein Gewicht schien mich so herunterzuziehen, dass ich es vor dem Sommer loswerden wollte. Außerdem rechnete ich jeden Tag damit, dass Billy sich meldete, und er würde wissen wollen, was aus der Sache geworden war. [...] V

2 Erkläre, warum Dane den Zettel nicht geöffnet hat und warum er ihn als schwer beschreibt.
Dane traut sich nicht ... Der Zettel hat eine große Bedeutung ...

3 **a.** Untersuche die beiden Textausschnitte auf dieser Seite:
- Welche Hinweise findest du zu Danes äußerlicher Erscheinung?
- Welche Hinweise findest du zu seinen inneren Vorgängen?
- Welche Hinweise kannst du zwischen den Zeilen lesen?

b. Versetze dich in die Figur Dane hinein.
Notiere weitere Gedanken und Gefühle der Figur in Stichworten.

▶ Sich in eine literarische Figur hineinversetzen, S. 122

3 **b.** *Billy soll sich nicht einmischen, vielleicht will mein Dad nicht gefunden werden, ich habe Angst, ich will nicht abgelehnt werden ...*

Einen inneren Monolog schreiben, den literarischen Text weiterschreiben

Dane denkt darüber nach, ob er seinen Vater kennenlernen möchte.

1 Welche Gefühle und Gedanken sprechen für eine Begegnung, welche dagegen? Lege eine Tabelle mit Stichworten an. Berücksichtige deine Ergebnisse von Seite 135, Aufgabe 3.

für eine Begegnung	*gegen eine Begegnung*
– Wissen über seinen Vater erhalten	*– Angst haben, abgelehnt zu werden*

2 Schreibe Danes Gedanken und Gefühle in einem inneren Monolog auf.

Ich würde meinen Vater gerne kennenlernen.
Was ist er für ein Typ? … Andererseits …

▸ Einen inneren Monolog schreiben, S. 122

Dann fährt Dane mit seiner Freundin Seely zu der Adresse.

[…] Völlig ruhig setzte Seely ein Stück zurück und stellte den Motor ab. Gerade noch rechtzeitig, denn in diesem Moment ging die Haustür auf und heraus stolperte ein Mann im Anzug, der es ziemlich eilig zu haben schien. Eine Frau lehnte sich aus der Tür und rief irgendwas und ein kleines Mädchen tappte hinter seinem Dad her die Stufen hinunter, aber ich schenkte den beiden keine allzu große Beachtung. Dafür war ich viel zu konzentriert auf den Mann im Anzug – seinen ausgeprägten Unterkiefer, die dunkle Haut und die braunen Haare, das Lächeln, mit dem er seine Tochter ansah.

[…] Irgendetwas verstopfte mir die Kehle. […] Jeder, der Augen im Kopf hatte, konnte sehen, dass dieser Mann wie ein Hologramm aus meiner Zukunft war – genau das würde ich in sechzehn Jahren oder so sehen, wenn ich in den Spiegel guckte. […]

Er war die ganze Zeit hier vor meiner Nase, dachte ich. *In derselben Stadt, direkt neben meiner Schule. Mit seiner Frau und seiner Tochter und seinem hübschen Haus und seinem eigenen Leben.* […]

Ich beobachtete ihn und wartete auf irgendeine Empfindung – Wut, Aufregung oder … Nichts.

Na gut, vielleicht nicht *nichts* – nur **nichts, was diesen Typen betraf.** Ich empfand ein kleines bisschen **Mitleid für Mom**, weil sie dieses Haus in so einer schönen Gegend hätte haben können […]. Ich empfand **Dankbarkeit für Seelys Hand auf meinem Arm** […] – aber diesem Typen gegenüber? […] V

3 **a.** Notiere in Stichworten, was Dane aus dem Auto heraus beobachtet.
b. Schreibe auf, was er dabei denkt und fühlt.

Nimmt Dane Kontakt auf oder fährt er weg? Du schreibst den Text weiter.

4 Plane deine Forsetzung mithilfe einer Mind-Map.

▶ Die Mind-Map, S. 228

Dane
- *nimmt Kontakt auf*
  - *der Vater reagiert …*
  - *Dane denkt …*
- *fährt mit Seely weg*
  - *Seely reagiert …*
  - *…*

5 **a.** Entscheide dich für einen Ast deiner Mind-Map.
b. Schreibe deine Fortsetzung.
- Erzähle lebendig mithilfe von wörtlicher Rede.
- Verwende abwechslungsreiche Verben und anschauliche Adjektive.

Ich starrte noch eine Weile zum Haus. Dann sagte ich zu Seely: „…"

▶ Einen literarischen Text weiterschreiben, S. 123

6 **a.** Bitte eine Partnerin / einen Partner um ein Feedback zu deinem Text.
b. Überarbeite deinen Text mithilfe des Feedbacks. Überprüfe dabei auch die Rechtschreibung, Zeichensetzung und Grammatik in deinem Text. Tipp: Übungen dazu findest du auf den Seiten 206–207.

Nach diesem Ereignis geht Dane in die Schule und beobachtet dort etwas.

[…] Einer der **Kiffer, die Billy terrorisiert** hatten, **hielt Jimmy Miller** am Kragen fest und drängte ihn […] an einen Spind. Jimmy stand auf den Zehenspitzen, das **Gesicht krebsrot vor Luftmangel**. […] „Gibt's hier ein **Problem**?" […] „Nee, kein Problem", feixte der Kiffertyp. „Wir klären nur gerade was." Er sah mich an, und in seinen Augen lag ein Glitzern […]. Ich wartete auf das **Jucken**, aber es **kam nicht**. Meine **Hände** hingen **ruhig** an meinen Seiten, anstatt sich kribbelnd zu Fäusten zu ballen. […] V

7 Erkläre Danes Veränderung.

Literarische Figuren und ihre Entwicklung vorstellen

Ihr habt unterschiedliche literarische Texte gelesen, deren Hauptfiguren in schwierigen Situationen sind. Ihr habt euch in die Hauptfiguren hineinversetzt und die Texte weitergeschrieben. Ihr stellt euch eure Ergebnisse gegenseitig vor.

Das Herz eines Boxers – Jojo

Halbe Helden – Dane

1 Bildet Expertengruppen, die zu demselben literarischen Text gearbeitet haben.

2 Fasst eure wichtigsten Informationen am PC zusammen.
a. Notiert, worum es in dem literarischen Text geht und um welche Textsorte es sich handelt.
b. Erstellt eine Mind-Map zu eurer Hauptfigur.
- Wer ist die Hauptfigur?
- In welcher Situation ist sie?
- Was ist das Schwierige an ihrer Situation, was ihr Konflikt?
- Was wünscht sie sich?

3 Bildet gemischte Gruppen:
Stellt euch gegenseitig eure Ergebnisse vor. Geht reihum so vor:
a. Präsentiert die literarischen Texte und die Hauptfiguren mithilfe eurer Informationen von Aufgabe 2.
b. Lest euch eure Fortsetzungen vor.
Achtet als Zuhörer/-innen besonders darauf, wie sich die Figuren entwickeln und wie sie die schwierige Situation lösen.

4 Gebt euch ein Feedback zu euren Schreibprodukten.
Begründet eure Aussagen:
- Könnt ihr die Entwicklung nachvollziehen? Passt sie zur Figur?
- Wie würdet ihr die Entwicklung beschreiben?
- Was gefällt euch besonders gut, was nicht so gut?

5 **a.** Besprecht, welchen literarischen Text ihr besonders interessant fandet.
b. Begründet, über welche Figur ihr mehr erfahren möchtet.

4 *Ich finde die Entwicklung spannend/ungewöhnlich/erstaunlich/überraschend/befremdlich …*
Mir gefällt besonders, dass … / Ich hätte aber erwartet, dass …

Über die Arbeit nachdenken

Naomi, Anna und Tarik haben sich in literarische Figuren hineinversetzt und literarische Texte weitergeschrieben. Sie sprechen über ihre Arbeit.

1 Lest die Aussagen in den Sprechblasen.

Ich fand es toll, zwischen den Zeilen zu lesen und mich in die Figur hineinzuversetzen. Ich wusste schnell, wie die Figur sich fühlt und was sie denken könnte. Beim Weiterschreiben habe ich aber nicht auf die Erzählperspektive geachtet. Mit der korrekten Zeitform hatte ich keine Probleme.

Es war gut, zunächst die Figur zu untersuchen und Informationen zu ihr zu sammeln. So konnte ich einen inneren Monolog aus ihrer Sicht schreiben. Das hat mir geholfen, mir die weitere Handlung auszudenken. Aber ich fand es schwierig, den Stil des Erzählers beizubehalten.

Ich habe erkannt, dass der Text in Umgangssprache verfasst ist und viele kurze Sätze hat. Das habe ich in meinem Text berücksichtigt. Aber ich hatte so viele Ideen für die Fortsetzung. Ich fand es schwer, mich auf eine Idee festzulegen, und habe mich verzettelt.

2 **a.** Was fiel Naomi, Tarik und Anna leicht?
b. Was fanden sie schwierig?
c. Welche Tipps könnt ihr ihnen jeweils geben?

Du denkst über deine Arbeit in diesem Kapitel nach.

3 Besprich die folgenden Fragen mit einer Partnerin / einem Partner. Begründe.
- Worauf achtest du, wenn du einen literarischen Text weiterschreibst?
- Was hat dir besonders gefallen?
- Was ist dir schon gut gelungen?
- Worauf möchtest du das nächste Mal besonders achten?

6 Unerwartete Wendungen – *Kurzgeschichten zusammenfassen und deuten*

Kurzgeschichten handeln oft von Situationen, die für die Hauptfiguren eine unerwartete Wendung nehmen.

1 […] „in Rheine … da is' doch nix los. Wennde[1] was erleben willst, dann musste nach Münster fahren. Da is' was los!" Und ich dachte: Ah ja, wennde was erleben willst, musste nach Münster fahren? O mein Gott. Ich fuhr also nach Rheine, und ich erwartete nichts. Gar nichts. Aber dann: Im Restaurant. Zwei Tische weiter sitzt eine Familie. Mutter, Vater und ein circa vierjähriges Kind. Die Kellnerin steht auch da und erwartet die Bestellung. Die Familie hat Streit. Das Kind weigert sich, die Kinderspaghetti zu bestellen, will eine reguläre Portion Makkaroni mit Pilzsauce. Der Vater ist wütend. „Und dann isst du […] V

2 […] Caroline sah das Bild: Caroline, über Wiesen laufend, dahinter Joschi, der nach ihrer Hand griff. Nein, dieses Bild hatte es noch nicht gegeben mit Joschi und ihr, aber sie würde es noch erleben. Vielleicht heute noch, auf diesem Ausflug. Zehn Kilometer Landstraße, das schaffte das Motorrad in etwa fünfzehn Minuten, dann waren sie am Ziel, trafen die anderen zum Picknick und … Aber das Motorrad bockte und riss Caroline unsanft aus ihren Träumen […]. V

[1] umgangssprachlich für: wenn du

3 [...] Senter schwamm benommen und verwirrt, wie ein Mensch, dessen Welt plötzlich versunken ist. Mit einem Mal erhob sich, wie aus der Kanone geschossen, eine Planke[1] mit einem Ende aus dem Wasser und fiel mit Dröhnen zurück. Er schwamm darauf zu und ergriff sie. Er sah, dass noch etwas auftauchte, und das musste einer seiner acht Kameraden sein. Als aber der Kopf sichtbar wurde, war es nur der Hund. [...]. V

[1] die Planke: ein Holzbrett

1 Was überrascht euch in den Textausschnitten?

Die Textausschnitte stammen aus verschiedenen Kurzgeschichten. Zum Einstieg setzt ihr euch kreativ mit ihnen auseinander.

2 **a.** Welche Figuren kommen vor?
b. In welcher Situation befinden sie sich jeweils?

3 Setzt euch mit einem Textausschnitt kreativ auseinander.
a. Bildet Gruppen zu den Textausschnitten.
b. Ihr könnt
- die Situation weitererzählen oder die Vorgeschichte erzählen,
- euch in die Figuren hineinversetzen und ihre Gedanken in der Ich-Form beschreiben,
- ein kurzes Rollenspiel erarbeiten,
- ein Standbild bauen.

4 Stellt eure Ergebnisse in der Klasse vor.

6 Unerwartete Wendungen – *Kurzgeschichten zusammenfassen und deuten*

In diesem Kapitel lest ihr verschiedene Kurzgeschichten und untersucht ihre Handlung, ihre Figuren, ihre Erzählperspektive und ihre Sprache. Zum Schluss fasst ihr die Kurzgeschichten zusammen und deutet sie.

Der Retter – eine Kurzgeschichte lesen

Die folgende Kurzgeschichte erzählt von einer besonderen Rettung.

1 **a.** Seht euch die Bilder an und lest die Überschrift: Worum könnte es in der Kurzgeschichte gehen?
b. Wer könnte wen retten? Notiert jede/-r für sich eine Vermutung.

▶ Der Lese-Profi, S. 222

2 Lest die Kurzgeschichte zu zweit. Stoppt bei jedem ? und notiert jede/-r für sich, wie es weitergehen könnte.

▶ Das Partnerlesen, S. 227

Der Retter *William M. Harg (1946)*

Der **Schoner[1] „Christoph" ging** so sanft **unter**, dass Senter, der einzige Mann am Ausguck, nichts empfand als Staunen über das Meer, das zu ihm emporstieg. Im nächsten Augenblick war er klatschnass, das Wasser schlug über ihm zusammen, und das Takelwerk[2], an das er sich klammerte, zog ihn in die Tiefe. Also ließ er los. **Senter schwamm benommen und verwirrt**, wie ein Mensch, dessen Welt plötzlich versunken ist. Mit einem Mal erhob sich, wie aus der Kanone geschossen, eine Planke[3] mit einem Ende aus dem Wasser und fiel mit Dröhnen zurück. Er schwamm darauf zu und ergriff sie. Er sah, dass noch etwas auftauchte, und das musste einer seiner acht Kameraden sein. Als aber der Kopf sichtbar wurde, war es **nur der Hund**. Senter **mochte den Hund nicht**, und da er erst so kurze Zeit zur Bemannung[4] gehörte, **erwiderte das Tier seine Abneigung**. Aber jetzt hatte es die Planke erblickt. Es mühte sich ab, sie zu erreichen, und legte die Vorderpfoten darauf. Dadurch sank das eine Ende tiefer ins Wasser. Senter überkam die furchtbare Angst, sie könnte untergehen. Er zog verzweifelt an seinem Ende: Die Pfoten des Hundes rutschten ab, und er versank. Aber der Hund kam wieder hoch, und wieder schwamm er

[1] der Schoner: ein großes Segelschiff
[2] das Takelwerk: Masten, Segel und Seile eines Schiffs
[3] die Planke: ein Holzbrett
[4] die Bemannung: die Mannschaft des Schiffs

schweigend, ohne Hass oder Nachträglichkeit[5], zur Planke zurück und legte seine Pfoten darauf. Wieder zog Senter an seinem Ende, und wieder versank der Hund. Das wiederholte sich ein Dutzend Mal, bis Senter, vom Ziehen ermüdet, mit **Entsetzen und Verzweiflung** erkannte, dass **der Hund** es **länger aushalten** konnte als er. Senter wollte nicht mehr an das Tier denken. Er stützte die Ellenbogen auf die Planke und hob sich, so weit es ging, aus dem Wasser empor, um sich umzusehen. Der Schrecken seiner Lage überwältigte ihn. Er war Hunderte von Meilen vom Land entfernt. Selbst unter den günstigsten Umständen konnte er kaum hoffen, aufgefischt[6] zu werden. Mit **Verzweiflung** sah er, **was ihm bevorstand**. Er würde sich einige Stunden an der Planke festhalten können – nur wenige Stunden. Dann würde sich sein Griff vor Erschöpfung lösen, und er würde versinken.

Dann fiel sein Blick auf **die geduldigen Augen des Hundes**. **Wut erfüllte ihn**, weil der Hund offenbar nicht begriff, dass sie beide sterben mussten.

Seine Pfoten lagen am Rande der Planke. Dazwischen hatte er die Schnauze gestützt, so dass die Nase aus dem Wasser ragte und er atmen konnte. Sein Körper war nicht angespannt, sondern **trieb ohne Anstrengung** auf dem Wasser. Er war nicht aufgeregt wie Senter. Er spähte[7] nicht nach einem Schiff, dachte nicht daran, dass sie kein Wasser hatten, machte sich nicht klar, dass sie bald in ein nasses Grab versinken mussten. Er tat ganz einfach, was im Augenblick getan werden musste. **In der halben Stunde, seit sie sich beide an der Planke festhielten**, war Senter bereits ein Dutzend Mal gestorben. Aber der Hund würde nur einmal sterben. Plötzlich war es Senter klar: Wenn er selbst zum letzten Mal ins Wasser rutschte, würde **der Hund noch immer oben** liegen. Er wurde **böse**, als er das begriff, und er zog sich die Hose aus und band sie zu einer Schlinge um die Planke. Und er triumphierte, denn er wusste: **So konnte er es länger aushalten**. Dann aber warf er einen Blick auf die See, und Entsetzen fasste ihn aufs Neue. Schnell sah er den Hund an und versuchte, so wenig an die Zukunft zu denken wie das Tier.

[5] Nachträglichkeit: nachtragend zu sein
[6] aufgefischt werden: aus dem Wasser gezogen werden
[7] spähen: nach etwas Ausschau halten

Am Nachmittag des zweiten Tages fingen die Pfoten des Hundes an, von der Planke abzurutschen. Mehrere Male schwamm er mit Anstrengung zurück, aber jedes Mal war er schwächer. Jetzt wusste Senter, dass der Hund ertrinken musste, obwohl er selbst es noch nicht ahnte. Aber er **wusste auch, dass er ihn nicht entbehren[8] konnte**. Ohne diese Augen, in die er blicken konnte, würde er an die Zukunft denken und den Verstand verlieren. Er zog sich das Hemd aus, schob sich vorsichtig auf der Planke vorwärts und band die Pfoten des Tieres fest. **Am vierten Abend** kam ein Frachter vorüber. Seine Lichter waren abgeblendet. Senter schrie mit heiserer, sich überschlagender Stimme, so laut er konnte. Der Hund bellte schwach. Aber auf dem Frachter bemerkte man sie nicht. Als er vorüber war, ließ Senter in seiner Verzweiflung und Enttäuschung nicht ab zu rufen. Aber als er merkte, dass der Hund aufgehört hatte zu bellen, hörte auch er auf zu rufen. Danach wusste er nicht mehr, was geschah, ob er lebendig war oder tot. Aber immer **suchten seine Augen die Augen des Hundes** … ?

Der Arzt des Dampfers „Vermont", der zur Freude und Aufregung der Mannschaft einen jungen Seemann und einen Hund auf der See entdeckt und sie hatte auffischen lassen, schenkte den abgerissenen Fieberfantasien des jungen Menschen keinen Glauben. Denn danach hätten die beiden **sechs Tage lang auf dem Wasser** getrieben, und das war offensichtlich unmöglich. Er stand an der Koje[9] und betrachtete den jungen Seemann, der den Hund in den Armen hielt, sodass eine Decke sie beide wärmte. Man hatte ihn erst beruhigen können, als auch der Hund gerettet war. Jetzt schliefen beide friedlich. **„Können Sie das verstehen", fragte der Arzt** einen neben ihm stehenden Offizier, „warum in aller Welt ein junger Bursche, der den gewissen Tod vor Augen sah, sich solche Mühe gab, das Leben eines Hundes zu retten?"

[8] nicht entbehren: nicht ohne ihn auskommen
[9] die Koje: ein schmales Bett in einer Schiffskabine

3 Trafen eure Vermutungen zum Inhalt zu? Seht euch noch einmal eure Notizen an und besprecht erst zu zweit und dann in der Gruppe.

▶ Think – Pair – Share, S. 224

Die Kurzgeschichte untersuchen: die Handlung, die Figuren, die Erzählperspektive, die Sprache

Ihr untersucht die Kurzgeschichte gemeinsam genauer.

1 Wovon handelt die Kurzgeschichte? Stellt euch gegenseitig Fragen zu den Handlungsbausteinen und beantwortet sie in Stichworten.

▶ Die Handlungsbausteine, S. 148

2 Die Handlung der Kurzgeschichte erstreckt sich über insgesamt sechs Tage, in denen sich Senters Gefühle gegenüber dem Hund verändern.

a. Verteilt die fünf Zeitabschnitte in der Gruppe:
- der Schiffsuntergang (Z. 1–50),
- eine halbe Stunde nach dem Schiffsuntergang (Z. 51–60),
- der Nachmittag des zweiten Tages (Z. 61–69),
- der vierte Abend (Z. 70–78),
- der sechste Tag (Z. 79–92).

b. Legt eine Tabelle in eurem Heft an.

der Zeitabschnitt mit Zeilenangaben	*die Handlung*	*die Gefühle von Senter gegenüber dem Hund*
der Schiffsuntergang (Z. 1–50)	*das Schiff geht unter, Senter …*	*Senter ist enttäuscht, dass … Er mag …*

c. Jedes Gruppenmitglied ergänzt die Tabelle für seine Zeitabschnitte.

d. Tragt eure Ergebnisse zusammen.

3 **a.** Einigt euch gemeinsam auf eine Textstelle, die für euch den Wendepunkt darstellt.

b. Notiert die Zeilenangaben.

4 Am Ende der Kurzgeschichte stellt der Arzt einem Offizier eine Frage (Z. 88–92).

a. Beschreibt, worüber sich der Arzt wundert.

b. Begründet, ob der Arzt verstanden hat, wer wen gerettet hat.

5 Vergleicht und diskutiert eure Ergebnisse der Aufgaben 1–4 mit einer anderen Gruppe.

Der Erzähler kennt Senters Gedanken und Gefühle, weiß aber zugleich mehr als Senter selbst. Dies nennt man eine auktoriale Erzählperspektive.

▶ Die Erzählform und die Erzählperspektive, S. 149

6 a. Lest die markierten Textstellen.
b. Schreibt diese Textstellen aus der Ich-Perspektive von Senter auf und vergleicht die Wirkung.
Tipp: Überlegt, ob Senter seine Gefühle kennt oder ob der Erzähler mehr weiß als Senter selbst.
c. Notiert weitere Textstellen, die verdeutlichen, dass der Erzähler Senters Gefühle kennt. Notiert auch die Zeilenangaben.
d. Besprecht eure Ergebnisse mit einer anderen Gruppe.

Die Sprache der Kurzgeschichte unterstützt den Inhalt und weckt innere Bilder. Bearbeitet mindestens zwei der folgenden Aufgaben 7 1 – 7 4. Arbeitet allein oder zu zweit.

7 1 Ausdrucksstarke Wörter erzeugen eine besondere Stimmung.
a. Lest erneut die Zeilen 70–77.
b. Beschreibt, welche Stimmung die folgenden Wörter im Textabschnitt vermitteln.

schrie | heiserer | sich überschlagender | Verzweiflung | Enttäuschung | oder tot

7 2 Wiederholungen erregen Aufmerksamkeit.
a. Lest erneut die Zeilen 23–26 sowie die Zeilen 72–78.
b. Notiert die Wörter, die sich jeweils wiederholen.
c. Beschreibt die Wirkung der Wiederholungen.

7 3 Vergleiche machen die Handlung oder Gefühle der Figuren anschaulich.
a. Lest erneut die Zeilen 8–12.
b. Findet die beiden Vergleiche und notiert sie mit Zeilenangaben.
c. Beschreibt jeweils die Wirkung der Vergleiche.

7 4 Lest die Textstelle Zeile 50–52 „In der halben ... einmal sterben“. Erklärt diese Textstelle mit eigenen Worten.

8 a. Stellt euch eure Ergebnisse der Aufgaben 7 1 – 7 4 vor.
b. Besprecht, wie die besondere Sprache den Inhalt der Kurzgeschichte unterstützt.

Die Kurzgeschichte zusammenfassen und deuten

Abschließend fasst ihr den Inhalt der Kurzgeschichte zusammen und deutet sie.

1 **a.** Worum geht es in der Kurzgeschichte? Wählt den Satz aus, der das Thema eurer Meinung nach am besten benennt, oder formuliert selbst einen Satz.

In der Kurzgeschichte geht es um
... ein unglückliches Ende einer Schifffahrt auf hoher See. |
... einen Matrosen, der nach einem Schiffsunglück nur durch einen Hund überlebt. |
... ein ungewöhnliches Zueinanderfinden von Mensch und Hund in einer Extremsituation. |
... einen Hund, der von einem Matrosen gerettet wird. | ...

b. Vergleicht euer Ergebnis mit einem anderen Tandem und begründet es.

2 Welcher Aussage zur Kurzgeschichte stimmt ihr am ehesten zu? Diskutiert.

(A) *Die Kurzgeschichte zeigt, welche wichtige Rolle Tiere für uns Menschen spielen.*
(B) *In der Kurzgeschichte gibt es eigentlich drei Retter: Senter, den Hund und den Arzt.*
(C) *Der Arzt urteilt vorschnell und hat keine Vorstellung davon, was Senter und der Hund in den sechs Tagen auf dem offenen Meer gemeinsam erlebt haben.*

Mit einer Inhaltsangabe könnt ihr anderen die Kurzgeschichte vorstellen.

3 Schreibt eine Einleitung für eure Inhaltsangabe. Nennt darin die Textsorte, den Titel, den Autor, das Erscheinungsjahr und das Thema. Berücksichtigt euer Ergebnis aus Aufgabe 1.

4 Gebt das Wichtigste der Handlung im Hauptteil mit eigenen Worten wieder. Verwendet eure Stichworte zu den Handlungsbausteinen von Seite 145.

5 Schreibe zum Schluss deine eigenen Gedanken zur Kurzgeschichte auf:
- Kannst du Senter und sein Verhalten verstehen?
- Wie verstehst du den Titel der Kurzgeschichte?
- Warum war der Hund so wichtig für Senter?

6 Überarbeitet eure Texte in einer Schreibkonferenz.

▶ Die Schreibkonferenz, S. 227

3 *In der Kurzgeschichte „Der Retter" von ... aus dem Jahr ... geht es um ...*

4 *Ein Schiff geht unter und die einzigen beiden Überlebenden sind ...*

Inhalte erschließen und zusammenfassen

Die Handlungsbausteine helfen mir dabei, einen literarischen Text zu erschließen und das Wichtigste der Handlung zu erfassen.

Die Handlungsbausteine	Die Fragen
die Hauptfigur und die Situation	– Wer ist die Hauptfigur? – In welcher Situation steckt die Hauptfigur?
der Wunsch	– Welchen Wunsch hat die Hauptfigur?
das Problem / das Hindernis	– Warum erfüllt sich der Wunsch nicht? – Welches Hindernis ist im Weg? – Welche Aufgabe muss gelöst werden?
die Reaktion / der Lösungsweg	– Wie reagiert die Hauptfigur? – Welche Lösung findet sie für das Problem?
das Ende	– Wie endet die Geschichte? – Ist die Hauptfigur erfolgreich?

Mit einer Inhaltsangabe kann ich andere über den Inhalt eines Textes informieren.

Arbeitstechnik

Eine Inhaltsangabe schreiben

In einer Inhaltsangabe kann ich den Inhalt eines Textes zusammenfassen. Ich schreibe im Präsens.

- **Die Einleitung:** Ich nenne die wichtigen Informationen: die Textsorte, den Titel, die Autorin / den Autor, das Erscheinungsjahr und das Thema.
- **Der Hauptteil:** Ich fasse das Wichtigste der Handlung in wenigen Sätzen zusammen. Dabei schreibe ich sachlich und mit eigenen Worten. Ich vermeide wörtliche Rede und gebe das Gesagte bei Bedarf in indirekter Rede wieder.
- **Der Schluss:** Ich schreibe meine eigenen Gedanken zum Text auf.

In einer **erweiterten Inhaltsangabe** bearbeite ich zusätzlich eine **weiterführende Aufgabe.** Dies kann zum Beispiel sein:

- die Untersuchung der Figuren oder ihrer Beziehung zueinander,
- die Untersuchung des Aufbaus und der sprachlichen Gestaltung des Textes.

Meine Aussagen in diesem Teil belege ich am Text.

Einen literarischen Text interpretieren

In einer Textanalyse kann ich einen literarischen Text interpretieren.

Arbeitstechnik

Eine Textanalyse schreiben

In einer Textanalyse kann ich einen Text zusammenfassen und deuten.
Ich schreibe im Präsens und belege meine Aussagen am Text.

- **Die Einleitung:** Ich nenne die wichtigen Informationen: die Textsorte, den Titel, die Autorin / den Autor, das Erscheinungsjahr und das Thema.
- **Der Hauptteil:**
  - Ich fasse das Wichtigste der Handlung in wenigen Sätzen zusammen. Dabei schreibe ich sachlich mit eigenen Worten und vermeide wörtliche Rede.
  - Ich untersuche die Figuren und ihre Beziehung zueinander.
  - Ich untersuche die sprachlichen Besonderheiten des Textes und erläutere ihre Bedeutung für den Inhalt.
  - Ich bestimme die Erzählform und die Erzählperspektive und erläutere ihre Wirkung.
  - Ich benenne die Merkmale der Textsorte und erläutere ihre Wirkung.
  - Ich schreibe, wie ich den Titel verstehe.
- **Der Schluss:** Ich fasse meinen Gesamteindruck vom Text zusammen und schreibe abschließend, wie ich den Text verstehe.

Erzählende Texte haben eine bestimmte Erzählform und Erzählperspektive.

Info

Die Erzählform und die Erzählperspektive

Der Erzähler präsentiert uns die Geschichte und ist nicht mit der Autorin / dem Autor zu verwechseln. Der Autor / Die Autorin wählt eine Erzählform und Erzählperspektive aus, die zur Geschichte passt.

- Der Ich-Erzähler ist als Figur am Geschehen beteiligt und erzählt das Geschehen aus seiner Sicht in der **Ich-Form**.
- Der Er/Sie-Erzähler taucht in der Geschichte nicht als Figur auf und erzählt das Geschehen in der **Er/Sie-Form**.

Der Erzähler kann dabei unterschiedliche Perspektiven einnehmen:

- **personale Erzählperspektive:** Der Erzähler betrachtet das Geschehen aus der begrenzten Sicht einer Figur und weiß nur, was sie erlebt.
- **auktoriale Erzählperspektive**: Der Erzähler kennt die Gedanken und Gefühle mehrerer Figuren. Oft ist er sogar allwissend.

Caroline, über Wiesen laufend – eine Kurzgeschichte lesen

Die folgende Kurzgeschichte erzählt von zwei Jugendlichen auf einem gemeinsamen Ausflug.

1 **a.** Sieh dir die Bilder an und lies die Überschrift: Wovon könnte die Kurzgeschichte handeln?
b. Lies die Kurzgeschichte. Stoppe bei jedem und notiere, wie es weitergehen könnte.

▶ Der Lese-Profi, S. 222

nach Irmela Brender (1988)

Caroline, über Wiesen laufend

Für ein Mädchen, das **noch nie einen Freund** gehabt hatte, war **Joschi** so etwas **wie ein Wunder**. Joschi sah gut aus, Joschi war lustig, Joschi war freundlich, Joschi spielte Gitarre, Joschi unterhielt alle, Joschi hatte ein Motorrad – und vor allem: Joschi **mochte Caroline**.
Caroline sah das Bild: Caroline, über Wiesen laufend, dahinter **Joschi, der nach ihrer Hand griff**. Nein, dieses Bild hatte es noch nicht gegeben mit Joschi und ihr, aber sie würde es noch erleben. **Vielleicht heute** noch, auf diesem Ausflug. Zehn Kilometer Landstraße, das schaffte das Motorrad in etwa fünfzehn Minuten, dann waren sie am Ziel, trafen die anderen zum Picknick und …
Aber das Motorrad bockte und riss Caroline unsanft aus ihren Träumen, Joschi bremste und hielt.
„Ist was?", fragte Caroline.
„Klar ist was. Aber was? Verdammter Ofen!"
Joschi stieg ab und hockte sich vor das Motorrad.
„Du wirst es schon wieder reparieren", sagte Caroline.
„Du musst **ins nächste Dorf und jemanden holen**. Benzin ist noch drin, also weiß ich nicht, was los ist. Los, Caroline, geh schon."

„Es sind **noch zehn Kilometer**", sagte Caroline und pflückte ein paar Blumen.

„Nicht laufen – trampen", sagte Joschi.

„Autostopp?", fragte Caroline ungläubig.

„Na klar."

„Das **darf ich nicht**", sagte Caroline. Autostopp gehörte zu den wenigen Dingen, die ihr von zu Hause aus **verboten** waren. „Autostopp mache ich nie im Leben."

Joschi hob den Kopf. Er war rot im Gesicht. Er sah nicht mehr so gut aus.

„Ich mache keinen Autostopp", sagte Caroline nicht unfreundlich, aber bestimmt.

„Okay, dann musst du dich eben hier neben das Motorrad setzen und **warten**, bis ich zurückkomme."

„Du willst mich hier allein sitzen lassen?"

„Na klar, einer muss bei der Maschine bleiben."

Caroline erklärte ihm freundlich und sachlich, wie man es tun musste: Es war **zu gefährlich**, wenn sie hier allein sitzen blieb. Trampen kam nicht in Frage. Es blieb nichts anderes übrig, als dass sie **zu zweit die zehn Kilometer** bis zu den anderen liefen, und **das Motorrad** blieb dann eben **allein**.

„Was ist wichtiger: das Motorrad oder ich?"

Sein Gesicht war jetzt noch röter: „Du meinst das ernst?"

„Natürlich", sagte Caroline lächelnd und hielt ihm die Blumen hin. „Sind sie nicht hübsch?"

Joschi drehte sich um und **ging die Landstraße entlang**. Caroline hatte noch nicht ganz verstanden, was geschah, da war Joschi schon zweihundert Meter entfernt, ein **Auto hielt** neben ihm, **Joschi stieg ein**. „Joschi!", rief Caroline hinter dem Auto her. „Joschi! Du kannst doch nicht – ich habe dir doch erklärt – Joschi!"

Das Auto war schon nicht mehr zu sehen. **Caroline fing an zu weinen**. Sie hatte kein Taschentuch dabei.

Sie fuhr sich mit der Hand übers Gesicht und sah hoch. Blöde Ziege, von wegen! Verdammtes Motorrad! Sie würde – o nein, sie würde nicht! Während sie den Picknickkorb vom Gepäckträger band, sah sie Bilder vor sich von Dingen, die mit Mädchen passierten, wenn sie allein am Landstraßenrand saßen und warteten, bis ein Auto kam und hielt und Caroline lief. Sie **weinte immer noch**, und die Nase rann ihr, und sie musste den Picknickkorb abwechselnd in die rechte und in die linke Hand nehmen. Und so **lief** Caroline **über die Wiesen**. V

2 Notiere deinen ersten Leseeindruck.
- Inwiefern haben sich deine Vermutungen bestätigt?
- Welche Gedanken gehen dir nach dem Lesen durch den Kopf?
- Welchen ersten Eindruck hast du von Caroline und von Joschi?

Unbekannte Wörter klärst du, wenn sie für das Textverständnis wichtig sind. Du kannst sie aus dem Zusammenhang erschließen oder im Wörterbuch nachschlagen.

3 **a.** Was meint das Wort Ofen in Zeile 17?
Lies die Textstelle erneut und schreibe eine Antwort auf.
b. Schlage die Bedeutung von Autostopp (Z. 26) nach.
Schreibe das Wort und seine Bedeutung in dein Heft.
c. Lies die Kurzgeschichte erneut und schlage bei Bedarf weitere Wörter nach, wenn sie für dein Textverständnis wichtig sind.

► Im Wörterbuch nachschlagen, S. 244

Die Handlungsbausteine helfen dir, das Wichtigste der Handlung zu erfassen.

4 Worum geht es in der Kurzgeschichte?
Notiere Sätze zu den Handlungsbausteinen.
- Wer ist die Hauptfigur? In welcher Situation befindet sie sich?
- Welchen Wunsch hat die Hauptfigur vor dem Ausflug?
- Welches Hindernis tritt während des Ausflugs auf?
- Wie reagieren die Figuren jeweils?
- Wie endet die Kurzgeschichte?

Die Kurzgeschichte untersuchen: die Handlung, die Figuren, die Sprache

Du kannst die Kurzgeschichte noch besser verstehen, wenn du sie genauer untersuchst.

1 Der Titel der Kurzgeschichte lautet Caroline, über Wiesen laufend.

a. Zu Beginn der Kurzgeschichte träumt die Hauptfigur Caroline davon, wie sie über die Wiesen läuft (Z. 6–7). Beschreibe mit eigenen Worten, wie sich Caroline die Situation vorstellt.

b. Schreibe auf, welche Erwartungen dies bei den Leserinnen und Lesern weckt.

c. Zum Schluss wird beschrieben, wie Caroline tatsächlich über die Wiesen läuft (Z. 65–68). Begründe, ob die Erwartungen der Leserinnen und Leser erfüllt wurden.

2 Caroline und Joschi streiten sich. Caroline gibt den Forderungen von Joschi nicht nach, sondern schlägt eine andere Lösung vor.

a. Schreibe auf, was Caroline stattdessen vorschlägt.

b. Begründe, ob du ihr Verhalten nachvollziehen kannst.

c. Erkläre, wie du an ihrer Stelle gehandelt hättest.

Caroline schlägt vor, dass …
Ich kann Carolines Verhalten …
An ihrer Stelle hätte ich …

3 **a.** Schreibe in Stichworten auf, wodurch sich die Beziehung von Caroline und Joschi im Verlauf der Kurzgeschichte verändert hat.

b. Notiere, in welcher Zeile du den Wendepunkt in ihrer Beziehung siehst.

Mithilfe von Vergleichen werden Gegenstände, Situationen oder Figuren so beschrieben, dass man sie sich gut vorstellen kann.

„Für ein Mädchen, das noch nie einen Freund gehabt hatte, war Joschi so etwas wie ein Wunder." (Z. 1–2)

4 **a.** Schreibe auf, was Joschi und ein Wunder für Caroline gemeinsam haben.

b. Beschreibe, welche Wirkung dieser Vergleich erzeugt.

Den Inhalt der Kurzgeschichte zusammenfassen

Mit einer Inhaltsangabe kannst du anderen die Kurzgeschichte vorstellen.

1 Worum geht es in der Kurzgeschichte? Wähle einen passenden Satz aus oder formuliere das Thema selbst.

In der Kurzgeschichte geht es um
... eine entstehende Beziehung, die an einem Konflikt scheitert. |
... ein Paar, das einen Ausflug mit dem Motorrad macht und eine Panne hat. |
... eine schwierige Situation, in der eine Jugendliche ihren Schwarm von einer neuen Seite kennenlernt. | ...

2 Schreibe die Einleitung auf und ergänze den Titel der Kurzgeschichte, die Autorin, das Erscheinungsjahr sowie das Thema. Berücksichtige dein Ergebnis aus Aufgabe 1.

In der Kurzgeschichte „...“ von ... aus dem Jahr ... geht es um ...

3 Fasse im Hauptteil in wenigen Sätzen zusammen, was nacheinander geschieht. Verwende deine Stichworte zu den Handlungsbausteinen von Seite 152. Schreibe im Präsens und vermeide wörtliche Rede.

Die Hauptfigur Caroline ... Zu Beginn ... Dann ...
Joschi schlägt vor, dass ...
Caroline schlägt daraufhin vor, dass ...
Am Ende ...

4 Schreibe zum Schluss deine persönlichen Gedanken zur Kurzgeschichte auf.
- Wessen Verhalten kannst du eher nachvollziehen und warum?
- Hast du das Ende so erwartet? Welche Gefühle löst es bei dir aus?

5 Tauscht eure Inhaltsangaben aus und gebt euch ein Feedback.
- Ist der Einleitungssatz vollständig und passt das Thema?
- Ist die Handlung sachlich, knapp und im Präsens zusammengefasst?
- Stehen zum Schluss die persönlichen Gedanken zur Kurzgeschichte?

6 Überarbeite deine Inhaltsangabe mithilfe des Feedbacks. Überprüfe dabei auch die Rechtschreibung, Zeichensetzung und Grammatik.
Tipp: Übungen dazu findest du auf den Seiten 208–209.

▶ Der Rechtschreib-Check, S. 238

Vertiefen: Sprachliche Besonderheiten untersuchen

Eine bildhafte Sprache unterstützt den Inhalt der Kurzgeschichte und macht die Situation sowie die Gefühle der Figuren anschaulich.

„Aber das Motorrad bockte und riss Caroline unsanft aus ihren Träumen […]." (Z. 14–15)

1 **a.** Benenne die sprachlichen Bilder.
b. Schreibe denselben Inhalt sachlich und ohne ein sprachliches Bild auf.
c. Begründe, welcher Satz interessanter zu lesen ist.

der Vergleich,
die Metapher,
die Personifikation

Mit Wiederholungen werden bestimmte Wörter oder Wortgruppen besonders betont. Wenn mehrere Sätze oder Satzteile gleich anfangen, nennt man das Anapher (sprich: Anafer).

„Joschi sah gut aus, Joschi war lustig, Joschi war freundlich, Joschi spielte Gitarre, Joschi unterhielt alle, Joschi hatte ein Motorrad […]." (Z. 3–4)

2 **a.** Notiere das Wort, das sich wiederholt.
b. Beschreibe, welche Wirkung dadurch entsteht.

Der Satzbau kann die Gedanken und Gefühle der Figuren widerspiegeln.

„Sie würde – o nein, sie würde nicht!" (Z. 60)

3 Wie lässt sich der besondere Satzbau in diesem Fall deuten? Schreibe die zutreffende Aussage auf.

Caroline findet die Worte nicht und verbessert sich daher selbst. |
Caroline ist hin- und hergerissen. Sie überlegt kurz, beim Motorrad zu bleiben, ändert dann aber doch ihre Meinung.

4 **a.** Vergleiche deine Ergebnisse mit einer Partnerin oder einem Partner.
b. Wertet eure Arbeit aus: Was war leicht? Was war schwieriger?

Rheine – eine Kurzgeschichte lesen

Die folgende Kurzgeschichte erzählt von einem außergewöhnlichen Ereignis in der Kleinstadt Rheine in Nordrhein-Westfalen.

1 a. Sieh dir die Bilder an: Worum könnte es gehen?
b. Lies die Kurzgeschichte. Stoppe bei jedem ? und stelle Vermutungen an, wie es weitergehen könnte.

▶ Der Lese-Profi, S. 222

Horst Evers (2004)

Rheine

„In Rheine …", sagte der Mann in der Regionalbahn, „in Rheine …", und ich hörte zu, „in Rheine …", und ich war gespannt, was er über Rheine Erschütterndes wusste, „in Rheine …", und ich dachte: Ob da wohl noch was kommt, „in Rheine …", und ich beschloss, nun zu zählen, wie viele Anläufe für seinen Satz er wohl noch nehmen würde, „in Rheine …", und ich staunte: sechs, „in **Rheine** … da is' doch **nix los**. Wennde[1] was erleben willst, dann musste nach Münster fahren. Da is' was los!" Und ich dachte: Ah ja, wennde was erleben willst, musste nach Münster fahren? O mein Gott. Ich fuhr also nach Rheine, und ich **erwartete nichts**. Gar nichts.

Aber dann: **Im Restaurant**. Zwei Tische weiter sitzt eine Familie. Mutter, Vater und ein circa vierjähriges Kind. Die Kellnerin steht auch da und erwartet die Bestellung. Die Familie hat **Streit**. Das **Kind weigert sich**, die Kinderspaghetti zu bestellen, will eine reguläre Portion Makkaroni mit Pilzsauce. Der **Vater ist wütend**.

„Und dann isst du wieder nur die Hälfte. Nimm die Kinderspaghetti, die schaffst du."

Das Kind bleibt bockig.

„Ich hab aber keine Lust auf diese blöden Spaghetti. Ich will Makkaroni."

„Die Nudeln schmecken alle gleich, nur die Form ist anders."

„Gar nicht."

„Aber doch."

„Ich will die Makkaroni!"

„Nein."

„Doch."

„Nein!"

[1] umgangssprachlich für: wenn du

„Doch!"

„Nein!!!"

„Doch!!!"

„Nein!!!!!"

„Dooooooooooooooooo…"

„Na gut. Aber wehe, du isst deinen Teller nicht leer. Das musst du jetzt mal begreifen. **Was man sich bestellt, muss man auch aufessen**. Sonst gibt's Ärger, ist das klar?"

Die **Kellnerin** geht jetzt lächelnd dazwischen.

„Ich denke, wir kriegen das schon hin."

Dann nimmt sie die restlichen Bestellungen auf, Pizza für die Mutter, Pasta mista für den Vater, und **verschwindet grinsend** in die Küche.

Eine Viertelstunde später bringt sie das Essen. Eine adrette[2], gut überschaubare Kinderportion Makkaroni, Pizza für die Mutter und **für den Vater einen gigantischen Teller**, nein eine Platte, quasi ein riesiges Tablett, turmhoch gefüllt mit Nudeln jedweder Couleur[3]. Nicht ohne eine gewisse Kraftanstrengung stellt sie den halben Kubikmeter Nudeln vor ihm ab. Dann strahlt sie ihn an:

„So, und **schön den Teller leer essen!**"

Glucksend geht sie zurück. Mutter und Kind, das halbe Restaurant lachen los. Der Vater starrt auf sein Nudelgebirge. Er sagt nichts. Dann jedoch bekommt sein Gesicht plötzlich einen entschlossenen Zug. Er **greift zur Gabel** und beginnt sein Martyrium[4]. Die anderen Gäste beobachten ihn. Stühle werden gerückt, um einen besseren Blick auf den Mann und seine Nudeln zu bekommen.

Stunden vergehn. Nudel für Nudel **arbeitet sich** der Mann **voran**. Sein Tempo ist langsamer geworden. Dennoch führt er nach wie vor stetig, fast schon mechanisch, eine gefüllte Gabel nach der anderen in seinen Mund. Sein glasiger, leerer Blick scheint nur noch auf das Nudeltrumm[5] gerichtet, das aber nicht wirklich kleiner wird. Die Tische des Restaurants bilden mittlerweile eine Art Arena.

[2] adrett: ansprechend, ansehnlich
[3] jedweder Couleur (Redewendung): meint hier: verschiedene Sorten Nudeln
[4] das Martyrium (Begriff aus der Bibel): meint hier: die Tortur, die Folter
[5] das Trumm (umgangssprachlich): ein großes Exemplar von etwas

Alles schaut nur noch dem Mann zu, diskutiert, Wetten werden abgeschlossen. Die meisten Gäste haben mittlerweile ihr Essen beendet, bestellen aber immer wieder Getränke nach, um nichts von dem Schauspiel zu verpassen. Mutter und Kind haben längst jeden Kontakt zu ihrem Familienmitglied verloren. Fassungslos starren sie ihn an. Die anderen sind sich einig: Dies ist das größte Ereignis in Rheine, seit Volker Schmidmann vor fünf Jahren beim Versuch, seine eigene Scheune anzuzünden, ums Leben kam. Viele Stunden später, **gegen Mitternacht**, ist das Restaurant, das eigentlich um 22.00 Uhr schließt, immer noch völlig überfüllt. Es ist sehr laut. Mutter und Kellnerin geben Interviews für verschiedene Zeitungen und Radiosender, die mittlerweile Reporter geschickt haben. Die Nudelplatte ist jetzt fast leer. Der Mann ist längst nur noch ein Nudeln verzehrender Schatten. Seine Hand zittert, aus dem Innern seines Körpers kommen mannigfaltige[6], skurrile[7] Geräusche. Dann sind es nur noch fünf Nudeln. Die mitfiebernde Menge zählt runter: 5 – 4 – 3 – 2 – 1 ... es ist **fast geschafft**. Der Mann hält die **letzte Nudel** vor seinen Mund. Lässig schaut er zur Kellnerin und sagt: **„Die Dessertkarte bitte."** Die Menge johlt[8]. Dann aber **legt** er die letzte **Nudel plötzlich wieder ab**, lächelt zu seinem Kind hinüber: **„Tut mir leid, aber ich schaff's nicht."** Steht auf und geht wie ein Herr zur Toilette. Er wird lange Zeit dort sein. Ja, wir haben sie noch, die **wahren Helden**. In Rheine, da sitzen sie und essen Nudeln.

[6] mannigfaltig: verschieden, vielfältig
[7] skurril: merkwürdig, eigenartig
[8] johlen: (laut) jubeln, begeistert rufen

2 Notiere deinen ersten Leseeindruck:
- Haben sich deine Vermutungen zum Inhalt bestätigt?
- Welche Gedanken gehen dir nach dem Lesen durch den Kopf?
- Wie ist dein erster Eindruck von den Figuren?

3 Beschreibe, wie sich dein Eindruck vom Vater im Laufe der Handlung verändert hat.

Die Kurzgeschichte untersuchen: die Handlung und die Figuren

Du kannst die Kurzgeschichte besser verstehen, wenn du die Handlung und die Figuren genauer untersuchst.

1 Wovon handelt die Kurzgeschichte?
Notiere Stichworte zu den Handlungsbausteinen.

die Handlungsbausteine:
- die Hauptfigur und die Situation
- der Wunsch
- das Hindernis
- die Reaktion
- das Ende

2 Worum geht es in der Kurzgeschichte?
Formuliere das Thema mithilfe passender Wortgruppen.

die Herausforderungen bei der Erziehung eines Kindes | das mutige Eingeständnis eines Irrtums | als Eltern Schwäche zeigen zu können | ein Konflikt zwischen einem Vater und seinem Kind | …

Du untersuchst das Verhalten der Hauptfigur genauer.

3 Der Vater befindet sich in einer herausfordernden Situation und trifft im Laufe der Kurzgeschichte zwei wichtige Entscheidungen.
a. Schreibe auf, welche zwei Entscheidungen der Vater trifft.
b. Stelle Vermutungen an, warum er sich jeweils so entscheidet.
c. Begründe, wie du anstelle des Vaters gehandelt hättest.

4 In Zeile 85 sagt der Vater lächelnd zu seinem Kind:
„Tut mir leid, aber ich schaff's nicht."
a. Schreibe auf, worauf sich die Aussage des Vaters bezieht.
b. Begründe, für wen der Vater in diesem Moment zum Helden wird.

5 Am Schluss der Kurzgeschichte heißt es:
„Ja, wir haben sie noch, die wahren Helden. In Rheine, da sitzen sie und essen Nudeln." (Z. 87–88)
a. Notiere, welche Eigenschaften ein Held für dich hat.
b. Schreibe auf, welche dieser Eigenschaften der Vater in der Kurzgeschichte zeigt. Belege die Eigenschaften mit Beispielen aus dem Text.
c. Begründe, inwiefern der Vater als Held bezeichnet werden kann.

3 a. *Als die Kellnerin … Zum Schluss …*
c. *Wäre ich in einer ähnlichen Situation, hätte ich …*

5 a. *ehrenhaft, verständnisvoll, hilfsbereit, mutig, liebevoll, entschlossen …*

Die Kurzgeschichte untersuchen: die Komik

Du untersuchst genauer, wodurch die Komik in der Kurzgeschichte entsteht.

1 Über welche Textstellen hast du geschmunzelt oder gelacht? Notiere sie mit Zeilenangaben und erläutere mit eigenen Worten, was daran lustig ist.

2 **a.** Lies erneut die Zeilen 40–47.
b. Wie wird die Nudelportion des Vaters beschrieben? Notiere aussagekräftige Wörter oder Wortgruppen mit Zeilenangaben.

3 Finde weitere sprachliche Mittel, mit denen die Komik im Text erzeugt wird. Benenne sie und notiere passende Textstellen mit Zeilenangaben.
- Wodurch wird der sich zuspitzende Konflikt zwischen dem Vater und dem Kind verdeutlicht?
- Wie wird der Vater während des Essens beschrieben?
- Wie wird das Verhalten der anderen Gäste im Restaurant beschrieben?

Tipp: Sprachliche Mittel sind sprachliche Bilder wie Vergleiche oder Metaphern, aber auch Steigerungen, Übertreibungen oder Wortneuschöpfungen (Neologismen).

▶ Sprachliche Mittel, S. 231

4 Zum Schluss sagt der Vater zur Kellnerin: „Die Dessertkarte bitte." (Z. 83) Untersuche die Textstelle genauer und begründe deine Aussagen:
- Für wen ist dieser Satz komisch und warum?
- Weshalb lässt sich dieser Satz als Höhepunkt der Komik deuten?

Die Kurzgeschichte wird von einem Ich-Erzähler erzählt, der die Ereignisse im Restaurant als Außenstehender beobachtet.

5 Der Ich-Erzähler ist am Geschehen im Restaurant selbst unbeteiligt. Dennoch prägt seine Sichtweise unsere Wahrnehmung der Situation.
a. An welchen Stellen wird besonders deutlich, dass der Ich-Erzähler das Geschehen nicht sachlich wiedergibt, sondern übertreibt? Finde passende Textstellen und notiere die Zeilenangaben.
b. Beschreibe, wie die Übertreibungen des Ich-Erzählers zur Komik der Kurzgeschichte beitragen.

3 *Beispiel für eine Metapher: „ein Nudeln verzehrender Schatten" (Z. 78–79)*
Beispiel für eine Wortneuschöpfung (Neologismus): „sein Nudelgebirge" (Z. 47)

Die Kurzgeschichte zusammenfassen und deuten

Du schreibst nun eine erweiterte Inhaltsangabe. Dafür fasst du zunächst den Inhalt der Kurzgeschichte zusammen.

▶ Eine erweiterte Inhaltsangabe schreiben, S. 148

1 Formuliere die Einleitung. Schreibe im Präsens.

der Autor | der Titel | die Textsorte | …

2 Fasse den Inhalt der Kurzgeschichte im Hauptteil knapp zusammen.
- Verwende deine Stichworte zu den Handlungsbausteinen von Seite 159.
- Schreibe mit eigenen Worten und formuliere sachlich.
- Vermeide wörtliche Rede und gib sie bei Bedarf in indirekter Rede wieder.

Anschließend bearbeitest du eine weiterführende Aufgabe.
Wähle Aufgabe 3 1 oder 3 2.

3 1 Erläutere, inwiefern der **Vater als Held** bezeichnet werden kann.
Belege deine Aussagen am Text und verwende passende Zitate.
Tipp: Verwende deine Arbeitsergebnisse von Seite 159.

▶ Aussagen am Text belegen, zitieren, S. 96

3 2 Erläutere, wodurch die **Komik** in der Geschichte entsteht.
Belege deine Aussagen am Text und verwende passende Zitate.
Tipp: Verwende deine Arbeitsergebnisse von Seite 160.

4 Fasse zum Schluss deinen Gesamteindruck zusammen und schreibe deine persönlichen Gedanken zur Kurzgeschichte auf.

5 **a.** Finde eine Partnerin / einen Partner, die/der dieselbe Aufgabe 3 1 oder 3 2 bearbeitet hat.
b. Tauscht eure Texte aus und gebt euch gegenseitig ein Feedback.
- Wurde der Inhalt im Hauptteil knapp und sachlich zusammengefasst?
- Wurde wörtliche Rede in indirekter Rede wiedergegeben?
- Wurden die Aussagen zur weiterführenden Aufgabe überzeugend am Text belegt und wurden passende Zitate verwendet?

6 Überarbeite deinen Text mithilfe des Feedbacks.
Überprüfe dabei auch die Rechtschreibung, Zeichensetzung und Grammatik.
Tipp: Übungen dazu findest du auf den Seiten 208–209.

▶ Der Rechtschreib-Check, S. 238

2 *Beispiele für indirekte Rede:*
dass-Satz: Das Kind sagt, dass es keine Lust auf Spaghetti hat.
Konjunktiv I: Das Kind sagt, es habe keine Lust auf Spaghetti.

Die Kurzgeschichten den anderen vorstellen

Ihr habt in diesem Kapitel verschiedene Kurzgeschichten kennengelernt.

Caroline, über Wiesen laufend

Rheine

1 a. Bildet Expertengruppen, die zur selben Kurzgeschichte gearbeitet haben.
b. Lest euch eure Inhaltsangaben vor und gebt euch gegenseitig ein Feedback.
c. Bereitet euch gemeinsam darauf vor, den anderen in der Klasse eure Kurzgeschichte mündlich vorzustellen.
- Wie würdet ihr das Thema eurer Kurzgeschichte benennen?
- Wie könnt ihr die Handlung knapp mündlich zusammenfassen?
- Welche unerwartete Wendung gibt es?
- Wie habt ihr die Kurzgeschichte verstanden?

2 a. Wählt gemeinsam einen geeigneten Textausschnitt von 10–15 Zeilen aus der Kurzgeschichte aus, den ihr den anderen vorlesen möchtet.
b. Begründet, weshalb ihr euch für diesen Textausschnitt entschieden habt.

Eure Kurzgeschichten stellt ihr nun den anderen in der Klasse vor.

3 a. Bildet gemischte Gruppen:
b. Stellt euch die Kurzgeschichten als Expertinnen und Experten gegenseitig vor.
c. Lest eure Textausschnitte lebendig und betont vor und begründet eure Auswahl.
d. Gebt euch gegenseitig ein Feedback:
- Habt ihr verstanden, worum es in den anderen Kurzgeschichten geht? Formuliert es probeweise in einem oder zwei Sätzen.
- Wie interessant wirkten die Kurzgeschichten auf euch? Begründet.

MK **Tipp: Eure eigenen Texte aus diesem Kapitel könnt ihr digital für alle ablegen.**

1 b. *Mir hat besonders gut gefallen, dass … / Besonders gelungen fand ich … / Ich gebe dir den Tipp, …*

Über die Arbeit nachdenken

Ihr habt Kurzgeschichten gelesen und untersucht.

1 a. Bildet Dreiergruppen für ein Dreischritt-Interview.
b. Führt das Interview gemeinsam durch.
- Wie gut konntest du die Kurzgeschichte verstehen?
- Wie leicht fiel es dir, einen Wendepunkt in der Kurzgeschichte zu bestimmen?
- Welche Aufgaben haben dir besonders geholfen, um die Kurzgeschichte noch besser zu verstehen?

c. Führt die Schritte 2 und 3 des Dreischritt-Interviews durch.

▶ Das Dreischritt-Interview, S. 228

Anschließend habt ihr Inhaltsangaben oder erweiterte Inhaltsangaben zu den Kurzgeschichten verfasst.

2 a. Werte deine Schreiberfahrung aus.
- Was fiel dir leicht?
- Was fandest du noch schwierig?
- Was hat dir geholfen?
- Worauf möchtest du künftig besonders achten?

b. Finde eine Partnerin / einen Partner, die/der zur selben Kurzgeschichte gearbeitet hat. Tauscht euch über eure Schreiberfahrungen aus und gebt euch gegenseitig Tipps.

In literarischen Texten spielt auch die Sprache eine wichtige Rolle. Viele sprachliche Mittel aus den Kurzgeschichten in diesem Kapitel werden euch in unterschiedlichen Textsorten immer wieder begegnen.

3 a. Bildet Gruppen zu den einzelnen Kurzgeschichten.
b. Tragt zusammen, welche sprachlichen Mittel in eurer Kurzgeschichte vorkamen.

4 Gestaltet in der Klasse gemeinsam ein Plakat mit sprachlichen Mitteln. Überlegt auch, wie ihr zukünftig weitere sprachliche Mittel oder zusätzliche Beispiele ergänzen könnt.
MK Tipp: Alternativ könnt ihr die sprachlichen Mittel digital zusammentragen.

Sprachliche Mittel

die Wiederholung
die Beispiele: …
die Wirkung: …

die Ellipse
die Beispiele: …
die Wirkung: …
…

7 Aus Liebe zur Lyrik – *lyrische Texte kreativ präsentieren*

Liebe gehört zum Leben wie die Luft zum Atmen – sei es in der Familie, in Freundschaften oder in romantischen Beziehungen. Auch viele Gedichte und Lieder thematisieren das Gefühl Liebe.

1

[...] Mir fehlen die Worte,
ich hab die Worte nicht,
dir zu sagen, was ich fühl.
Ich bin ohne Worte,
ich finde die Worte nicht,
ich hab keine Worte für dich. [...] V

2

[...] Ich wollte dir nur mal eben sagen,
dass du das
Größte für mich bist.
Und sichergehen,
ob du denn dasselbe für mich fühlst,
für mich fühlst? [...] V

3

[...] Keine Ahnung, ob das Liebe ist,
vielleicht werde ich das nie wissen,
aber immer, wenn du bei mir bist,
hör ich auf, dich zu vermissen! [...] V

Pablo Picasso: Le Baiser

Gustav Klimt: Der Kuss

1 **a.** Welcher Textausschnitt gefällt euch spontan am besten?
b. Welche inneren Bilder habt ihr zu den Textausschnitten vor Augen? Tipp: Schließt eure Augen und lasst euch die Textausschnitte vorlesen.
c. Wie wird das Thema Liebe in den drei Textausschnitten behandelt? Welche Gemeinsamkeiten gibt es und welche Unterschiede?

Die Gemälde und Fotos zeigen verschiedene zwischenmenschliche Situationen.

A

B

C

D

2 a. Was seht ihr auf den Gemälden und Fotos?
b. Wie wirken sie auf euch?
Welche Stimmung vermitteln sie?
c. Welche Gemälde und Fotos passen zu welchen Textausschnitten?

7 Aus Liebe zur Lyrik – *lyrische Texte kreativ präsentieren*

In diesem Kapitel setzt ihr euch mit Gedichten und Liedtexten kreativ auseinander. Ihr tragt die lyrischen Texte ausdrucksvoll vor und unterstützt euren Vortrag mit visuellen Mitteln.

Ein Kompliment – einen Liedtext erschließen

In dem folgenden Lied macht jemand einer anderen Person ein Kompliment.

1 **a.** Wann und wo habt ihr das letzte Mal ein Kompliment erhalten oder gegeben?
b. An welches Kompliment in eurem Leben erinnert ihr euch besonders gern?

▶ Der Lese-Profi, S. 222

MK **2** Lest den Liedtext oder lasst euch das Lied vorspielen und schließt dabei die Augen.

Ein Kompliment *Sportfreunde Stiller (2002)*

Wenn man so will,
bist du das Ziel einer langen Reise,
die Perfektion der besten Art und Weise –
in stillen Momenten leise.
Die Schaumkrone[1]
der Woge[2] der Begeisterung,
bergauf mein Antrieb und Schwung.

Ich wollte dir nur mal eben sagen,
dass du das
Größte für mich bist.
Und sichergehen,
ob du denn dasselbe für mich fühlst,
für mich fühlst?

Wenn man so will,
bist du meine Chill-out-Area,
meine Feiertage in jedem Jahr,
meine Süßwarenabteilung im Supermarkt.
Die Lösung, wenn mal was hakt,
so wertvoll, dass man es sich gerne aufspart,
und so schön, dass man nie darauf verzichten mag.

Ich wollte dir nur mal eben sagen […] V

[1] die Schaumkrone: der Schaum auf einer Flüssigkeit
[2] die Woge: die Welle

3 a. Stellt Vermutungen an, an wen sich das lyrische Ich* im Lied wenden könnte.
b. Beschreibt, wie das lyrische Ich der anderen Person Komplimente macht.
c. Probiert es selbst aus: Macht euch gegenseitig Komplimente und seid dabei sprachlich kreativ.

4 a. Besprecht, welche Gefühle das Lied vermittelt.
b. Drückt eines dieser Gefühle durch Mimik oder Gestik aus und lasst es von einem anderen Tandem erraten. Tauscht anschließend die Rollen.

Ihr untersucht die besondere Sprache des Liedtextes genauer.

5 a. Welche sprachlichen Bilder verwendet das lyrische Ich? Findet mindestens fünf Metaphern.
► Sprachliche Mittel, S. 231
b. Untersucht die Wirkung der Metaphern genauer. Sammelt dazu eure Assoziationen (Vorstellungen) in einer Tabelle.

die Metapher	*die Assoziationen*
„das Ziel einer langen Reise“ (V. 2)	*ankommen, sich ausruhen, etwas Neues entdecken …*
„die Perfektion der besten Art und Weise“ (V. 3)	*…*

6 a. Vergleicht eure Ergebnisse mit einem anderen Tandem.
b. Ergänzt eure Tabellen.

Wenn ihr Gedichte lest oder Lieder hört, entstehen häufig Bilder in eurer Fantasie. Diese Bilder können aufgrund unterschiedlicher Erfahrungen verschieden sein.

7 a. Zu welchen Versen (Liedzeilen) passen die folgenden Bilder? Diskutiert.

1

2

3

b. Wählt einen Vers aus und beschreibt euch die Bilder in eurer Fantasie.

** die Sprecherin / der Sprecher in einem Gedicht oder Lied; Sie oder er ist nicht zwangsläufig gleichzusetzen mit der Autorin / dem Autor.*

4 *die Liebe, die Sehnsucht, die Euphorie, die Freude …*

Den Liedtext kreativ präsentieren

Ihr könnt die Bilder in eurer Fantasie zum Ausdruck bringen, indem ihr gemeinsam einen kreativen Vortrag des Liedtextes erarbeitet. Wählt dazu eine der folgenden Aufgaben 1 1 – 1 3.

1 1 Ihr baut **Standbilder** zum Liedtext.

a. Wie könnt ihr die Gefühle und Stimmungen des Liedtextes durch eure Position, Gestik und Mimik veranschaulichen?
Probiert verschiedene Standbilder zum Liedtext aus.
Tipp: Ihr könnt euch auf ausgewählte Verse konzentrieren.

b. Wertet eure Standbilder aus und trefft eine Auswahl.
Tipp: Übt auch die Übergänge zwischen den einzelnen Standbildern.

MK **1 2** Ihr findet **passende Bilder** zum Liedtext.

a. Wie könnt ihr den Liedtext mit Bildern veranschaulichen?
Findet passende Bilder oder erstellt eigene.
Tipp: Ihr könnt euch auf ausgewählte Verse konzentrieren.

b. Ordnet eure Bilder und erstellt daraus eine Präsentation.

MK **1 3** Ihr erstellt **einen Videoclip** zum Liedtext.

a. Wie könnt ihr den Liedtext mit bewegten Bildern veranschaulichen?
Filmt eine oder mehrere kurze Szenen mit dem Handy oder einer Kamera.
Tipp: Ihr könnt euch auf ausgewählte Verse konzentrieren.

b. Fügt eure Filmszenen zu einem kurzen Videoclip zusammen.

Auch mit eurer Stimme könnt ihr beim Vortrag des Liedtextes eine bestimmte Wirkung erzeugen und Stimmungen und Gefühle veranschaulichen.

2 **a.** Probiert verschiedene Sprechweisen aus:
Welche passt am besten zum Liedtext?

b. Bereitet mithilfe einer Lesepartitur einen ausdrucksvollen Vortrag des Liedtextes vor und übt ihn mehrmals.
Tipp: Verteilt den Refrain und die Strophen in der Gruppe.

► Die Lesepartitur, S. 230
► Einen lyrischen Text ausdrucksvoll vortragen, S. 230

Zum Schluss präsentiert ihr euch gegenseitig eure Arbeitsergebnisse.

3 **a.** Tragt den Liedtext ausdrucksvoll vor und präsentiert dazu eure Arbeitsergebnisse aus Aufgabe 1 1, 1 2 oder 1 3.

b. Gebt euch gegenseitig ein Feedback mithilfe von Ich-Botschaften.

2 **a.** *beschwingt oder nachdenklich, schnell oder langsam, fröhlich oder traurig, rhythmisch oder monoton, laut oder leise, mit hoher oder tiefer Stimme …*

Einen Lyrikvortrag visuell unterstützen

Wir können ein Gedicht oder einen Liedtext ausdrucksvoll vortragen und unseren Vortrag durch visuelle Mittel unterstützen. Hierzu können wir zum Beispiel Standbilder, passende Bilder oder einen Videoclip zeigen.

Arbeitstechnik

Einen Lyrikvortrag mit Standbildern unterstützen
- Wir lesen den lyrischen Text genau und achten auf sprachliche Bilder.
- Wir notieren unsere ersten Eindrücke und sammeln Ideen für Standbilder.
- Wir entscheiden, wer die Standbilder baut und wer welche Figur darstellt.
- Wir probieren verschiedene Standbilder aus:
  Die Regisseurin / Der Regisseur formt die Figuren: Position, Gestik, Mimik.
  Die Figuren bleiben wie auf einem Foto erstarrt stehen und schweigen.
- Wir werten die Standbilder aus und treffen eine Auswahl.

Arbeitstechnik

Einen Lyrikvortrag mit Bildern unterstützen
- Wir lesen den lyrischen Text genau und achten auf sprachliche Bilder.
- Wir notieren unsere ersten Eindrücke und sammeln Ideen für Bilder.
- Wir finden geeignete Bilder oder wir zeichnen oder fotografieren eigene Bilder.
  Bei fremden Bildern beachten wir das Urheberrecht und geben die Quellen an.
- Wir ordnen unsere Bilder und erstellen damit eine Präsentation.
  Tipp: Wir können die einzelnen Bilder jeweils auf A3-Papier kleben und nacheinander zeigen oder eine Präsentation am Computer erstellen.

Arbeitstechnik

Einen Lyrikvortrag mit einem Videoclip unterstützen
- Wir lesen den lyrischen Text genau und achten auf sprachliche Bilder.
- Wir notieren unsere ersten Eindrücke und sammeln Ideen für Filmszenen.
- Wir filmen eine/mehrere kurze Szenen mit dem Handy oder einer Kamera.
  Tipp: Wir können Orte, Gegenstände (z. B. Spielfiguren oder Puppen), uns selbst oder andere Menschen mit ihrem Einverständnis filmen.
- Wir fügen unsere Filmszenen mit einem Schnittprogramm zusammen.
  Tipp: Wir können zusätzlich technische Effekte hinzufügen.

Tipp: Ihr könnt euren Lyrikvortrag zusätzlich durch Hintergrundgeräusche oder eine Tonspur unterstützen. Euer Vortrag muss jedoch gut verständlich bleiben.

Keine Ahnung, ob das Liebe ist – einen kreativen Vortrag eines Liedtextes erarbeiten

Du liest ein Lied der Poetry-Slammerin und Sängerin Julia Engelmann.

1 **a.** Lies den Titel: Worum könnte es in dem Lied gehen?

▶ Der Lese-Profi, S. 222

MK **b.** Lies den Liedtext oder höre das Lied an und schließe dabei die Augen.

Keine Ahnung, ob das Liebe ist *Julia Engelmann (2017)*

Draußen hör ich **laute Straßen**,
Großstadt-Wind rauscht um das Haus,
drinnen hör ich nur **deinen Atem** –
und ein bisschen **Stille** auch.

Wir liegen auf **weißen Laken***,
zwei Drittel Decke für mich,
spielen Tetris** mit unseren Armen,
du schläfst, ich schlaf noch nicht.

Ich weiß, wir sind beide nicht für immer,
aber immer, wenn ich an dich denke, denke ich, dass
nur ich, aber außer mir sonst keiner
auf der Welt so gut in **dein IKEA-Holz-Bett passt**!

Keine Ahnung, ob das Liebe ist,
vielleicht werde ich das nie wissen,
aber immer, wenn du **bei mir bist**,
hör ich auf, dich **zu vermissen**!
Keine Ahnung, ob das Liebe ist! Oh oh oh oh oh …
Keine Ahnung, ob das Liebe ist! Oh oh oh oh oh …
Doch wenn das **Liebe ist**, dann **lieb ich es**!

Halt jetzt kurz still hier im Dunkeln,
mir **brennt sich dein Bild** grad **ein**,
beweg dich nicht, sonst verschwimmt es,
dann könnte das ja jeder sein.

Ich weiß, wir sind beide nicht für immer […] V

*die Laken: die Bettlaken

**Tetris: ein Spiel, bei dem man Bauklötze möglichst passgenau anordnen muss

2 Welche Gedanken und Bilder gingen dir durch den Kopf, während du das Lied gelesen oder gehört hast? Beschreibe sie.

Bei dem Lied musste ich an … denken. In meinem Kopf entstand ein Bild von …

3 **a.** In welcher Situation befindet sich das lyrische Ich? Was hört, sieht und fühlt es? Notiere Stichworte.
b. Wie wird das Gefühl Liebe in dem Lied beschrieben? Beschreibe es mit eigenen Worten.

Du kannst das Lied ausdrucksvoll vortragen und deinen Vortrag mit passenden Bildern unterstützen. Arbeite allein, mit einer Partnerin / einem Partner oder in der Gruppe.

4 **a.** Lies den Liedtext erneut: Welche Textstellen lösen Gefühle bei dir aus oder regen deine Gedanken an?
b. Mit welchen Bildern kannst du diese Gefühle und Gedanken darstellen? Lege eine Tabelle an und ergänze mindestens fünf Textstellen.

die Textstelle	*meine Gefühle und Gedanken*	*meine Ideen für Bilder*
„laute Straßen" (V. 1)	…	…
…	…	…

5 Bereite einen kreativen Vortrag des Liedtextes vor.
a. Finde zu deinen Textstellen aus Aufgabe 4 passende Bilder oder zeichne oder fotografiere eigene Bilder.
Tipp: Du findest Bilder zum Beispiel in Zeitschriften, Werbeprospekten oder im Internet.
Gib bei fremden Bildern die Quelle an.
b. Ordne deine Bilder und erstelle damit eine Präsentation.

▶ Einen Lyrikvortrag mit Bildern unterstützen, S. 169

6 **a.** Übe deinen Vortrag mit einer Partnerin / einem Partner oder in der Gruppe.
Tipp: Probiere verschiedene Sprechweisen und Betonungen aus.
b. Gebt euch gegenseitig eine Rückmeldung.

▶ Einen lyrischen Text ausdrucksvoll vortragen, S. 230

7 Probe deine Präsentation im Ganzen: Trage den Liedtext ausdrucksvoll vor und zeige dazu deine Bilder.

Wenn Worte meine Sprache wären – einen kreativen Vortrag eines Liedtextes erarbeiten

Du liest ein Lied des Singer-Songwriters Tim Bendzko.

1 a. Lies den Titel: Worum könnte es in dem Lied gehen?
b. Lies den Liedtext im Ganzen oder höre das Lied an und schließe dabei die Augen.

▶ Der Lese-Profi, S. 222

Wenn Worte meine Sprache wären *Tim Bendzko (2011)*

Wenn Worte meine Sprache wären,
ich hätt dir schon gesagt,
in all den schönen Worten,
wie viel mir an dir lag.
Ich kann dich nur ansehen,
weil ich dich wie eine Königin verehr,
doch ich kann nicht auf dich zugehen,
weil meine Angst den Weg versperrt.
***Refrain**
Wenn Worte meine Sprache wären,
ich hätt dir schon gesagt,
wie gern ich an deiner Seite wär,
denn du bist alles, alles, was ich hab.
Ich kann verstehen, dass es dir nicht leichtfällt.
Du kannst nicht hinter die Mauer sehen,
aber ich begreife nicht, dass es dich so kalt lässt.
Dir könnt der Himmel auf Erden entgehen,
der Himmel auf Erden.
***Refrain**
Du bist die Erinnerung an Leichtigkeit,
die ich noch nicht gefunden hab.
Der erste Sonnenstrahl nach langem Regen.
Die, die mich zurückholt, wenn ich mich verloren hab,
und wenn alles leis ist, dann ist deine Stimme da.
***Refrain**
Ich weiß, es dir zu sagen, wär nicht schwer,
wenn Worte meine Sprache wären [...] V

***Refrain:**
Mir fehlen die Worte,
ich hab die Worte nicht,
dir zu sagen, was ich fühl.
Ich bin ohne Worte,
ich finde die Worte nicht,
ich hab keine Worte für dich.

2 **a.** Mir fehlen die Worte. – Was bedeutet das für dich? Notiere deine Gedanken.
b. Begründe, zu welchen Versen diese Gedanken passen und welche Stimmung sie vermitteln.
c. Schreibe auf, in welchen Situationen dir selbst schon einmal die Worte gefehlt haben und welche Gefühle damit verbunden waren.
d. Stell dir vor, das Lied sei dir gewidmet. Begründe, ob es dich berühren würde.

3 Untersuche den Liedtext genauer. Belege deine Antwort mit passenden Versen.
- Was sagt das lyrische Ich über sich selbst?
- Was denkt und fühlt das lyrische Ich gegenüber der anderen Person?
- Erwidert die andere Person die Gefühle des lyrischen Ichs?

4 Das lyrische Ich findet nach eigener Aussage keine passenden Worte, um die eigenen Gefühle auszudrücken.
Begründe, ob diese Einschätzung zutrifft.

Die besondere Sprache des Liedes unterstützt die Wahrnehmung in Bildern.

5 Welche sprachlichen Bilder im Lied wecken Bilder in deiner Fantasie und welche Stimmungen werden dadurch erzeugt?
Erstelle eine Tabelle nach folgendem Muster.

▶ Sprachliche Mittel, S. 231

das sprachliche Bild	*die Bilder in meiner Fantasie*	*die Stimmung*
„wie eine Königin verehr" (V. 6)	*eine Person kniet und blickt anhimmelnd zu …*	*beeindruckt, geblendet …*

Du erarbeitest einen kreativen Vortrag des Liedtextes für deine Klasse.
Arbeite allein, mit einer Partnerin / einem Partner oder in der Gruppe.

MK

6 Bereite einen kreativen Vortrag des Liedtextes mithilfe deiner Tabelle aus Aufgabe 5 vor. Wähle aus:
- Du kannst deinen Vortrag durch **passende Bilder** veranschaulichen.
- Du kannst gemeinsam mit anderen **Standbilder** bauen.

▶ Wissen kompakt, S. 169

7 **a.** Übe einen ausdrucksvollen Vortrag des Liedtextes ein. Achte dabei besonders auf die sprachlichen Bilder.
b. Probe die Präsentation im Ganzen: Trage den Liedtext ausdrucksvoll vor und zeige dazu deine Bilder oder stellt euer Standbild dar.

▶ Einen lyrischen Text ausdrucksvoll vortragen, S. 230

2 **c.** *die Scham, die Erleichterung, die Verwunderung, das Glück, die Angst, die Trauer …*

5 *„meine Angst den Weg versperrt" (V. 8), „hinter die Mauer sehen" (V. 14) …*

Die lyrischen Texte kreativ präsentieren

Ihr habt in diesem Kapitel lyrische Texte zum Thema Liebe gelesen und euch kreativ mit ihnen auseinandergesetzt. Nun präsentiert ihr eure Arbeitsergebnisse.

1 **a.** Präsentiert euch gegenseitig eure Liedtexte.
- Tragt euren Liedtext ausdrucksvoll vor.
- Zeigt währenddessen eure Standbilder oder eure Bilder.

b. Die Zuhörerinnen und Zuhörer beobachten die Präsentation mithilfe der Checklisten. Verteilt die einzelnen Beobachtungsaufträge in der Klasse.

Checkliste: Inhalt

	Ja	Nein
Die Präsentation hat den Inhalt des Liedtextes verständlicher gemacht.		
Die Präsentation hat die Stimmung und die Gefühle des Liedtextes veranschaulicht.		
Die Präsentation hat die Wirkung des Liedtextes unterstützt.		

Checkliste: Vortrag

	Ja	Nein
Die Sprecher/-innen haben laut und deutlich gesprochen und waren für alle zu verstehen.		
Die Sprecher/-innen haben das Publikum angesehen und überwiegend frei gesprochen.		
Die Sprecher/-innen haben die Sprechweise passend zum Inhalt des Liedtextes eingesetzt.		

Checkliste: visuelle Gestaltung

	Ja	Nein
Die visuellen Elemente (Standbilder, Bilder) haben zum Inhalt des Liedtextes gepasst.		
Die visuellen Elemente waren in der Umsetzung gelungen.		
Die Darstellung hat mich berührt und meine Gefühle angesprochen.		

2 **a.** Bildet Kleingruppen aus Zuhörerinnen und Zuhörern mit den verschiedenen Checklisten (Inhalt, Vortrag, visuelle Gestaltung).

b. Tauscht euch mithilfe eurer Notizen zu den Präsentationen aus.

Die Arbeit auswerten

Ihr gebt euch gegenseitig eine Rückmeldung zu euren Präsentationen.

1 Gebt euch gegenseitig ein 3x3-Feedback zu jeder Präsentation.
- Benennt drei Dinge, die gut gelungen waren.
- Benennt drei Dinge, die euch überrascht haben.
- Benennt drei Verbesserungsvorschläge.

Tipp: Ihr könnt euch an den Aussagen von Anna, Tarik und Naomi orientieren.

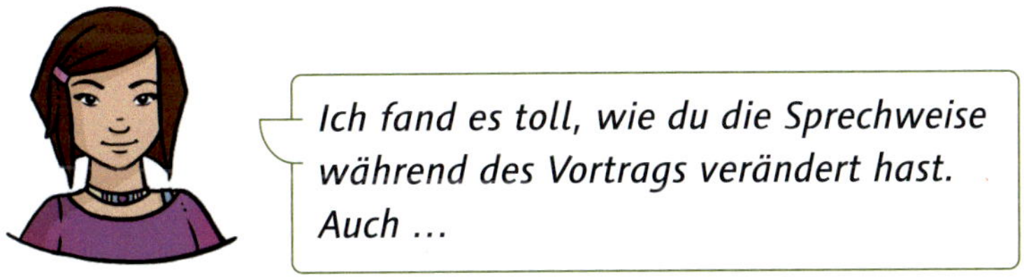

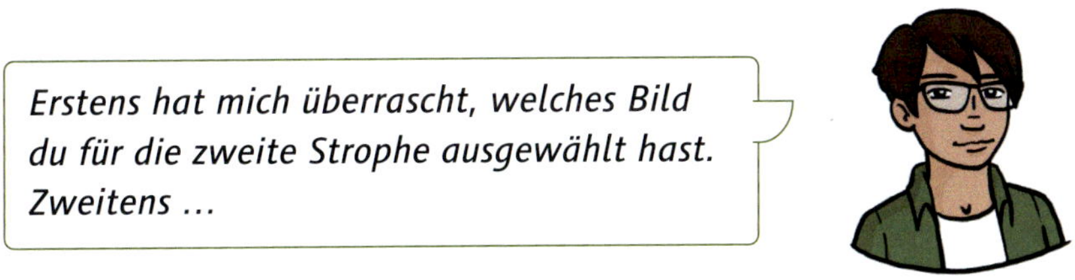

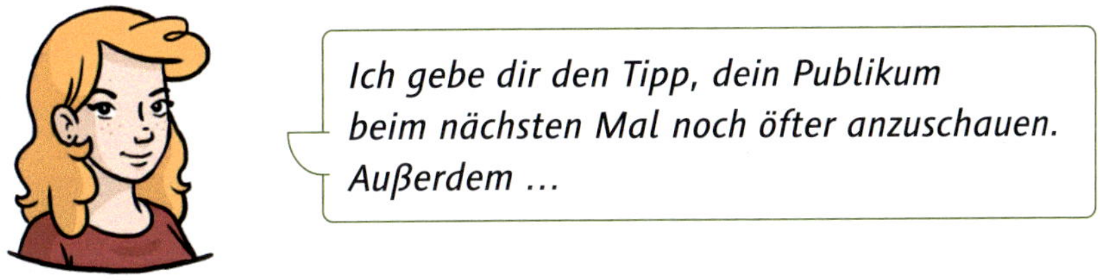

2 Wertet die verschiedenen Präsentationen in der Klasse aus.
- Welche Ideen waren außergewöhnlich oder überraschend?
- Inwieweit haben die Präsentationen das Verständnis der Texte erleichtert?
- Inwiefern haben sie die Wirkung der Texte verstärkt oder sogar verändert?

Abschließend denkst du über deine Arbeit in diesem Kapitel nach.

3 **a.** Werte deine eigene Arbeit aus. Ergänze dazu die folgenden Satzanfänge.

Bei der Arbeit am Liedtext fiel es mir leicht, … Schwierig fand ich …
Bei der Präsentation fiel es mir leicht, … Es fiel mir jedoch noch schwer, …
Das nächste Mal würde ich Folgendes genauso machen: …
Das nächste Mal würde ich Folgendes ändern: …

b. Besprich deine Erfahrungen mit einer Partnerin / einem Partner.

8 Im Netz unterwegs – *das Internet kompetent nutzen*

Im Internet könnt ihr verschiedene Webseiten besuchen und Angebote nutzen.

1

Unsere Webseite verwendet Cookies.
Wir möchten dein Surferlebnis mit personalisierter Werbung verbessern.

Bist du einverstanden?

Einverstanden | Ablehnen

2

3

T-Shirts + drucken + Schulabschluss

Alle Ergebnisse | Bilder | Nachrichten | Einkaufen | Videos

4

Heute nehme ich euch wieder mit auf die Skaterbahn. Ich muss meine neuen Sneaker von sne/ate ausprobieren! Optisch überzeugen sie mich total. Fragt sich nur, wie …

5

1 a. Was seht ihr auf den Bildern?
b. Um welche Webseiten könnte es jeweils gehen?

2 a. Welche Webseiten nutzt ihr? Warum nutzt ihr sie?
b. Worauf achtet ihr dabei?
c. Welche nutzt ihr nicht? Warum nicht?

Medien wie das Internet haben verschiedene Funktionen:
Kommunikation, Information und Unterhaltung.

3 a. Welche Funktionen wollen die Webseiten in den Bildern 1 – 5 erfüllen?
b. Wo fällt die Zuordnung leicht? Wo könnte mehr als eine Funktion zutreffen?

4 Für welche Funktionen nutzt ihr das Internet häufig, gelegentlich oder nie?
- Übertragt die Grafik auf die Tafel oder ein digitales Whiteboard.
- Ordnet eure Mediennutzung in Kreise ein:
  häufig (Innenkreis), gelegentlich (mittlerer Kreis), nie (Außenkreis).

Tipp: Ihr könnt dazu die Kreise auf ein digitales Whiteboard übertragen.

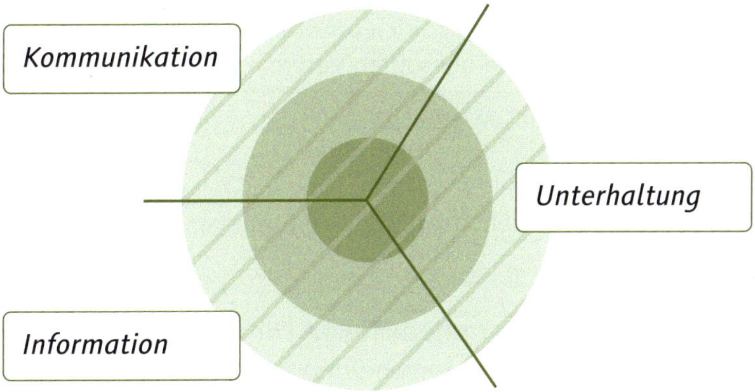

8 Im Netz unterwegs –
das Internet kompetent nutzen

MK

In diesem Kapitel untersucht ihr, worauf ihr bei der Nutzung des Internets achten solltet, und ihr erarbeitet hilfreiche Tipps.
Am Ende stellt ihr eure Tipps auf einer digitalen Pinnwand zusammen.

Zielgerichtet recherchieren: Suchstrategien anwenden

Paul und Naomi recherchieren, an welchen Merkmalen sie nachhaltige[1] Kleidung erkennen können. Sie erhalten unterschiedliche Suchergebnisse.

A

nachhaltige Kleidung

www.blog-forum-nachhaltige-kleidung.beispiel.de
Nachhaltige Mode und Fair-Trade-Kleidung
Zeige als Teil der Community, dass Nachhaltigkeit Style hat. Auf unserem Blog findest du alles zum Thema nachhaltige Kleidung und Fair Fashion.

Anzeige – www.fashionmacher.example.com
Nachhaltige Kleidung für jedermann
Schlechtes Gewissen beim Kleiderkauf war gestern. Wir bieten topaktuelle …

B

nachhaltige Kleidung + erkennen

www.nachhaltige-verbraucherinformationen.beispiel.de
Kleidung, aber nachhaltig: Diese Kriterien erfüllen es
Wann ist Kleidung nachhaltig, worauf sollten Verbraucher achten? Lesen Sie …

www.verbandfuernachhaltigkeit.example.com
Wann ist Kleidung nachhaltig? Eine Infografik
Nachhaltige Kleidung: Rohstoffe, Produktion, Einkauf, Pflege.
Wie man die Umwelt durch nachhaltige Mode schützen kann.

1 **a.** Beschreibt, worin sich die Trefferlisten A und B unterscheiden.
b. Besprecht, warum sie sich unterscheiden.
c. Begründet, welche Trefferliste euch besser geeignet erscheint.

2 **a.** Probiert jede/jeder für sich verschiedene Suchbegriffe aus: Recherchiert Informationen, um nachhaltige Kleidung zu erkennen.
b. Vergleicht eure Trefferlisten: Worin unterscheiden sich eure Ergebnisse?

3 Schreibt Tipps auf, wie ihr zielgerichtet im Internet recherchieren könnt:
- Wie formuliert ihr geeignete Suchbegriffe?
- Woran erkennt ihr einen geeigneten Suchtreffer?

[1] nachhaltig: umwelt- und klimafreundlich

3 *Formuliert die Tipps in der Du-Form und im Imperativ (Befehlsform), z. B.: Kombiniere Wörter für deine Suchbegriffe. / Klicke einen Link nur an, wenn …*

Informationen aus dem Internet überprüfen

Im Internet kursieren auch falsche Informationen. Paul und Naomi haben einen Suchtreffer angeklickt und möchten überprüfen, ob die Internetseite glaubwürdig ist.

Nachhaltige Verbraucherinformationen

Home	Über uns	Aktuelles	Kontakt	Datenschutz	Impressum	Suche

Kleidung, aber nachhaltig: Diese Kriterien erfüllen es
Stand: 23. August 2024; Bildquellen

Wann ist Kleidung nachhaltig, worauf sollten Verbraucher achten? Lesen Sie hier alles Wissenswerte rund um nachhaltige Kleidung und Textilien. Es gibt …

Quellen und weiterführende Links:
Siegel (Stand: 2.1.2019)
Verbraucherzentrale (Stand: 2.1.2011)
Nachhaltigkeitsblog (Stand: 28.3.2017)
Bundesministerium für Wirtschaft und Energie (Stand: 2.1.2024)

Wenn ihr eine Internetseite öffnet, achtet ihr zuerst auf die Gestaltung.

1
a. Beschreibt die Internetseite. Aus welchen Teilen besteht sie?
b. Vermutet, welche Funktionen die Teile jeweils haben könnten.
c. Erklärt, wie die Gestaltung und der Aufbau auf euch wirken.

Ihr prüft die Menüpunkte, wenn ihr Zweifel habt, ob eine Seite glaubwürdig ist.

2
a. Vermutet, was jeder Menüpunkt über die Glaubwürdigkeit verraten könnte.
b. Recherchiert weitere Internetseiten und prüft ihre Glaubwürdigkeit mithilfe der Menüpunkte.
c. Stellt eure Ergebnisse einer anderen Gruppe vor.

3 Ergänzt eure Tipps von Seite 178:
Wie unterscheidet ihr glaubwürdige Internetseiten von unglaubwürdigen?

1
a. *die Überschrift, die Menüpunkte, die Bilder …*
c. *übersichtlich, unstrukturiert, sachlich, glaubwürdig, unglaubwürdig …*

Naomi möchte überprüfen, ob die Beiträge informieren oder für etwas werben.

1

Wie man nachhaltige Kleidung erkennt – die Bedeutung der Siegel

[...] Während Second-Hand-Mode [...] relativ gut zu erkennen ist, stellt sich die Frage: Wie lässt sich ökologische Mode sicher erkennen? Eine einfache Antwort gibt es darauf nicht.
Es gibt verschiedene Öko- und Sozialsiegel, die in ihrer Aussagekraft erheblich schwanken. [...] Deshalb ist es für die Kundinnen und Kunden nützlich zu wissen, was die Siegel eigentlich aussagen.
Hier stellen wir die am häufigsten genutzten Siegel vor [...]. V

2

Nachhaltigkeit im Kleiderschrank – du erkennst es am Siegel

Das Thema Nachhaltigkeit ist auch in die Kleiderschränke eingezogen.
Nicht jede/jeder möchte aber Second-Hand-Kleidung tragen.
Geht es auch dir so? Willst du frischen Wind im Kleiderschrank bei geringem ökologischem Fußabdruck? Du bist bei uns richtig:
Trage unsere grüne Kleidung, in allen Farben des Regenbogens!
Natürlich gefärbt, natürlich wertvoll.
Öko anziehen, ohne öko auszusehen. Faire Produkte, faire Preise.
Du erkennst es an unserem Siegel!

4 Erklärt euch gegenseitig, worum es in den beiden Beiträgen geht.

Die Absicht eines Internetbeitrags erkennt ihr auch an der Sprache.

5 Welcher Text informiert und welcher möchte werben?

a. Ordnet die Merkmale dem jeweiligen Text zu. Notiert die Textstelle.

Aufforderung, etwas zu tun | keine direkte Anrede | Erklärungen | allgemeine Frage | viele Adjektive | direkte Anrede

b. Welches Satzzeichen kommt nur in einem Text vor? Überlegt, welche Absicht damit verfolgt wird.

c. Vergleicht eure Ergebnisse zu den Beiträgen 1 und 2 miteinander: Begründet jeweils, ob die Beiträge informieren oder werben wollen.

6 Ergänzt eure Tipps von Seite 178 und Seite 179: Wie unterscheidet ihr eine Information von einer Werbung?

**Paul hat die folgenden Beiträge zu Textil-Siegeln gefunden.
Er möchte überprüfen, ob es sich um Informationen oder Meinungen handelt.**

3

Abschluss-Blog – Klasse 9c, Schule am See: Siegel mit *S-Shirt*

Für unsere Abschlussfahrt haben wir uns T-Shirts machen lassen. Auf jeden Fall sollten sie nachhaltig sein. Der Anbieter *S-Shirt* verkauft nur Produkte, die das ASDF-Siegel haben. Da ist null Chemie drin. Super, oder? Da kann man sicher sein, dass alles öko ist. Eine klare Empfehlung für ASDF und *S-Shirt!*

4

Verbraucherinformation – Nachhaltigkeit: Textil-Siegel im Vergleich

Im Vergleich haben wir die gängigsten Siegel auf dieselben Kriterien geprüft. Das ASDF-Siegel überzeugte uns am wenigsten, es fiel bei Rohstoffen und Hersteller-Vorgaben durch. Die detaillierten Ergebnisse im Überblick:

das Siegel	die Vorgaben für Hersteller	der Einsatz von Chemikalien	die verwendeten Rohstoffe
rainbow	Mindeststandards für …	verboten	nur Naturfasern
ASDF	keine Vorgaben	verboten	max. 30 % Kunstfasern
…	…	…	…

5

Lifestyle-Blog – natürlich nachhaltig: Im Siegel-Dschungel

Wer blickt nicht durch im Dschungel der Textil-Siegel? Ich habe mir die Siegel ASDF und *rainbow* angesehen und schaffe für euch Klarheit. Beide Siegel garantieren die Herstellung ohne Chemikalien. Meiner Meinung nach ist das ASDF-Siegel aber nicht so aussagekräftig wie *rainbow*. Bei *rainbow* gelten nämlich zusätzlich Mindeststandards für Arbeitsbedingungen. Klickt hier für Infos zu weiteren Siegeln und Kriterien.

7 a. Notiert, welche Meinungen die Beiträge enthalten.
b. Alle drei Beiträge enthalten Informationen über das ASDF-Siegel. Notiert für jeden Beitrag, was ihr darüber erfahrt.

Wenn ihr nicht sicher seid, ob ihr einem Beitrag vertrauen könnt, vergleicht ihr die Informationen mit anderen Quellen.

8 a. Vergleicht die Notizen zu den drei Beiträgen miteinander.
b. Markiert jeweils die Informationen, die übereinstimmen.

9 Welcher Beitrag enthält die meisten Informationen zu dem ASDF-Siegel?
a. Ordnet die Beiträge nach ihrem Informationsgehalt.
b. Begründet eure Zuordnung.
c. Notiert für jeden Beitrag, ob es sich um eine Information oder eine Meinung handelt.
d. Begründet, welchem Beitrag ihr am meisten vertraut und welchem am wenigsten.

10 Ergänzt eure Tipps von den vorangegangenen Seiten:
Wie unterscheidet ihr vertrauenswürdige Informationen von Einzelmeinungen?

Wenn ihr zielgerichtet im Internet recherchieren wollt, beachtet ihr einige Tipps.

11 Tragt eure Tipps mithilfe der Graffiti-Methode zusammen.
- Wie formulierst du geeignete Suchbegriffe?
- Woran erkennst du einen geeigneten Suchtreffer?
- Wie unterscheidest du glaubwürdige Internetseiten von unglaubwürdigen?
- Wie unterscheidest du eine Information von einer Werbung?
- Wie unterscheidest du vertrauenswürdige Informationen von Einzelmeinungen?

▶ Die Graffiti-Methode, S. 226

12 Besprecht eure Ergebnisse in der Klasse.

13 Stellt ein Informationsmaterial mit euren Tipps am PC zusammen.
- Vermeidet Wiederholungen. Einigt euch bei ähnlichen Tipps auf eine Formulierung.
- Fügt die Fragen aus Aufgabe 11 als Zwischenüberschriften ein.
- Ergänzt eine Überschrift für euer Informationsmaterial.

Zielgerichtet im Internet recherchieren

Wie formulierst du geeignete Suchbegriffe?
- Verwende treffende …
- Kombiniere Wörter …

Woran erkennst du …
- Achte auf …

9 b. *mit hohem Informationsgehalt, nicht von Gefühlen bestimmt, gut begründet …*

Im Internet recherchieren

Wenn ich im Internet recherchiere, verwende ich geeignete Suchbegriffe und überprüfe, ob die Informationen glaubwürdig sind.

Arbeitstechnik

Eine Suchmaschine zielgerichtet benutzen
- Ich verwende **treffende Suchbegriffe.**
  Ich kombiniere dazu einzelne Wörter oder formuliere einfache Fragen.
  Ich kann auch verschiedene Suchmaschinen ausprobieren.
- Ich wähle aus der Trefferliste **passende Treffer** zu meinen Suchbegriffen aus.
  Ich prüfe dabei die Quelle / die Internetadresse.
  Bei ungewöhnlichen Adress-Endungen wie .to oder .vu **bin ich vorsichtig.**

Arbeitstechnik

Informationen aus dem Internet überprüfen
- Ich **überprüfe** die **Glaubwürdigkeit** einer Internetseite. Ich finde weitere Informationen über die Seite unter den entsprechenden Menüpunkten.
- Ich überprüfe, ob die **Informationen vertrauenswürdig** und **aktuell** sind.
  Ich achte auf die Sprache und vergleiche mit anderen Informationsquellen.
- **Bei manchen Seiten bin ich vorsichtig:**
  - Seiten, die mich zum Kauf von etwas verleiten wollen
  - Seiten, deren Inhalte andere beleidigen oder verletzen
  - Seiten, die zu Gewalt aufrufen
- Ich **vermerke** die **Quellen,** wenn ich die Informationen verwenden möchte.
  Ich notiere die Autorinnen/Autoren und die Internetseite.

Ich achte auf die Sprache, dann kann ich zum Beispiel eine Sachinformation von einer Werbung unterscheiden.

die Sachinformation	die Werbung
– enthält Fachwörter und sachliche, neutrale Formulierungen	– enthält einfache Sprache und Umgangssprache – enthält sprachliche Bilder und Wiederholungen
– enthält Satzreihen und Satzgefüge	– enthält kurze, einfache Sätze – enthält Aufforderungen und Fragen
– beantwortet W-Fragen – verdeutlicht Zusammenhänge	– ist leicht zu verstehen – weckt Aufmerksamkeit und Neugierde – erzeugt einen Wunsch – fordert zu einer Handlung auf

Hass im Netz – Kommunikationsregeln im Internet beachten

Ava freut sich auf einen Konzertbesuch.
Ihre Lieblingsband hat ein Selfie gepostet.

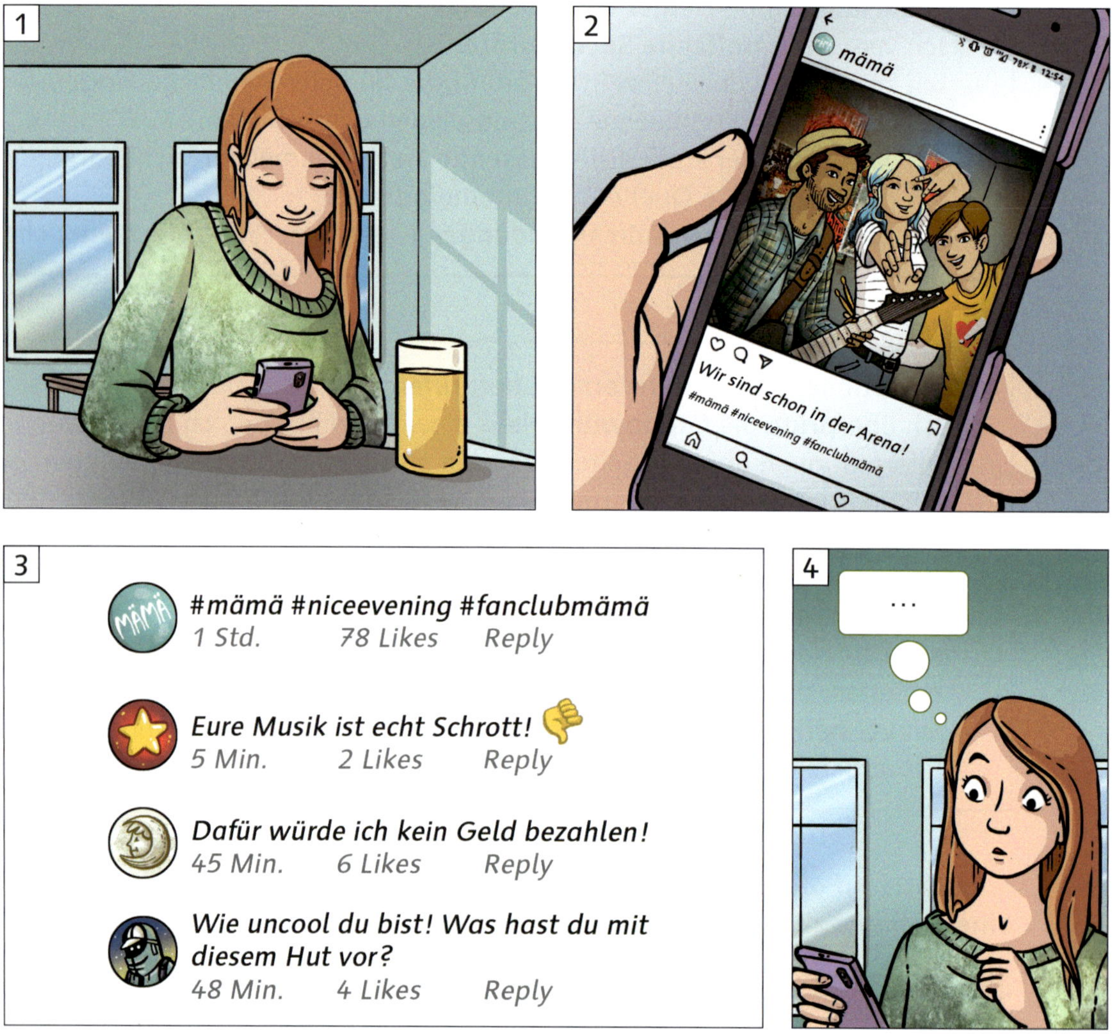

1 **a.** Sieh dir die Bilder 1 – 4 an.
b. Beschreibe, was der Band in den Bildern 2 und 3 passiert.

2 Notiere Vermutungen zu Bild 4 :
- Was könnte sie denken und fühlen?
- Wie könnte sie reagieren?

Die Band hat Hass-Kommentare im Internet erhalten.

Hass-Kommentare oder Hate-Speech* bezeichnen beleidigende oder verletzende Aussagen. Sie beziehen sich auf verschiedene Eigenschaften der Menschen, zum Beispiel auf ihre Interessen, die Herkunft, das Alter oder das Geschlecht. Die Aussagen können sich an einzelne Menschen oder an Gruppen richten. Wenn Hass-Kommentare im Internet geäußert werden, spricht man von Hass im Netz.

* die Hate-Speech (englisch, sprich: Häit Spietsch): die Hass-Rede oder der Hass-Kommentar

3 Erkläre, wie der Lexikonartikel Hass-Kommentare beschreibt.

Hass-Kommentare nennt man auch … Damit meint man …
Die Kommentare können sich an … richten, aber auch an …

4 Du sammelst wichtige Informationen für die Klasse.

a. Schreibe eine Erklärung für Hass im Netz auf.

b. Veranschauliche am Beispiel der Band, wie Hass im Netz sich äußert.

Hass im Netz muss man nicht unkommentiert stehen lassen.
Die Fans der Band reagieren auf die Hass-Kommentare.

5

Wir freuen uns auf euch!
Bis gleich in der Arena! ❤ 🙌
10 Min. 10 Likes Reply

Ihr seht cool aus und macht coole Musik!
Habe den gleichen Hut. Er ist wunderbar!
Megacool! ❤❤
#Geschmackistindividuell #keinHassimNetz
12 Min. 28 Likes Reply

👏❤❤🔥🙌
3 Min. 2 Likes Reply

5 Notiere in Stichworten, wie die Fans der Band reagieren.

Es gibt verschiedene Gründe, warum Menschen Hass äußern und verbreiten.

die eigene Meinung äußern | andere verletzen | besser sein als jemand anderes | andere demütigen | Vorurteile haben | andere beeinflussen wollen | zu einer Gruppe gehören | in der eigenen Meinung bestärkt werden

6 Schreibe zu den Gründen oben passende Beispiele der Band auf.

- *die eigene Meinung äußern: etwas nicht mögen, zum Beispiel …*
- *andere verletzen: besonders unfreundlich formulieren …*

Hass verbreitet sich schneller, wenn er im Internet geäußert wird.

[…] Viele Nutzerinnen und Nutzer sind der Meinung, dass online andere Regeln gelten als im realen Leben. Im Netz fühlen wir uns unsichtbar. Wir müssen anderen Nutzerinnen und Nutzern nicht in die Augen sehen, wenn wir etwas über sie posten. Oft haben wir deshalb weniger Angst vor Konsequenzen und sagen oder schreiben Dinge, die wir im echten Leben lieber für uns behalten würden. Einzelne Posts können sich durch viele aktive Nutzerinnen und Nutzer wie ein Lauffeuer verbreiten. Auch Hass-Kommentare machen so schnell die Runde und erreichen viele Menschen. […] V

7 Warum fällt es Menschen leichter, Hass im Internet zu äußern als im echten Leben?
Notiere die Unterschiede in einer Tabelle.

Hass-Kommentar im Internet	*Hass-Kommentar im echten Leben*
sich als Nutzer/-in unsichtbar fühlen	*…*

MK **8** Ergänze deine Informationen für die Klasse.
Fasse die Gründe aus den Aufgaben 6 und 7 zusammen.

- Warum äußern Menschen Hass?
- Warum verbreiten sie ihn im Internet?

Durch Hass-Kommentare möchte man … Im Internet fühlt man sich …

Ava möchte der Band helfen. Sie recherchiert Schritte gegen Hass im Netz.

1 **Ignorieren:** Man schenkt dem Hass keine Aufmerksamkeit. Die Kommentare verbreiten sich so nicht weiter.

2 **Melden und Löschen:** Man kann beim Betreiber einer Webseite Hass-Kommentare löschen lassen.

3 **Gegenrede:** Man kann Zeichen gegen Hass setzen. Freunde können als Gegenredner unterstützen. Man kann nachfragen und zum Nachdenken anregen.

4 **Selbstschutz:** Persönliche Daten sollten geschützt werden. Beleidigungen durch fremde Personen sollten nicht persönlich genommen werden.

9 Ergänze deine Informationen für die Klasse.
- **a.** Formuliere Tipps für Ava mithilfe der vier Schritte. Formuliere sie in der Du-Form.
- **b.** Welchen Schritt haben Fans der Band auf Seite 185 schon angewendet? Ergänze ihn als Beispiel.

10 Wie und wo kann man Hass in sozialen Netzwerken melden?
- **a.** Recherchiere es im Internet.
- **b.** Erstelle eine Liste mit hilfreichen Adressen. Ergänze sie in deinen Tipps aus Aufgabe 9.
- **c.** Gib deine Quellen an.

▶ Im Internet recherchieren, S. 183

▶ Quellen angeben, S. 42

Du informierst deine Mitschülerinnen und Mitschüler über Hass im Netz. Du gibst ihnen Tipps, wie sie damit umgehen können.

11 **a.** Ordne deinen Informationen diese Fragen als Zwischenüberschriften zu.

Was kannst du gegen Hass im Netz tun? | *Was ist Hass im Netz? Wie äußert er sich?* | *Warum äußern Menschen Hass? Warum verbreiten sie ihn im Internet?*

b. Ergänze eine Überschrift.

Versteckte Werbung – Beeinflussung im Internet untersuchen

Jens erzählt Naomi von dem Skater Ben, dem er in einem sozialen Netzwerk folgt.

Gestern habe ich mir Videos auf Bens Blog angesehen. Er hat tolle Tricks gezeigt und coole neue Schuhe getragen.

Das ist nicht so mein Ding. Ben will doch als Influencer nur Geld verdienen und macht Werbung.

1 Notiere die Meinungen von Jens und Naomi zu dem Skater Ben.

Der Begriff Influencer stammt aus dem Englischen und bedeutet Beeinflusser/-in.

2 **a.** Schreibe auf, wie Jens und Naomi beeinflusst werden.
b. Ergänze eigene Beispiele, wie Influencer dich beeinflusst haben.
c. Notiere in Stichworten, wie du damit umgegangen bist.

Influencer unterhalten uns in Social Media* mit ihren Beiträgen. Sie machen uns damit aber auch auf Produkte aufmerksam. Naomi findet, dass das Werbung ist.

1

eine Werbeanzeige einer Skater-Marke

2

eine Statusmeldung des Influencers Ben

3 **a.** Schreibe zu jedem Bild einen Satz, wie es auf dich wirkt.
b. Nenne Gemeinsamkeiten und Unterschiede.
c. Begründe, ob es sich nach deiner Einschätzung bei Bild 2 um Werbung handelt.

* *englisch für soziale Medien; Oberbegriff für Medien, mit denen Menschen sich vernetzen und austauschen können, z. B. soziale Netzwerke, Blogs, Video-Plattformen*

2 **b.** *Videos, in denen Produkte vorgestellt werden / Werbe-Einblendungen …*

Werbung kann in Social Media unterschiedliche Formen haben. Mal wird sie in dem Beitrag eingeblendet, mal gibt es einen Link zu einem Produkt oder ein Produkt wird genannt. Manchmal ist sie clever verpackt oder wird versteckt.

A

B

C

Begleitet mich heute dabei, wie ich die neuen Sneaker von sne/ate teste! …
Enthält Produktplatzierungen

D *Heute das neue Board von skave Probe gefahren. Hammer!*

E *Unten habe ich meine neue Kamera verlinkt. Für die ersten zehn Besteller gibt es 15 % Rabatt.*

4 In den Beiträgen A – E hat sich jeweils eine Werbung versteckt.
a. Notiere für jeden Beitrag, welches Produkt beworben wird.
b. Ergänze in Stichworten, wie das Produkt beworben wird.

(A) der Hoodie mit dem Logo des Influencers …
trägt den Hoodie nebenbei, während er …

c. Notiere, wie offensichtlich die Werbung jeweils ist.

5 Du sammelst wichtige Informationen für die Klasse.
Schreibe in einer Erklärung auf, wie Influencerinnen und Influencer uns beeinflussen. Verwende deine Ergebnisse der Aufgaben 2–4 und nenne Beispiele.

Influencerinnen und Influencer unterhalten uns mit interessanten Beiträgen, zum Beispiel zeigen sie … oder …
Dabei machen sie aber auch Werbung … Sie verwenden verschiedene …

4 **b.** *wird eingeblendet und hat mit dem Beitrag nichts zu tun, wird genannt …*
c. *offensichtlich, nicht offensichtlich, versteckt, deutlich, benannt, gekennzeichnet …*

Es gibt unterschiedliche Einstellungen zu den Beiträgen und der Werbung von Influencerinnen und Influencern.

1 [redacted]: *Ben präsentiert in seinen Videos und Statusmeldungen viele Sachen. Ich bin mir nicht sicher, ob er sie überhaupt selbst mag!*

2 [redacted]: *Am häufigsten kommen die Unternehmen auf mich zu. Sie finden, dass ihr Produkt zu mir und meinen Beiträgen passt und dass ich ihre Zielgruppe erreiche.*

3 [redacted]: *Durch seine Videos erfahre ich mehr über Ben. Ich kenne seinen Geschmack und vertraue ihm. Ich weiß, was ihm wirklich gefällt, und würde nie etwas kaufen, bei dem ich nicht glaube, dass es ihm gefällt!*

4 [redacted]: *Uns gefällt besonders die Nähe zwischen der Influencerin oder dem Influencer und den Followerinnen und Followern. Außerdem stellen Influencer/-innen unsere Produkte in der Praxis vor. Es wirkt glaubwürdiger als eine Werbung mit Schauspielerinnen und Schauspielern oder Models.*

5 [redacted]: *Die Werbung ist manchmal nervig. Aber Ben geht es nicht ums Geld. Er macht das, damit er bekannter wird und mehr Followerinnen und Follower bekommt. Es bedeutet ihm viel, im Kontakt zu seinen Fans zu sein. Er hat sogar schon mal einen Post von mir kommentiert.*

6 [redacted]: *Je mehr Werbe-Einblendungen ich in ein Video einbaue, desto besser. Dann verdiene ich mehr. Ein paar Minuten Abstand müssen dazwischen aber sein, mein Video soll die Followerinnen und Follower ja unterhalten.*

6 a. Ordne zu, wer die Aussagen 1–6 jeweils gemacht haben könnte.

das Unternehmen | Ben (der Influencer) | Jens (der Follower) | Naomi

b. Notiere in Stichworten, was ihnen an den Beiträgen und der Werbung gefällt und was nicht.

dem Unternehmen gefällt: die Nähe zwischen …

Jens und andere Follower lassen sich von Influencern beeinflussen.

7 Ergänze deine Informationen für die Klasse.

a. Schreibe mögliche Gründe und Beispiele für die Beeinflussung auf.

b. Recherchiere weitere Gründe im Internet und ergänze sie.

c. Gib deine Quellen an.

► Im Internet recherchieren, S. 183

Naomi möchte Jens helfen, die Beeinflussung zu erkennen. Sie liest diesen Beitrag.

[...] Bei Social-Media-Stars fällt es oft **schwerer**, Werbung zu erkennen. Dafür weißt du – anders als bei normaler Werbung – oft viel über den **Botschafter** der Werbung. Du kennst deinen Star und weißt, **wofür er steht**. Denn oft verfolgst du seine Videos schon länger. [...] Ob du am Ende [...] das **Produkt kaufst**, hängt davon ab, ob du die **Werbung als solche erkennst** und **ihr „widerstehen"** kannst. [...] V

8 Fasse den Beitrag mit eigenen Worten zusammen.

Naomi rät Jens, sich Fragen zu Ben zu stellen, um die Beeinflussung zu erkennen. Sie hat Vorschläge notiert.

- *Was für ein Typ ist die Influencerin / der Influencer (sportlich/modisch/kreativ ...)?*
- *Für welche Themen steht sie/er?*
- *Wie offensichtlich macht sie/er Werbung?*
- *Wie wahrscheinlich ist es, dass sie/er die Produkte privat verwendet?*

9 **a.** Beantworte die Fragen für eine Influencerin / einen Influencer deiner Wahl.
b. Erkläre, wie die Antworten beim Erkennen der Beeinflussung helfen können.
c. Ergänze deine Informationen für die Klasse mit diesen und weiteren Fragen.

10 Ergänze deine Informationen für die Klasse.
a. Leite aus deinen Fragen aus Aufgabe 9 Tipps für den Umgang mit Werbung von Influencerinnen und Influencern ab. Formuliere die Tipps in der Du-Form und im Imperativ (Befehlsform).
- *Stelle dir Fragen zu der Influencerin / dem Influencer.*
- *Mache dir klar, ...*

b. Schreibe zu jedem Tipp ein Beispiel auf.

Du informierst deine Mitschülerinnen und Mitschüler über versteckte Werbung im Netz und du gibst ihnen Tipps für den Umgang damit.

11 **a.** Ergänze zu deinen Informationen passende Zwischenüberschriften.
b. Füge eine Überschrift ein.

9 **b.** *die Werbeformen erkennen / bewerten, ob das Produkt passt, ...*
c. *Mit welchen Unternehmen arbeitet ...? Welche Produkte bewirbt ...? Warum ...*

11 **a.** *Wie wollen Influencer/-innen ...? Warum gelingt ...? Was kannst du tun, um ...*

Die Arbeitsergebnisse präsentieren

In diesem Kapitel habt ihr euch darüber informiert, wie ihr das Internet kompetent nutzen könnt. Mit einzelnen Themen habt ihr euch genauer beschäftigt.

1 a. Bildet Expertengruppen zu den beiden Themen:

Versteckte Werbung | Hass im Netz

b. Stellt euch eure gesammelten Informationen gegenseitig vor: die Erklärung, die Gründe, die Tipps.

2 Erstellt eine digitale Pinnwand zu eurem Thema. Tipp: Im Internet gibt es dafür verschiedene kostenlose Programme.

a. Wählt eine Erklärung aus oder formuliert gemeinsam eine neue. Fügt sie in der Pinnwand ein.
b. Führt eure Gründe und Tipps zusammen. Vermeidet Wiederholungen. Einigt euch bei ähnlichen Gründen und Tipps auf eine Formulierung.
c. Ergänzt eine Überschrift und Zwischenüberschriften.

Hass im Netz

Was ist ...?

Warum äußern ...?

Was kannst du ...?

3 Tauscht eure Pinnwand mit einer anderen Gruppe aus und gebt euch gegenseitig ein Feedback.
- Ist alles verständlich geschrieben?
- Sind die Informationen mit Beispielen verdeutlicht?

4 Überarbeitet eure Pinnwand mithilfe des Feedbacks.

Ihr erstellt in der Klasse eine gemeinsame Pinnwand zu beiden Themen und stellt euch gegenseitig eure Ergebnisse vor.

5 a. Fügt eure digitalen Pinnwände zusammen.
b. Stellt nacheinander als Expertinnen und Experten eure Themen vor.
c. Beantwortet die Fragen der anderen Gruppen.

6 Ergänzt gemeinsam eure Pinnwand mit euren Tipps zur Internetrecherche von Seite 182.

Die Arbeit auswerten

Naomi, Tarik, Anna und Paul denken über ihren Umgang mit dem Internet und ihre Arbeit in dem Kapitel nach.

Wo taucht versteckte Werbung eigentlich überall auf? Darauf werde ich künftig stärker achten.

Bevor ich persönliche Daten angebe, prüfe ich immer die Glaubwürdigkeit einer Internetseite.

Wenn ich mich informieren will, prüfe ich, ob eine Seite vertrauenswürdige Informationen oder Meinungsäußerungen enthält.

Ich möchte in Zukunft bei Beiträgen in sozialen Netzwerken auf eine sachliche Sprache achten.

1 Was wollen die Freunde künftig beachten?

Ihr wertet eure Arbeit aus.

2 Besprecht eure Arbeit in diesem Kapitel.
- Was habt ihr Neues erfahren?
- Was hat euch überrascht?
- Worüber möchtet ihr noch mehr erfahren?

Ihr könnt gemeinsam beraten, was ihr in Zukunft beachten wollt, wenn ihr das Internet nutzt.

3 Überlegt, was ihr in Zukunft beachten wollt.
Geht in drei Schritten vor: Think – Pair – Share.

a. Formuliere Ziele für deine eigene Internetnutzung. Think.
- Bei welchen Internetseiten und Angeboten möchtest du vorsichtig sein?
- Welche Tipps möchtest du in Zukunft beachten?
- Welche Tipps möchtest du anderen geben?

Tipp: Du kannst deine Internetnutzung mit einer Checkliste auswerten.

b. Stellt euch eure Ziele gegenseitig vor. Pair.

c. Vergleicht eure Ziele in der Klasse. Share.

9 Grammatik und Rechtschreiben

In diesem Kapitel wiederholt ihr Wichtiges über Formen und Funktionen unserer Sprache. Ihr trainiert Grammatik, Rechtschreibung und Zeichensetzung und ihr erhaltet Tipps für euer eigenes Schreiben und Überarbeiten.

Texte sprachlich gestalten und überarbeiten
S. 196–209

Ein Bewerbungsschreiben sprachlich überarbeiten

- Satzglieder umstellen, dass-Sätze, Anredepronomen

Einen Tagesbericht sprachlich überarbeiten

- Satzgefüge, Zeitformen Präteritum und Plusquamperfekt, Zeitangaben, sachlich schreiben

Einen argumentierenden Text sprachlich gestalten

- Satzreihe und Satzgefüge, Kommasetzung bei Satzgefügen, dass-Sätze

Einen informierenden Text sprachlich überarbeiten

- Satzreihe und Satzgefüge, Nominalisierung, Pronomen, Umgangssprache

Eine Fortsetzung sprachlich überarbeiten

- Satz und Satzzeichen, wörtliche Rede, Zeitform Präteritum

Eine Inhaltsangabe sprachlich überarbeiten

- Satz und Satzzeichen, Satzreihe und Satzgefüge, Zeitform Präsens, Konjunktiv

Sprachvarianten erschließen
S. 210–212

- Fachsprache erschließen, sprachliche Hindernisse überwinden
- Fachsprache erschließen

Rechtschreibstrategien wiederholen
S. 213–215

- Rechtschreibstrategien anwenden, Schreibentscheidungen begründen
- Rechtschreibstrategien wiederholen und anwenden

Grammatik: Meine 5-Minuten-Übungen
S. 216–217

- Sprachwissen anwenden

Rechtschreiben: Meine 5-Minuten-Übungen
S. 218–221

- Rechtschreibwissen anwenden

Ein Bewerbungsschreiben sprachlich überarbeiten

Mala möchte sich um einen Ausbildungsplatz als Servicekraft bewerben. Sie hat einen Entwurf für den Textblock ihres Bewerbungsschreibens verfasst.

▶ Sprechen, lesen, schreiben im Alltag, S. 10–29

Achtung: Fehler!

(1) Sehr geehrte Frau Müller,

durch Ihre Anzeige in der Zeitung habe ich erfahren, dass sie Auszubildende suchen. (1)

(2) Ich vermute, dass ich im nächsten Sommer den mittleren Schulabschluss erlangen werde. Ich denke, dass eine Ausbildung zur Servicekraft zu mir passt. (2)

(3) Ich habe einige Erfahrungen als Servicekraft in der Gaststätte meiner Eltern gesammelt. Ich habe das Betriebspraktikum im Hotel von Verwandten verbracht. Ich habe dort im Restaurant geholfen.

Mala möchte den Entwurf sprachlich überarbeiten. Sie erhält Tipps von Tom.

Die Anredepronomen in der Höflichkeitsform schreibst du groß.

1 Überprüfe die Anredepronomen in Abschnitt (1).
a. Schreibe den Abschnitt richtig auf.
b. Markiere die großgeschriebenen Pronomen.

2 **a.** Ergänze die Anredepronomen in den folgenden Sätzen.
b. Schreibe die Sätze auf. Markiere die Anredepronomen.

▶ Zeile 3 (1)

Daher bewerbe ich mich bei ___ um einen Ausbildungsplatz. Ich würde mich freuen, meine Ausbildung in ___ Betrieb zu machen.

Sie, Ihnen, Ihr, Ihre, Ihren, Ihrem, Ihrer

Du willst für dich werben. Achte auf überzeugende Verben.

3 **a.** Untersuche die markierten Verben in Abschnitt (2) genauer.
b. Erkläre, ob die Sätze dich überzeugen.

4 **a.** Ordne die folgenden Verben nach ihrer Überzeugungskraft.

glauben | hoffen | denken | überzeugt sein | wissen | vermuten

b. Schreibe die Sätze aus Aufgabe 3 mit überzeugenden Verben auf.

5 Bilde selbst dass-Sätze.
Leite sie mit überzeugenden Verben aus Aufgabe 4 ein.

▶ Zeile 6 (2)

die richtige Berufswahl | als Kandidatin geeignet | …

Ein abwechslungsreicher Satzbau macht dein Bewerbungsschreiben interessanter.

6 **a.** Untersuche die Satzanfänge in Abschnitt (3) genauer.
b. Notiere, was dir auffällt.

7 **a.** Stelle die Satzglieder um und schreibe die Sätze neu auf.
Probiere verschiedene Möglichkeiten aus.

▶ Die Umstellprobe, S. 236

Als Servicekraft …
Einige Erfahrungen …

b. Entscheide dich jeweils für eine Variante.

Du hast Malas Text mithilfe von Toms Tipps überarbeitet.

8 **a.** Vergleicht eure Ergebnisse und gebt euch gegenseitig ein Feedback.
b. Besprecht, was ihr bei euren eigenen Texten berücksichtigen könnt.

Mala möchte den letzten Abschnitt des Textblocks eigenständig überarbeiten.

9 **a.** Überarbeitet diesen Abschnitt mithilfe von Toms Tipps.
b. Schreibt den Abschnitt überarbeitet auf.

(4) Ich habe mich bei Mitarbeitern Ihres Betriebes informiert. Die Kolleginnen und Kollegen haben sie als Ausbildungsbetrieb gelobt und die freundliche Arbeitsatmosphäre hervorgehoben. Ich würde mich über eine Einladung zu einem Vorstellungsgespräch bei ihnen freuen.

Achtung: Fehler!

Einen Tagesbericht sprachlich überarbeiten

Dalia möchte für ihre Berufsschule über einen Tag aus ihrer Ausbildung als Industriekletterin berichten. Sie hat einen Entwurf geschrieben und möchte ihn sprachlich überarbeiten.

► Über Berufe informieren, S. 34–57

Achtung: Fehler!

(1) Mein Arbeitstag bei der Firma „Wolkow & Co" in Düsseldorf begann um 7:00 Uhr. Der Bus hatte Verspätung. Ich kam pünktlich an. Herr Wolkow, mein Chef, teilte mich wie jeden Morgen einer Arbeitsgruppe zu. Meine Arbeitsgruppe fuhr mit einem Firmenwagen zu einem hohen Bürogebäude. Dort sollten wir die Fassade und alle Fenster reinigen. Ich selbst durfte jedoch nur die Fenster im Erdgeschoss säubern. Mir fehlte noch die notwendige Sicherheitsprüfung.

(2) Über mir steigt der Geselle Norbert in einen Metallkorb, der mit Seilen am Dach befestigt ist. Norbert lässt den Korb so weit herunter, dass er die obere Fensterreihe erreicht. Er säubert die Fensterreihe. Danach seilt er sich Stockwerk für Stockwerk weiter ab. Währenddessen erklärt mir Herr Dorsun alles Wichtige zum Arbeitsschutz und zu den verschiedenen Abseiltechniken.

(3) Nach der Mittagspause gab es kurz eine brenzlige Situation, als ein fettes Gewitter aufzog. Norbert musste sich blitzschnell abseilen, um nicht von einem Blitz getroffen zu werden. Wir warteten das Gewitter ab und setzten die Reinigungsarbeiten erst fort, als das Wetter wieder tipptopp war. Pünktlich um 16:00 Uhr war dann alles blitzblank und wir fuhren zurück zur Firma.

Mit Konjunktionen kann Dalia ihre Sätze logisch miteinander verknüpfen.

1 In Abschnitt (1) von Dalias Bericht sind Hauptsätze blau hervorgehoben.
- **a.** Verbinde die Hauptsätze mithilfe von Konjunktionen zu einem Satzgefüge. Tipp: Du kannst einmal obwohl und einmal weil verwenden.
- **b.** Unterstreiche jeweils den Nebensatz und setze das Komma.
- **c.** Schreibe Abschnitt (1) von Dalias Bericht überarbeitet auf.

Wenn man berichtet, schreibt man im Präteritum. Den zweiten Abschnitt ihres Berichts hat Dalia versehentlich im Präsens geschrieben.

2 **a.** Übertrage die Tabelle in dein Heft und trage alle Verben aus Abschnitt (2) ein.

Infinitiv	*3. Person Singular Präsens*	*3. Person Singular Präteritum*
steigen	*er steigt*	*er stieg*

b. Schreibe Abschnitt (2) von Dalias Bericht im Präteritum auf.

Ein Bericht soll sachlich sein. Manche Wörter möchte Dalia daher ersetzen.

3 **a.** Ersetze die unterstrichenen Wörter in Abschnitt (3) durch sachliche Formulierungen.
b. Schreibe Abschnitt (3) von Dalias Bericht neu auf.

Du hast den Tagesbericht für Dalia Schritt für Schritt überarbeitet.

4 **a.** Vergleicht eure Ergebnisse und gebt euch gegenseitig ein Feedback.
b. Besprecht, was ihr bei euren eigenen Texten berücksichtigen könnt.

Dalia hat die Sicherheitsprüfung bestanden und sie darf nun selbst in großer Höhe arbeiten. Ihren folgenden Bericht könnt ihr eigenständig überarbeiten.

5 Überarbeitet gemeinsam den folgenden Ausschnitt aus Dalias Tagesbericht.
a. An welchen Stellen müsst ihr Dalias Bericht korrigieren oder könnt ihn noch verbessern? Beachtet die Hinweise aus den vorherigen Aufgaben.
b. Schreibt den Ausschnitt neu auf.

Am Vormittag führten wir in krasser Höhe Wartungsarbeiten an einer Hochspannungsleitung eines Elektrizitätswerks durch. Ich soll einen Isolator auswechseln. Er war völlig schrott. Aus Sicherheitsgründen musste dafür zunächst der Strom abgeschaltet sein. Dann klettere ich hoch und wechsle den Isolator. Anschließend benachrichtigten wir das Elektrizitätswerk. Der Strom konnte wieder angeschaltet werden. Die Mitarbeiterin des Elektrizitätswerks ist sehr zufrieden mit unserer Arbeit.

Achtung: Fehler!

Tobias möchte für seine Berufsschule über einen Tag aus seiner Ausbildung zum Graveur berichten. Auch er hat einen Entwurf geschrieben und möchte ihn sprachlich überarbeiten.

► Über Berufe informieren, S. 34–57

Achtung: Fehler!

(1) Mein Arbeitstag begann morgens wie jeden Tag um 8.00 Uhr. Herr Wagner, der Besitzer des Betriebes „Wagner und Partner", führte mich zunächst durch die Werkstatt und erklärte mir, woran gerade gearbeitet wurde.

(2) Am Vormittag durfte ich dann vorne im Ladengeschäft an einem Beratungsgespräch mit einem Kunden teilnehmen. Der Kunde wollte die Innenseite seiner mitgebrachten Eheringe gravieren lassen. Nachdem Frau Wagner ihm verschiedene Möglichkeiten gezeigt hatte, wählte der Kunde einen verschnörkelten Schriftzug aus. Frau Wagner nimmt die Bestellung auf: In die Ringe sollen die Anfangsbuchstaben des Mannes sowie seiner Partnerin eingraviert werden.

(3) Als der Kunde den Laden verlassen hat, trug ich die Auftragsbestätigung und die Ringe nach hinten in die Werkstatt. Ich übergab beides dem Angestellten Herrn Zafin, der gerade an mehreren Pokalen arbeitete. Ich beobachtete zunächst, wie er die Glastrophäen von Hand schnitt und schliff. Anschließend half ich bis Mittags beim Polieren mit. Bevor wir um 13.00 Uhr Pause machten, hatten wir alle Pokale fertiggestellt.

(4) Pünktlich um 17.00 Uhr schlossen wir den Laden und am frühen abend beendeten wir schließlich auch in der Werkstatt unsere Arbeit.

Tobias hat in seinem Bericht verschiedene Tageszeiten genannt. Er überprüft die Schreibweise.

6 Wann schreibst du Zeitangaben klein und wann schreibst du sie groß?.

a. Lies dir die Regeln zur Groß- und Kleinschreibung auf Seite 240 durch.
b. Schreibe die blau markierten Zeitangaben ab.
c. Entscheide jeweils, ob sie groß oder klein geschrieben werden und korrigiere die fehlerhaften Zeitangaben.

Tobias hat im Präteritum und im Plusquamperfekt berichtet.

7 An zwei Stellen hat Tobias fälschlicherweise das Präsens verwendet. Finde die beiden Sätze im Präsens und schreibe sie im Präteritum auf.

Mit dem Plusquamperfekt drückt Tobias aus, dass etwas vor einem zurückliegenden Ereignis geschehen ist.

8 **a.** Lies die unterstrichenen Sätze.
b. An einer Stelle hat Tobias anstatt des Plusquamperfekts das Perfekt verwendet. Schreibe den Satz richtig auf.

Das Feldermodell hilft Tobias dabei, abwechslungsreich zu formulieren.

9 **a.** Schreibe die drei Sätze aus Aufgabe 8 nach Feldern geordnet auf. Stelle den Nebensatz einmal ins Vorfeld und einmal ins Nachfeld.
b. Entscheide dich jeweils für eine Variante. Begründe deine Entscheidung.

Vorfeld	*Klammer, Verb (linkes Verbfeld)*	*Mittelfeld*	*Klammer, Verb (rechtes Verbfeld)*	*Nachfeld*
Nachdem Frau Wagner ihm verschiedene Schrifttypen vorgelegt hatte,	*wählte*	*der Kunde einen verschnörkelten Schriftzug*	*aus.*	
Der Kunde	*wählte*	*einen verschnörkelten Schriftzug*	*aus,*	*nachdem Frau Wagner ihm …*
Bevor wir um …	*…*	*…*	*fertiggestellt.*	
Wir	*hatten*	*alle Pokale*	*…*	*…*
Als der Kunde	*…*	*…*		
Ich	*trug*	*…*		*…*

10 **a.** Überarbeite Tobias' Bericht mithilfe deiner Ergebnisse der Aufgaben 6–9.
b. Vergleicht eure Texte und begründet eure Schreibungen.
c. Besprecht, was ihr künftig bei euren Texten berücksichtigen könnt.

Einen argumentierenden Text sprachlich gestalten

Ben plant eine Argumentation zum Thema Fitnessarmbänder. Er möchte seinen Text richtig und überzeugend schreiben. Zunächst sammelt und ordnet er Argumente.

▶ Schriftlich argumentieren, S. 58–81

1 **a.** Übertrage die Tabelle in dein Heft.

Sind Fitnessarmbänder sinnvoll?

Argumente dafür	*Argumente dagegen*
– fördern ein gesundes Leben	*– können ein schlechtes Gewissen machen*
– …	*– …*

b. Ordne die Stichworte von Bens Notizzettel in die Tabelle ein.

- fördern ein gesundes Leben
- können ein schlechtes Gewissen machen
- erinnern an Bewegung
- erfassen persönliche Daten
- geben den Kalorienverbrauch an
- dienen der Motivation
- sind teuer …

Ben schreibt seine Meinung zum Thema auf.

Einige aus meiner Klasse besitzen ein Fitnessarmband.
Andere finden diese Geräte überflüssig.
Ich bin der Meinung, dass Fitnessarmbänder [redacted].

viele Vorteile haben,
eine gute Erfindung sind,
überschätzt werden,
ihre Versprechen nicht halten …

2 **a.** Ergänze den dass-Satz mit deiner eigenen Meinung.
b. Markiere die Konjunktion dass und das Komma.

Dass-Sätze drücken häufig aus, was jemand sagt oder meint. Im dazugehörigen Hauptsatz stehen oft typische Verben.

3 **a.** Bilde weitere dass-Sätze mit folgenden Satzanfängen. Probiere verschiedene Möglichkeiten aus. Denke an das Komma.

Ich denke, dass … | Ich meine, dass … | Ich finde, dass … | Ich bin davon überzeugt, dass …

b. Markiere die Konjunktion dass und das Komma.

Ben findet Fitnessarmbänder sinnvoll. Er begründet seine Meinung mit Argumenten. Um Zusammenhänge zu verdeutlichen, möchte er Sätze verbinden.

Fitnessarmbänder motivieren. Sie geben den Kalorienverbrauch an.
Der Pulsmesser warnt vor Überanstrengung. Viele überschätzen ihre körperliche Verfassung.
Außerdem dienen Fitnessarmbänder der Sicherheit. Eltern oder Freunde können über eine App jederzeit den Aufenthaltsort feststellen.

4 **a.** Verdeutliche Bens Begründungen. Verbinde immer zwei Sätze zu einem Satzgefüge. Denke an das Komma und achte auf die Stellung des Verbs im Nebensatz.

weil, da

b. Unterstreiche jeweils den Nebensatz und umkreise die Konjunktion.

Fitnessarmbänder motivieren, weil sie … angeben.

Ben möchte auch Gegenargumente entkräften.

Viele finden Fitnessarmbänder überflüssig. Sie unterstützen eine gesunde Lebensweise.
Man kann die Schritte im Kopf mitzählen. Der Schrittzähler ist zuverlässiger.

5 Entkräfte die Gegenargumente. Verbinde die Hauptsätze zu einer Satzreihe und denke an das Komma.

doch, aber

Viele finden Fitnessarmbänder überflüssig, aber …

Zum Schluss bekräftigt Ben seine Meinung.

Zusammenfassend möchte ich betonen dass Fitnessarmbänder der Gesundheit dienen. Ich bin überzeugt dass sie uns zu Sport motivieren können. Sie dienen der Gesundheit, obwohl sie an Bewegung erinnern.

Achtung: Fehler!

6 Überarbeite Bens Schlussteil. Setze fehlende Kommas und überprüfe die Konjunktionen.

Du hast Abschnitte einer Argumentation sprachlich gestaltet.

7 **a.** Vergleicht eure Ergebnisse und gebt euch gegenseitig ein Feedback.
b. Besprecht, was ihr bei euren eigenen Texten berücksichtigen könnt.

Einen informierenden Text sprachlich überarbeiten

Maite möchte über die Ausbreitung unserer Städte und die Bedrohung der Insekten informieren. Sie hat einen Hauptteil entworfen.

▶ Informierende Texte schreiben, S. 86–111

Achtung: Fehler!

(1) Unsere Städte breiten sich immer weiter aus. Dadurch werden an vielen Orten Bäume, Büsche und Sträucher zerstört. Bäume, Büsche und Sträucher sind aber ein wichtiger Lebensraum für Insekten. Auch die vielen Autos gefährden die Insekten, denn die Autos stoßen viel klimaschädliches CO_2 aus. Eine weitere Bedrohung stellen Pflanzenschutzmittel dar. Landwirte setzen Pflanzenschutzmittel gegen Unkraut ein.

(2) Insbesondere Bienen sind aber unverzichtbar. Sie transportieren Pollen und bestäuben die Blüten der Pflanzen. Die Blüten müssen bestäubt werden. Die Pflanzen tragen sonst keine Früchte.

(3) In Zukunft könnte es nicht mehr genug Bienen zum bestäuben der Blüten geben. In China beispielsweise gibt es schon heute zu wenig Bienen. Dort lässt sich an manchen Orten etwas außergewöhnliches beobachten: Arbeiterinnen und Arbeiter bestäuben die Blüten der Pflanzen aufwendig von Hand mit einem Pinsel.

(4) Um die hilfreichen Viecher zu schützen, brauchen wir in unseren Städten wieder mehr Grünflächen. Es gibt aber auch erste coole Entwicklungen: In vielen Städten gibt es immer mehr Hobbyimker.

Maite erhält Tipps von Selma, um ihren Entwurf zu überarbeiten.

Vermeide Wiederholungen. Ersetze Nomen an geeigneten Stellen durch Pronomen.

1 Schreibe Abschnitt (1) für Maite ohne Wiederholungen auf, indem du Nomen an passenden Stellen durch Pronomen ersetzt.
Tipp: Verwende Personalpronomen oder Demonstrativpronomen.

Verdeutliche Zusammenhänge mit passenden Konjunktionen.

2 Verdeutliche in Abschnitt (2) die Zusammenhänge, indem du die Sätze verbindest. Bilde eine Satzreihe mit denn oder ein Satzgefüge mit weil. Achte auf die richtige Position des Verbs.

Insbesondere Bienen sind aber unverzichtbar, denn/weil …

Prüfe, ob du Nominalisierungen großgeschrieben hast.

3 In Abschnitt (3) hat Maite ein Verb und ein Adjektiv als Nomen verwendet.
a. Finde die Nominalisierungen und schreibe sie zusammen mit ihrem Signalwort auf.
b. Schreibe Abschnitt (3) für Maite richtig auf.

das, beim, zum, vom …
etwas, wenig, viel …

Vermeide Umgangssprache in deinem Text.

4 **a.** Finde die zwei umgangsprachlichen Wörter in Abschnitt (4) und ersetze sie.
b. Schreibe Abschnitt (4) für Maite neu auf.

Du hast Maites Text mithilfe von Selmas Tipps überarbeitet.

5 **a.** Vergleicht eure Ergebnisse und gebt euch gegenseitig ein Feedback.
b. Besprecht, was ihr bei euren eigenen Texten berücksichtigen könnt.

Maite möchte in ihrem Text auch darüber informieren, wie wir alle zum Schutz der Bienen beitragen können. Sie hat Stichworte notiert.

Kräuter im Balkonkasten aussäen – erleichtert Insekten die Futtersuche | Unkraut nicht gleich auszupfen – brauchen Insekten als Futter für ihre Brut | Insektenhotel bauen – geeigneter Lebensraum für viele Insektenarten

6 **a.** Formuliere mit Maites Stichworten Sätze. Beachte dabei Selmas Tipps.
b. Bitte eine Partnerin / einen Partner um Feedback.

Eine Fortsetzung sprachlich überarbeiten

Die Freunde August und Jack aus dem Jugendbuch Wunder sprechen nicht miteinander, seit Jack August verletzt hat. Dann teilt die Lehrerin die beiden zu einem Projekt ein. Jack erzählt:

▶ Literarische Texte erschließen und weiterschreiben, S. 112–139

> [...] Dann fing Miss Rubin plötzlich an, auf Schüler in der Klasse zu zeigen. „Reid und Tristan, Maya und Max, Charlotte und Ximena, August und Jack." Als sie das sagte, zeigte sie auf uns. [...]
> Den Rest hörte ich nicht mehr. [...]
> Es läutete.
> „Also, vergesst nicht, euch mit eurem Partner zusammenzusetzen und euch ein Projekt von der Liste auszusuchen, Leute!", sagte Miss Rubin, als alle ihre Sachen zusammenpackten. Ich schaute August an, aber er hatte bereits seinen Rucksack aufgesetzt und war praktisch schon zur Tür hinaus. [...] V

Serdar hat sich in Jack hineinversetzt und einen Entwurf für eine Fortsetzung geschrieben.

Achtung: Fehler!

(1) Ich musste unbedingt hinter August her! Während ich meine Sachen packte, dachte ich über mein Verhalten an Halloween nach, für das ich mich schämte, weil es falsch war, und ich wusste nicht, wie ich mich dafür entschuldigen sollte.

(2) Es tat mir alles so leid und das wollte ich ihm sagen.
Ich lief ihm nach, so schnell ich konnte. Im Flur bog ich eilig um die Ecke und stieß fast gegen Charlotte.
Sie sah mich verwundert an. (1)
Schnell rannte ich weiter.

(3) Vor dem Schulgebäude holte ich ihn ein.
„Hey, August!", rief ich, aber er drehte sich nicht um.
Ich wiederholte lauter: August, bleib mal stehen!
„Was willst du?", fragte August, als ich ihm auf die Schulter tippte.
Ich begann: Wollen wir uns heute Nachmittag für das Projekt treffen?
Und ich wollte mit dir über Halloween reden. Ich war so ein Idiot!

Serdar möchte den Entwurf sprachlich überarbeiten und erhält Tipps von Ivo.

Der zweite Satz in Abschnitt (1) ist schwierig zu lesen. Vereinfache ihn.

1 Teile den Satz in kürzere Sätze. Schreibe Abschnitt (1) neu auf.

Verwende treffende Verben und bilde das Präteritum richtig.
Das ist dir schon sehr gut gelungen. Achte auch bei Ergänzungen darauf.

2 Serdar hat unregelmäßige und trennbare Verben verwendet.
a. Schreibe die Verben aus Abschnitt (2) mit dem Infinitiv (Grundform) auf.
b. Markiere jeweils, was sich im Präteritum verändert.

3 **a.** Ergänze weitere Sätze mit unregelmäßigen und trennbaren Verben im Präteritum.
Berücksichtige deine Ergebnisse aus Aufgabe 2.
b. Schreibe Abschnitt (2) mit deinen Ergänzungen auf.

▶ Zeile 8 (1)

mich mit einer Frage aufhalten | es eilig haben | Charlotte um Entschuldigung bitten

Die wörtliche Rede macht deine Fortsetzung lebendig.
Überprüfe die Satzzeichen.

4 In zwei Aussagen hat Serdar die Satzzeichen der wörtlichen Rede vergessen.
a. Schreibe Abschnitt (3) richtig auf. Ergänze die fehlenden Satzzeichen.
b. Unterstreiche die Begleitsätze und markiere die Satzzeichen.

5 **a.** Vergleicht eure Ergebnisse und gebt euch gegenseitig ein Feedback.
b. Besprecht, was ihr künftig bei euren eigenen Texten berücksichtigen könnt.

Serdar möchte mithilfe der Tipps ein Ende für seine Fortsetzung schreiben.

6 **a.** Wie könnte August reagieren und was könnte er sagen? Notiere Stichworte.
b. Schreibe ein Ende für die Fortsetzung.
c. Bitte eine Partnerin / einen Partner um ein Feedback.

die Entschuldigung annehmen, um Zeit bitten …

Eine Inhaltsangabe sprachlich überarbeiten

Lara hat eine Inhaltsangabe zur Kurzgeschichte Der Retter auf den Seiten 142–144 entworfen. Sie möchte ihren Entwurf Schritt für Schritt sprachlich überarbeiten.

▶ Kurzgeschichten zusammenfassen und deuten, S. 140–163

Achtung: Fehler!

(1) Die Kurzgeschichte heißt der „Der Retter". William M. Harg hat sie im Jahr 1947 geschrieben. Es geht darin um einen Matrosen und einen Hund, die zusammen einen Schiffsuntergang überleben.

(2) Nach einem Schiffsuntergang ist der Matrose Senter der einzige Mensch, der überlebt hat. Als eine Holzplanke auftaucht, hält er sich daran fest. Kurze Zeit später taucht ein Hund auf und klammert sich ebenfalls an die Holzplanke. (1) Senter erkennt dass auch er nicht in Panik verfallen darf. Er nimmt den Hund als Vorbild und schaut in seine ruhigen Augen, wenn er den Mut verliert. Als der Hund müde wird bindet Senter ihn mit an der Planke fest. (2)

(3) Nach sechs Tagen wurden beide schließlich von einem Schiff gerettet. Senter schlief erst beruhigt ein, als auch der Hund gerettet war.

(4) Der Schiffsarzt wundert sich und fragt den Offizier: „Können Sie das verstehen, warum in aller Welt ein junger Bursche, der den gewissen Tod vor Augen sah, sich solche Mühe gab, das Leben eines Hundes zu retten?"

Lara erinnert sich, dass die Einleitung einer Inhaltsangabe so knapp wie möglich sein soll. Sie möchte alle Informationen in einem Satz nennen.

1 Formuliere Laras Einleitung in Abschnitt (1) in ein bis zwei Sätzen.

In der Kurzgeschichte … von … aus dem Jahr … geht es um … | Die Kurzgeschichte … von … aus dem Jahr … handelt von …

Im Hauptteil hat Lara Satzgefüge verwendet, um Zusammenhänge deutlich zu machen. Sie überprüft, ob sie an alle Kommas gedacht hat.

2 In zwei Satzgefügen in Abschnitt (2) hat Lara ein Komma vergessen. Schreibe die Satzgefüge neu auf und setze die fehlenden Kommas.

Lara möchte fehlende Informationen ergänzen.

3 Verbinde die Sätze zu einer Satzreihe. Setze das Komma. ▶ Zeile 9 (1)

Senter will die Holzplanke für sich haben. Die Holzplanke könnte untergehen. (denn)
Er zieht dem Hund mehrmals die Holzplanke weg. Der Hund schwimmt immer wieder ruhig zur Planke zurück. (aber)

4 Verbinde die Sätze zu einem Satzgefüge. Setze das Komma. ▶ Zeile 13 (2)
Achte auf die Stellung des gebeugten Verbs im Nebensatz.

Am vierten Tag fährt ein Schiff vorbei. Der Hund bellt und Senter ruft. (als)
Das Schiff verschwindet. Senter ruft verzweifelt hinterher. (während)
Senter hört schließlich auf zu rufen. Der Hund hat aufgehört zu bellen. (weil)

5 Schreibe Abschnitt (2) mithilfe deiner Ergebnisse der Aufgaben 2–4 neu auf. Ergänze die Sätze aus den Aufgaben 3 und 4 an passenden Stellen.

Lara prüft noch einmal, ob alle Verben in ihrem Text im Präsens stehen. Den dritten Abschnitt hat sie versehentlich im Präteritum geschrieben.

6 Schreibe Abschnitt (3) richtig auf. Setze die Verben ins Präsens.

Lara erinnert sich, dass eine Inhaltsangabe keine wörtliche Rede enthält.

7 Schreibe die Frage des Arztes in Abschnitt (4) in der indirekten Rede auf.
Verwende Verben im Konjunktiv I.

verstehen könne,
gebe

Der Arzt fragt den Offizier, ob … Er versteht nicht, warum …

Du hast Laras Inhaltsangabe Schritt für Schritt überarbeitet.

8 **a.** Vergleicht eure Ergebnisse und gebt euch gegenseitig ein Feedback.
b. Besprecht, was ihr bei euren eigenen Texten berücksichtigen könnt.

Fachsprache erschließen, sprachliche Hindernisse überwinden

Naomi und Tarik informieren sich mithilfe eines Sachtextes zu einem Thema. Einige Sätze sind jedoch schwer zu verstehen.

1 **a.** Lest die Überschrift. Was könnte der Inhalt des Textes sein?
b. Lest die Abschnitte einmal durch. Was wisst ihr nun?

▶ Der Lese-Profi, S. 222

2 Lest den Text genau: Satz für Satz.

Fair Trade

Fair Trade bedeutet, dass etwas gerecht gehandelt wird. Unterschiedliche Siegel kennzeichnen fair gehandelte Produkte.

Viele Produkte, die wir einkaufen können, wie beispielsweise Orangen, Bananen, Kakao und Kaffee, werden in unserer Region nicht angebaut, weil es bei uns zu kühl ist. Manche Rohstoffe[1] wachsen wegen der klimatischen Bedingungen nur in fernen Ländern. Aufgrund des weltweiten Handels können diese Produkte in alle Länder verkauft werden. Die Plantagenbesitzer[2] oder Firmen, die diese Waren exportieren, verdienen das meiste Geld daran. Die Landarbeiterinnen und Bauern hingegen, die diese Produkte anbauen, erarbeiten oft so wenig Geld, dass sie ihre Familie davon nicht ernähren können und alle Familienmitglieder mitarbeiten müssen. Die Lebensqualität der Landarbeiterfamilien ist infolge der ungerechten Bezahlung gering. Deshalb will Fair Trade das Leben der Menschen, die an der Produktion beteiligt sind, verbessern.

Den Plantagenbesitzern kaufen Fair-Trade-Firmen die Waren zu einem fairen Preis ab. Mehr Lohn für ihre Arbeit bekommen dadurch auch die Landarbeiterinnen und Bauern gezahlt. Bei der Produktion achten die Plantagenbesitzer außerdem auf gesunde Arbeitsbedingungen und die Einhaltung möglichst vieler Umweltschutzmaßnahmen. Für uns Endverbraucher erhöht sich wegen dieser Maßnahmen der Preis.

[1] der Rohstoff: Material, aus dem etwas hergestellt wird
[2] die Plantage: landwirtschaftlicher Betrieb

Gemeinsam klären Naomi und Tarik, was die Informationen bedeuten.

3 Klärt gemeinsam, worüber der Text informiert.

Manche Sätze versteht ihr leichter, wenn ihr sie in mehrere Sätze teilt.

4 **a.** Findet mindestens vier Sätze mit Nebensätzen und schreibt sie ab.
b. Vereinfacht die Sätze. Formuliert Hauptsätze.

Manche Sätze versteht ihr leichter, wenn ihr den Satzbau ändert.

5 **a.** Schreibt die Sätze aus den Zeilen 18–24 ab.
b. Bestimmt die Satzglieder mithilfe der Fragewörter und markiert sie unterschiedlich.
c. Stellt die Sätze so um, dass immer das Subjekt an erster Stelle steht.

Manche Sätze versteht ihr leichter, wenn ihr Wortgruppen umformuliert.

6 Im Text steht: „Manche Rohstoffe wachsen wegen der klimatischen Bedingungen nur in fernen Ländern." (Z. 6–8)
Warum wachsen manche Rohstoffe nur in fernen Ländern?
Formuliert die Antwort als Satzgefüge mit weil oder da.

Manche Rohstoffe wachsen nur in fernen Ländern, weil dort …

7 **a.** Findet im Text auch die Antworten auf folgende Fragen.
- Wodurch können Produkte in alle Länder verkauft werden?
- Warum ist die Lebensqualität der Landarbeiterfamilien gering?
- Warum erhöht sich der Preis der Produkte für uns Endverbraucher?

b. Formuliert die Antworten als Satzgefüge mit weil oder da.

Manche Wörter sind nicht schwer zu verstehen.
Schwierig ist aber zu erkennen, worauf sie sich beziehen.

8 Die im Text blau markierten Wörter verdeutlichen Zusammenhänge.
a. Findet heraus, worauf sich die markierten Wörter beziehen.
- Z. 13: Wovon können sie ihre Famillien nicht ernähren?
- Z. 15: Warum will Fair Trade das Leben der Menschen verbessern?
- Z. 20: Wodurch bekommen die Landarbeiter mehr Lohn?

b. Schreibt das markierte Wort zusammen mit der erklärten Wortgruppe auf.

davon - …

5 *das Subjekt*, *das Prädikat*, *die Objekte*, *die adverbialen Bestimmungen*

Fachsprache erschließen

Der Sachtext informiert, wie günstige Kleidung häufig hergestellt wird.

Fast Fashion

▶ Der Lese-Profi, S. 222

Jeder Deutsche kauft sich durchschnittlich jeden Monat fünf neue Kleidungsstücke. Viele Menschen kaufen die Kleidung jedoch nur aufgrund extrem günstiger Preise. Die meisten dieser günstigen Kleidungsstücke sind Fast Fashion, was bedeutet, dass sie schnell und billig produziert werden und die Produktion unter sehr schlechten Bedingungen, wie beispielsweise gesundheitsschädlichen Arbeitsbedingungen, erfolgt. Hinzu kommt, dass wir unsere Kleidung nur halb so lang tragen wie vor 15 Jahren, und das, obwohl die Kleidung meist noch einwandfrei ist.

1 Wie wird Fast Fashion produziert? Antworte in einem Satz.

Manche Sätze verstehst du leichter, wenn du sie in mehrere Sätze teilst.

2 **a.** Schreibe die beiden Sätze in den Zeilen 4–10 ab.
b. Vereinfache die Sätze. Formuliere Hauptsätze.

Manche Sätze verstehst du leichter, wenn du den Satzbau änderst.

Produziert wird die günstige Kleidung häufig in Ländern wie China oder Bangladesh. Dort müssen die Näherinnen und Textilarbeiter hart und lange für wenig Lohn arbeiten. Häufig ist die Qualität dieser Kleidungsstücke gering.

3 **a.** Schreibe die Sätze ab.
b. Bestimme die Satzglieder.
c. Stelle die Sätze so um, dass immer das Subjekt an erster Stelle steht.

Info

Wer oder was? – das Subjekt
Was tut? – das Prädikat
Wen oder was? – das Akkusativ-Objekt
Wem? – das Dativ-Objekt

Manche Sätze verstehst du leichter, wenn du Wortgruppen umformulierst.

4 **a.** Warum kaufen Menschen neue Kleidung? Lies erneut die Zeilen 2-3.
b. Formuliere die Antwort als Satzgefüge mit weil oder da.

Rechtschreibstrategien anwenden, Schreibentscheidungen begründen

Paul, Anna, Tarik und Naomi möchten einen Artikel über nachhaltige Kleidung verfassen. Bei einigen Wörtern sind sie unsicher, wie sie geschrieben werden.

1 Lies den ersten Teil ihres Entwurfes mit den hervorgehobenen Zweifelsfällen.

Nachhaltige Kleidung

(1) Im Internet gibt es eine Reihe von **Erklerungen/Erklärungen** dazu, was ein nachhaltiges **Kleidungsstück/Kleidungstück** auszeichnet. Im Grunde geht es immer darum, dass es **umweltfreuntlich/umweltfreundlich** und fair produziert wurde. Bei der Herstellung dürfen weder die Natur noch Tiere oder Menschen zu Schaden kommen. Kostbare Ressourcen wie Energie und Wasser werden möglichst sparsam verwendet. Außerdem sollten keine **gefährlichen/gefehrlichen** Chemikalien eingesetzt werden. Einen giftigen Stoff will schließlich niemand auf der Haut tragen – selbst wenn er **billig/billik** war.

Achtung: Fehler!

Mit ihrem Strategiewissen können die Freunde die Zweifelsfälle klären.

Mir hilft es immer, wenn ich den Text noch einmal Wort für Wort genau lese.

Ich spreche die Wörter leise im Kopf mit und gliedere sie in Silben.

Stimmt! Wenn ich mir dann immer noch unsicher bin, spreche ich das Wort laut und höre genau hin: Kleidungsstück.

Diese Strategie heißt doch Sprechen – hören – gliedern.

2 Unterstützt die Freunde bei ihren Schreibentscheidungen. Lest auf Seite 238 die wichtigsten Rechtschreibstrategien nach. Geht in drei Schritten vor: Think – Pair – Share.

▶ Der Rechtschreib-Check, S. 238

a. Beantwortet jede/-r für sich die folgenden Fragen. Think.
- Welche Strategie hilft in den Zeilen 1 und 8?
- Welche Strategie hilft in den Zeilen 4 und 10?

b. Erläutert euch gegenseitig die Strategien und erklärt, wie ihr dabei vorgeht. Pair.

c. Vergleicht eure Ergebnisse in der Gruppe. Share.

Bei Fragen der Groß- und Kleinschreibung hilft den Freunden ihr Regelwissen.

3 Überprüft den zweiten Teil des Entwurfs mithilfe eures Regelwissens.

a. Überlegt jede/-r für sich, ob die hervorgehobenen Wörter oder Wortgruppen richtig oder falsch geschrieben sind. Think.

b. Besprecht, welche Tipps zum Erkennen von Nomen euch geholfen haben. Pair.

c. Vergleicht eure Ergebnisse in der Gruppe. Share.

(2) Damit wir als **verbraucher** sicher sein können, dass ein **Oberteil** oder eine Jeans tatsächlich nachhaltig hergestellt wurde, gibt es sogenannte **textilsiegel**. Manche Siegel bewerten nur die **arbeitsbedingungen** oder den Rohstoffanbau. Andere Siegel versuchen, die **Gesamte** Produktionskette abzubilden – vom **anbau** der **Baumwolle** über das **Färben** und **nähen** hin zum **transport** und Verkauf.

Achtung: Fehler!

Um euer Strategie- und Regelwissen zu festigen, könnt ihr in der Klasse ein Rechtschreibquiz vorbereiten und spielen.

4 Erstellt Karteikarten für ein Rechtschreibquiz.

a. Notiert auf der Vorderseite eure Frage und zwei mögliche Schreibungen.

b. Notiert auf der Rückseite die richtige Schreibung und die passende Strategie/Regel.

Getrennt oder zusammen?

Jedes Kind kann laufen?lernen.

Jedes Kind kann laufen lernen.
→ Wortgruppen aus Verb + Verb schreibe ich getrennt.

5 **a.** Tauscht eure Karteikarten mit einer anderen Gruppe.

b. Spielt das Rechtschreibquiz:
- Zieht eine Karte und beantwortet die Frage.
- Nennt die passende Strategie/Regel.
- Kontrolliert eure Antwort.

Zum Schluss wertet ihr eure Erfahrungen mit den Rechtschreibstrategien aus.

6 Führt in der Gruppe gemeinsam ein Rechtschreibgespräch:
- Welche Strategie könnt ihr sicher anwenden? Wo seid ihr noch unsicher?
- Wie oft und in welcher Reihenfolge nutzt ihr die einzelnen Strategien?
- Welche Tipps könnt ihr euch gegenseitig geben?

Rechtschreibstrategien wiederholen und anwenden

Mit nur fünf Rechtschreibstrategien schreibst du die meisten Wörter richtig.

1 Schreibe zu den folgenden Vorgehensweisen jeweils den Namen der passenden Strategie auf.

▶ Der Rechtschreib-Check, S. 238

Ich spreche das Wort langsam und deutlich Silbe für Silbe und höre genau hin.
Ich finde ein verwandtes Wort mit a oder au.
Ich prüfe, ob das Wort die Nachsilbe -ung, -heit, -keit, -tun, -nis oder -schaft hat.
Ich finde andere Wörter aus der Wortfamilie oder achte auf bekannte Vorsilben und Nachsilben, die immer gleich geschrieben werden.
Ich bilde bei Nomen den Plural, bei Verben den Infinitiv und bei Adjektiven eine Wortgruppe.

Sprechen – hören – gliedern: Ich spreche das Wort …

Johanna entwirft einen Artikel zum Thema Papier sparen.

2 **a.** Entscheide für Johanna über die Schreibung der **hervorgehobenen** Wörter.
b. Schreibe die Wörter richtig auf. Notiere dahinter die passende Strategie.
c. Schreibe den Abschnitt fehlerfrei auf.

(1) Wenn ihr **nachhaltiger/nachaltiger** leben möchtet, kauft nicht nur weniger günstige **Kleidung/kleidung**, sondern spart auch Papier. Zur **herstellung/Herstellung** von Papier **benötikt/benötigt** man Holz, für das zahlreiche Bäume **gefällt/gefellt** werden müssen. Alle von uns **ferbrauchen/verbrauchen** im Jahr eine Menge an Papier, die etwa 3 bis 3,5 Bäumen entspricht.

Achtung: Fehler!

3 Im zweiten Abschnitt haben sich drei Fehler eingeschlichen.
a. Lies den zweiten Abschnitt genau und finde alle drei Fehler.
b. Schreibe den Abschnitt fehlerfrei auf.
c. Vergleiche deine Ergebnisse mit einer Partnerin / einem Partner.

(2) Ihr spart bereits Papier, wenn ihr an eurem Briefkasten einen Aufkleber mit den Worten: „Bitte keine werbung einwerfen" anbrinkt. Oft ist diese eh nur lestig.

Achtung: Fehler!

Sprachwissen anwenden

Mit den folgenden Übungen kannst du dein Wissen über Wortarten und Satzglieder trainieren und festigen.

Wortarten kannst du unterscheiden. Jede Wortart hat eine andere Funktion.

1 Bestimme die Wortart der unterstrichenen Wörter.

An unserer Schule gibt es eine neue AG. Wir wollen im Innenhof einen Kräutergarten anlegen. Einige Schülerinnen und Schüler planen schon, wie der Garten aussehen soll.

Nomen, Pronomen, Verb, Adjektiv, Präposition

Nomen stehen in Sätzen immer in einem bestimmten Fall.

2 Ergänze passende Nomen.

Der Kräutergarten bereichert im Hauswirtschaftsunterricht ___. Wir können unsere Speisen dann mit frischen ___ abschmecken. Noch intensiver wird dadurch ___.

der Speiseplan, die Kräuter, der Geschmack

Mit Adverbien machst du genauere Angaben.

3 Ergänze in den folgenden Sätzen passende Adverbien.

Die Arbeit ist eine schöne Abwechslung für die Schülerinnen und Schüler. Sie arbeiten mit Spaten, Schaufel und Erde. Alle versprechen, sich um den Kräutergarten zu kümmern.

besonders, draußen, regelmäßig

Vorgänge werden oft im Passiv beschrieben.

4 **a.** Schreibe die Sätze ab.
b. Markiere in jedem Satz die Teile des Verbs.
c. Untersuche die Sätze: Welche Sätze stehen im Aktiv, welche im Passiv?

Nach den Planungen wird eine Materialliste erstellt. Dann wird alles eingekauft. Bevor wir mit der Arbeit im Kräutergarten beginnen, werden Teams gebildet. Einige bauen die Hochbeete. Die Pflanzen werden ausgesät.

Nach den Planungen wird eine Materialliste erstellt.

Subjekt, Prädikat, Objekte und adverbiale Bestimmungen sind Satzglieder.

5 **a.** Frage nach den Satzgliedern.
b. Schreibe die Fragen und die Antworten auf.
c. Bestimme jeweils die Satzglieder.

Die Schulleitung hatte die Einführung der AG zunächst abgelehnt.

Wer hatte die Einführung der AG …? – Die Schulleitung hatte …

Adverbiale Bestimmungen liefern zusätzliche Informationen, zum Beispiel wann oder wo etwas geschieht.

6 **a.** Schreibe die Sätze ab.
b. Frage nach den adverbialen Bestimmungen des Ortes und der Zeit.
c. Markiere sie.

Um die Schulleitung schnell zu überzeugen, sammelten wir Argumente.
Der Schulhof ist schöner, wenn es dort einen Kräutergarten gibt.
Um Geld dafür zu sammeln, wollen wir draußen einen Flohmarkt veranstalten.
Außerdem wünschen wir uns schon lange, auch mal praktisch zu arbeiten.

Das Präpositional-Objekt ist ein Satzglied, das aus einer Präposition und einer Wortgruppe besteht.

7 **a.** Frage nach den markierten Präpositional-Objekten.
b. Schreibe die Fragen und die Antworten auf.

Dann sprachen wir mit der Schulleitung über unser Anliegen.
Als der Kräutergarten bewilligt wurde, freuten wir uns sehr über dieses Ergebnis.

Merke

Einige Verben stehen immer mit einer Präposition. Auf diese Verben folgt ein Präpositional-Objekt. Mit **Wovon?**, **Worüber?**, **Mit wem?** … erfragst du das Präpositional-Objekt. In der Frage ist die Präposition enthalten.

8 **a.** Bilde mit jedem Verb einen Satz.
b. Markiere in deinen Sätzen das Präpositional-Objekt.

warten auf | beginnen mit | träumen von | sich ärgern über

Rechtschreibwissen anwenden

Mit den folgenden Übungen kannst du deine Rechtschreibung und Zeichensetzung trainieren und festigen.

Wortgruppen schreibst du in der Regel getrennt.

1 **a.** Ordne die Wortgruppen in einer Tabelle.

Rad fahren | spazieren gehen | richtig stellen | zu Ende | frei sein | Schlange stehen | stehen bleiben | ruhig bleiben | gar nicht | nett sein | Maß halten | laufen lassen | lustig machen | auf einmal | allein sein | Not leiden | ein bisschen | hängen bleiben | richtig machen | vor allem | zusammen sein

Nomen + Verb	*Verb + Verb*	*Adjektiv + Verb*	*Wortgruppe mit sein*	*weitere Wortgruppen*
Rad fahren, …	*…*	*…*	*…*	*…*

b. Bilde mit je zwei Wortgruppen aus jeder Spalte einen Satz.

2 Begründe mithilfe des Regelwissens die Getrennt- oder Zusammenschreibung der markierten Wortgruppen und Wörter.

Die Klasse möchte die Bilder vom letzten Ausflug noch an der Wand hängen lassen.
Meine Freundin hilft mir nicht, sie hat mich hängenlassen.
Bei ihrem Referat möchte Jana möglichst frei sprechen.
Wir werden ihn von seiner Schuld freisprechen.
Wir sollten uns nicht über den Klimawandel schwarzärgern, sondern handeln.

Zusammensetzungen aus Wochentag und Tageszeit schreibst du groß.
Auch nach gestern, heute und morgen schreibst du Tageszeiten immer groß.

3 Bilde mit den Wochentagen und Tageszeiten zusammengesetzte Nomen.

der Montag | der Mittwoch | der Sonntag

der Morgen | der Mittag | der Abend

4 Schreibe mit jeder Zeitangabe einen Satz auf.

gestern Abend | heute Morgen | morgen Nachmittag

Vorsilben und Nachsilben schreibst du immer gleich.

5 **a.** Bilde mit den Vorsilben möglichst viele neue Verben.

ent- | ver-

decken | lassen | reisen | scheiden | stehen | täuschen | trauen

b. Verwende mindestens fünf Verben in einem Satz.

6 **a.** Bilde mithilfe der Nachsilben Adjektive.
b. Formuliere mit jedem Adjektiv einen Satz.

das Glück | der Witz | der Hunger | der Verstand

-ig | -lich

Ich bin glücklich, weil ich …

Fremdwörter und Fachbegriffe haben oft rechtschriftliche Besonderheiten.

7 **a.** Finde zu jedem Nomen mit dem Suffix -tion ein verwandtes Verb.

die Provokation | die Kommunikation | die Improvisation |
die Dekoration | die Produktion

die Provokation – provozieren, …

b. Was haben diese Verben gemeinsam? Markiere jeweils das Suffix.

8 Schreibe die Fremdwörter richtig auf. Schlage bei Bedarf im Wörterbuch nach.

► Im Wörterbuch nachschlagen, S. 244

reparieren/repariren | die Praksis/die Praxis | kreatief/kreativ |
die Medizien/die Medizin | die Technick/die Technik |
die Funkzion/die Funktion | pragmatisch/prakmatisch

9 **a.** Schreibe die folgenden Fachbegriffe untereinander auf.

provozieren | individuell | die Therapie | perfekt | die Attacke | dezimieren

b. Ordne den Fachbegriffen jeweils ihre passende Bedeutung zu.

absichtlich ärgern | der Angriff | die Behandlung | einzigartig | verkleinern |
vollkommen

Zeitangaben mit -s am Ende schreibst du klein.

10 **a.** Bilde zu den folgenden Nomen Adverbien mit -s am Ende.
b. Schreibe mit drei dieser Adverbien je einen Satz auf.

der Dienstag | der Freitag | die Nacht | der Morgen | der Vormittag | der Nachmittag

der Dienstag – dienstags, …

Relativsätze trennst du mit Komma vom Hauptsatz ab.

11 **a.** Schreibe die Sätze ab.
b. Ergänze die fehlenden Kommas.

In unserer Stadt gibt es ein tolles Kino das auf dem neuesten Stand der Technik ist.
Leyla freut sich über ihre Tickets für die letzte Reihe die sonst fast immer belegt ist.
In der Nähe gibt es einen großen Parkplatz der Platz für viele Autos und Fahrräder bietet.
Das Kino hat auch Logenplätze die gepolsterte Sessel haben.
Sie kauft sich zuvor Popcorn das sie lieber salzig mag.

In unserer Stadt gibt es ein tolles Kino, das …

Infinitivsätze trennst du vom Hauptsatz ebenfalls mit Komma ab.

12 **a.** Schreibe die Sätze ab.
b. Unterstreiche die Infinitivsätze und markiere jeweils die Signalwörter.

Er verließ das Stadion, ohne sich umzudrehen.
Sie beugte sich weit über das Geländer, um besser sehen zu können.
Es hilft nichts weiter, außer sich anzustrengen.
Wir können uns nichts Spannenderes vorstellen, als den Wettkampf zu verfolgen.

13 Manchmal steht das Signalwort vor dem Infinitivsatz.
a. Schreibe die Sätze ab.
b. Markiere das Signalwort.

Um nicht zu spät zu kommen, beeilt er sich.
Anstatt mit den Hausaufgaben zu beginnen, lässt sie sich Zeit beim Training.
Ohne die anderen über die Änderungen zu informieren, verlassen sie die Sporthalle.
Um die anderen nicht zu stören, schließt sie leise die Tür.

Merke

Infinitivsätze enden immer mit einem Infinitiv mit **zu**. Sie beginnen oft mit den Signalwörtern **um**, **ohne**, **statt**, **anstatt**, **außer**, **als**. Infinitivsätze können vor oder nach dem Hauptsatz stehen. Du trennst sie mit Komma vom Hauptsatz ab.

14 **a.** Schreibe die Sätze ab.
b. Setze die fehlenden Kommas.
c. Unterstreiche die Infinitivsätze und markiere die Signalwörter.

Die Klasse brauchte viel Zeit um den Ausflug vorzubereiten.
Ohne lange zu zögern nahm sie die Wette an.
Nichts ist in einem Vorstellungsgespräch wichtiger als einen guten Eindruck zu machen.
Um nicht zu spät zu kommen nahm sie den Bus anstelle des Fahrrads.

15 **a.** Schreibe die Sätze ab.
b. Setze Kommas vor den Infinitivsätzen.

Weltweit leiden mehr als eine Milliarde Menschen darunter keinen Zugang zu sauberem Trinkwasser zu haben.
Deshalb kämpfen viele dafür das Trinkwasser gerechter zu verteilen.
Sie fordern Menschen auch dazu auf das Wasser sparsam zu nutzen.
Es wird auch überlegt Avocados nicht in wasserarmen Regionen anzubauen.
Eine andere Möglichkeit ist die Bewässerungsanlagen zu optimieren.

Weltweit leiden mehr als eine Milliarde Menschen darunter, keinen …

Partizipgruppen können im Satz die Funktion von Nebensätzen übernehmen.

16 **a.** Schreibe die folgenden Sätze mit Partizipgruppen ab.
b. Unterstreiche die Partizipgruppen und markiere die Kommas.

Wahnsinnig schnell sprechend, so erzählte Ole von seinem Wochenende.
Die Cafeteria, in der Nähe der Aula gelegen, diente den beiden als Aufenthaltsort.
Gerade erst angekommen, musste er auch schon wieder gehen.

Merke

Als Partizipgruppe bezeichnet man eine Wortgruppe mit einem Partizip I (lesend) oder einem Partizip II (gelesen, erwiesen). Partizipgruppen werden mit Komma vom Satz abgetrennt, wenn sie ein Nomen oder Pronomen im Satz näher erläutern oder wenn mit einem hinweisenden Wort (**so, also**) auf die Partizipgruppe Bezug genommen wird.

Zum Nachschlagen

Texte erschließen: Der Lese-Profi – meine Lesestrategie

- ▶ Sachtexte, S. 34–57, 86–111
- ▶ Jugendbuchausschnitte, S. 112–139
- ▶ Kurzgeschichten, S. 140–163
- ▶ Gedichte, S. 164–175

Mit dem Lese-Profi kann ich einem Text Schritt für Schritt wichtige und interessante Informationen entnehmen. Ich entscheide selbst, welche Schritte mir beim Lesen helfen.

Schritt 1: **Vor dem Lesen** **Ich sehe mir die Bilder an, ich lese die Überschrift.**	– Welche Informationen geben mir die Bilder und die Überschrift? – Was könnte der Inhalt des Textes sein? – Was weiß ich schon darüber?
Schritt 2: **Beim ersten Lesen** **Ich sehe mir den ganzen Text an oder lese ihn einmal durch.**	– Was fällt mir auf (z. B. einige Wörter sind blau gedruckt, es gibt Abschnitte, es gibt weitere Überschriften)? – Was weiß ich nun über den Inhalt des Textes?
Schritt 3: **Beim genauen Lesen** **Ich lese den Text genau: Satz für Satz und Abschnitt für Abschnitt.**	– Welche Informationen erhalte ich in den Abschnitten? – Was sind wichtige Wörter oder Schlüsselwörter? – Welche Wörter verstehe ich nicht? Wo finde ich Erklärungen? – Kann ich die W-Fragen beantworten?
Schritt 4: **Nach dem Lesen** **Ich arbeite mit dem Inhalt des Textes.**	– Welche Informationen sind für mich wichtig? – Was ist meine Aufgabe: Was soll ich mit den Informationen des Textes tun?
Nach dem Lesen *Ich arbeite mit dem Inhalt. Das können zum Beispiel folgende Aufgaben sein:* *– Ich fasse die Informationen des Textes mit meinen Worten zusammen.* *– Ich schreibe Stichworte zu den wichtigen Informationen auf.* *– Ich erstelle eine Mind-Map.* *– Ich schreibe mit den Informationen des Textes einen eigenen Text.*	

Der Lese-Profi für Grafiken

▶ Diagramme, S. 38, 47, 53, 61, 76-77, 93, 99, 107

Der Lese-Profi hilft mir, einer Grafik (zum Beispiel einem Diagramm) wichtige und interessante Informationen zu entnehmen.

Schritt 1: Vor dem Lesen **Ich lese die Überschrift.**	– Welche Informationen gibt mir die Überschrift? Was könnte der Inhalt sein? – Was weiß ich selbst schon darüber?
Schritt 2: Beim ersten Lesen **Ich sehe mir die Grafik an.**	– Was fällt mir auf (z. B. verschiedene Säulen, Balken oder Linien)? – Gibt es Angaben unter oder neben der Grafik? Gibt es eine Legende?
Schritt 3: Beim genauen Lesen **Ich lese die Angaben der Grafik.**	– Wofür stehen die einzelnen Säulen, Balken oder Linien? – Welche Angaben enthalten die Längsachse und die Querachse? Welche zusätzlichen Informationen liefert die Legende? – Was sagen mir die Länge der Säulen oder Balken oder die Form der Linien?
Schritt 4: Nach dem Lesen **Ich arbeite mit dem Inhalt der Grafik weiter.**	– Welche Informationen sind für mich wichtig? – Was ist meine Aufgabe: Was soll ich mit den Informationen der Grafik tun?

So ist ein Balkendiagramm aufgebaut:

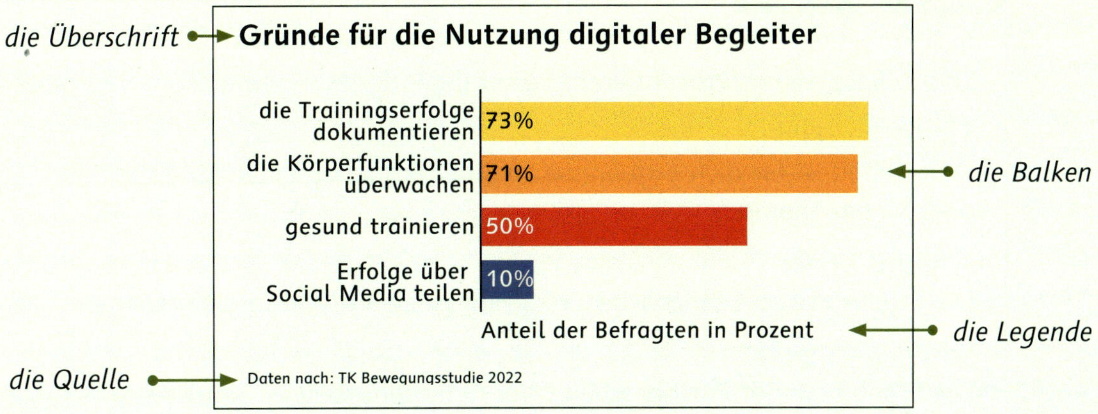

Texte planen, schreiben, überarbeiten: Der Schreib-Profi – meine Schreib-Strategie

▶ Argumentieren, S. 58–85
▶ informierende Texte, S. 86–111
▶ weiterschreiben, S. 112–139

Der Schreib-Profi hilft mir beim Planen, Schreiben und Überarbeiten.

Schritt 1: **Vor dem Schreiben** **Ich plane meinen Text.** **Ich mache Notizen (zum Beispiel Stichworte oder eine Gliederung).**	– Für wen schreibe ich? – Was will ich mit meinem Text erreichen? – Was will ich schreiben? – Welche Wörter und Wortgruppen brauche ich?
Schritt 2: **Beim Schreiben** **Ich schreibe den Text.** **Ich kann Hilfen benutzen:** – **meine Notizen** – **die Checkliste** – **ein Wörterbuch**	– Was muss mein Text enthalten? – Was darf mein Text nicht enthalten? – Wie kann ich meinen Text aufbauen? – Wie formuliere ich meinen Text?
Schritt 3: **Nach dem Schreiben** **Ich überprüfe meinen Text mit der Checkliste.** **Ich lasse mir von anderen ein Feedback oder Tipps geben.** **Ich überarbeite meinen Text.**	– Erfüllt mein Text seinen Zweck? – Kann ich meinen Text lesen und verstehen? – Können andere meinen Text lesen und verstehen? – Sind alle Wörter richtig geschrieben?

Methoden zum Lernen und Arbeiten

▶ Think – Pair – Share, S. 121, 144, 213, 214

Think – Pair – Share

In diesem Dreischritt Think (Denken) – Pair (Austauschen) – Share (Besprechen/Präsentieren) könnt ihr Aufgaben gemeinsam bearbeiten.

Schritt 1 – Think:
Du erarbeitest für dich Ergebnisse zu einer Frage, zu einer Aufgabe oder einem Thema.

Schritt 2 – Pair:
Die Ergebnisse zu Schritt 1 besprecht ihr zu zweit oder in einer Gruppe.

Schritt 3 – Share:
Die Ergebnisse der Partnerarbeit oder Gruppenarbeit zu Schritt 2 präsentiert ihr in der Klasse.

▶ Das Gruppenpuzzle, S. 94

Das Gruppenpuzzle

In einem Gruppenpuzzle erarbeitet ihr ein Thema, indem ihr es in kleine Teilthemen gliedert.

Vorbereitung:
Ihr teilt die Klasse in Stammgruppen auf und verteilt die Teilthemen. Mindestens eine Schülerin / ein Schüler pro Stammgruppe übernimmt ein Teilthema.
Wichtig: In jeder Stammgruppe verteilt ihr dieselben Teilthemen.

Schritt 1 – Think:
Du bearbeitest in deiner Stammgruppe dein Teilthema und wirst dabei zur Expertin / zum Experten.

Schritt 2 – Pair:
Du triffst dich mit den anderen Expertinnen/Experten zu deinem Teilthema. In Expertengruppen vergleicht, besprecht und überarbeitet ihr gemeinsam eure Arbeitsergebnisse zu Schritt 1.

Schritt 3 – Share:
Ihr wechselt zurück in eure Stammgruppe. Dort stellt ihr die überarbeiteten Ergebnisse zu Schritt 2 vor.

▶ Der Galeriegang, S. 28–29

Der Galeriegang

In einem Galeriegang informiert ihr euch und andere über ein Thema, indem ihr es in kleine Teilthemen gliedert.
Ihr präsentiert die Informationen anschaulich.

Vorbereitung:
Ihr teilt die Klasse in Stammgruppen auf. Als Stammgruppe wählt ihr ein Teilthema oder bekommt eines zugeteilt.

Schritt 1 – Think:
Du bearbeitest in deiner Stammgruppe euer Teilthema und wirst dabei zur Expertin / zum Experten.

Schritt 2 – Pair:
Du stellst deine Arbeitsergebnisse zu Schritt 1 in der Stammgruppe vor. Ihr besprecht in der Stammgruppe alle Arbeitsergebnisse und gestaltet gemeinsam eine Präsentation, zum Beispiel auf einem Plakat.

Schritt 3 – Share:
Ihr bildet neue Gruppen aus mindestens einer Expertin / einem Experten aus jeder Stammgruppe. Gemeinsam wandert ihr von Plakat zu Plakat. Ihr stellt das Plakat vor, das ihr mitgestaltet habt, und beantwortet Fragen.

Das Placemat (Platzdeckchen)

Mit einem Placemat sammelt und diskutiert ihr Ergebnisse oder Meinungen zu einem Thema oder zu einer Frage.

Vorbereitung:
Ihr teilt die Klasse in Gruppen auf. Jede Gruppe zeichnet ihr Placemat und schreibt das Thema oder die Frage in das mittlere Feld:

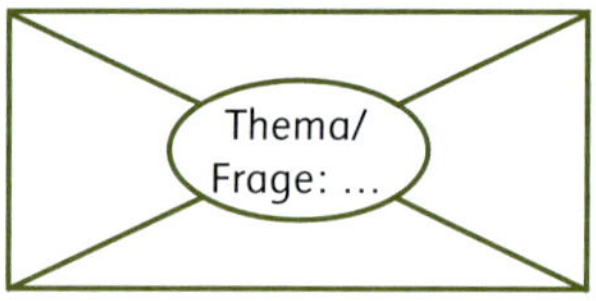

Placemat für vier Schüler/ Schülerinnen

Placemat für drei Schüler/ Schülerinnen

Schritt 1 – Think:
Du schreibst Stichworte zum Thema oder zur Frage in ein Außenfeld. Ihr dreht das Placemat nach einiger Zeit und ergänzt Stichworte in den Außenfeldern.

Schritt 2 – Pair:
Ihr vergleicht und besprecht die Stichworte in den Außenfeldern. Zuletzt einigt ihr euch auf gemeinsame Ergebnisse und schreibt sie in das mittlere Feld.

Schritt 3 – Share:
Ihr präsentiert die Arbeitsergebnisse aus eurem Placemat in der Klasse.

▶ Die Graffiti-Methode, S. 182

Die Graffiti-Methode (Rotation)

Mit der Graffiti-Methode sammelt ihr Ideen oder tragt euer Wissen zu einem Thema zusammen.

Vorbereitung:
Ihr verteilt große Papierbögen auf mehreren Tischen im Raum. Auf jedem Bogen steht eine Frage oder ein Teilthema zu einem übergeordneten Thema. Ihr teilt die Klasse in Kleingruppen auf. Jede Kleingruppe geht zu einem Tisch.

Schritt 1 – Think:
Du schreibst während einer festgelegten Zeit Stichworte zu eurer Frage oder zu eurem Teilthema auf den Papierbogen.

Schritt 2 – Pair:
Auf ein Zeichen wechselt ihr als Gruppe zum nächsten Papierbogen. Ihr lest, was auf dem Papierbogen steht, und ergänzt.

Schritt 3 – Share:
Sobald ihr wieder am Ausgangsbogen angekommen seid, lest ihr die Stichworte der anderen Gruppen. Wichtige Ergebnisse präsentiert ihr anschließend in der Klasse.

▶ Das Gruppenlesen, S. 88

Das Gruppenlesen

Ihr könnt einen Text besser verstehen, wenn ihr gemeinsam daran arbeitet.
- **Ihr bildet** eine **Vierergruppe.**
- Ihr **teilt** die **Rollen** untereinander **auf** und verteilt die Rollenkarten:

Vorleser/-in	*Fragensteller/-in*	*Zusammenfasser/-in*	*Voraussager/-in*

- Ihr **lest** gemeinsam den **ersten Abschnitt** des Textes.
  Jeder von euch bearbeitet seine Aufgabe.
  Der/Die Vorleser/-in **liest vor.**
  Der/Die Fragensteller/-in **stellt Fragen.**
  Der/Die Zusammenfasser/-in **fasst** den Inhalt **zusammen.**
  Der/Die Voraussager/-in **sagt voraus,** wie es weitergehen könnte.
- Ihr bearbeitet den **ganzen Text, Abschnitt für Abschnitt.**

Ihr könnt auch nach jedem Abschnitt die Aufgaben tauschen:
Jeder liest einmal vor, stellt Fragen, fasst den Inhalt zusammen und sagt voraus.

▶ Das Partnerlesen, S. 62–63, 114, 142

Das Partnerlesen

Ihr lest den Text gemeinsam und Abschnitt für Abschnitt.
- **Eine/Einer liest** den **ersten Abschnitt** vor.
  Die/Der andere hört aufmerksam **zu** und **stellt Fragen** zum Text.
- Ihr **sprecht** über den **Inhalt** und **klärt schwierige Wörter** oder **Textstellen.**
- Ihr bearbeitet den **ganzen Text, Abschnitt für Abschnitt.**

Ihr könnt die Rollen nach jedem Abschnitt tauschen.

▶ Die Schreibkonferenz, S. 66, 147

Eine Schreibkonferenz durchführen

In einer Schreibkonferenz könnt ihr eure Texte gemeinsam in der Gruppe überarbeiten. Für die Durchführung vereinbart ihr Regeln.

Regel 1: **Die Autorin oder der Autor** eines Textes prüft:
- Steht mein Name über dem Text?
- Ist meine Handschrift lesbar?

Alle anderen wählen eine Farbe, mit der sie ihren Namen und ihre Anmerkungen unter den Text schreiben.

Regel 2: Ihr schreibt **zuerst** auf, was euch gefällt.

Regel 3: Ihr schreibt Fragen auf, wenn ihr etwas nicht versteht.

Regel 4: Ihr schreibt eure **Anmerkung mit einem Verbesserungsvorschlag** auf, wenn euch eine Textstelle nicht gefällt oder ihr Fehler findet.

Regel 5: Jeder schreibt den eigenen Text noch einmal sauber und gut lesbar auf. Ihr beachtet dabei die Anmerkungen und Verbesserungsvorschläge.

Das Dreischritt-Interview

▶ Das Dreischritt-Interview, S. 57, 163

- Ihr legt ein Thema fest, zu dem ihr euch gegenseitig interviewt.
- Ihr geht in drei Schritten vor:
  Schritt 1: A interviewt B, C macht Notizen.
  Schritt 2: B interviewt C und A notiert.
  Schritt 3: C interviewt A und B notiert.

Einen Cluster anlegen

▶ Der Cluster, S. 131

Mit einem Cluster könnt ihr eure **Ideen** zu einem Thema **sammeln**.
- Ihr nehmt ein leeres Blatt **Papier**.
- Ihr schreibt in die Mitte das **Thema**. Ihr **kreist** das Thema **ein**.
- Ihr schreibt eure **Ideen** zu dem Thema rundherum.
- Ihr **verbindet** die Ideen **durch Striche** mit dem Thema in der Mitte.

Eine Mind-Map (Gedankenlandkarte) anlegen

▶ Die Mind-Map, S. 94, 108, 116

Mit einer Mind-Map könnt ihr eure **Informationen** und eure **Ideen** zu einem Sachgebiet **übersichtlich darstellen.**
- Ihr schreibt in die Mitte den **zentralen Begriff** oder eure zentrale Frage.
- Ihr zeichnet Linien von der Mitte aus.
- Ihr ergänzt auf den Linien **Schlüsselwörter** oder weitere wichtige W-Fragen.
- Ihr zeichnet weitere Abzweigungen von den Schlüsselwörtern oder W-Fragen.
- Ihr **ordnet** den Schlüsselwörtern oder W-Fragen **passende Informationen** aus einem Text oder weitere Fragen zu.

Einen Vorgang beschreiben

- Ich nenne in der **Einleitung** alle benötigten **Materialien, Werkzeuge und Arbeitsmittel**.
- Ich beschreibe im Hauptteil die einzelnen **Arbeitsschritte in der richtigen Reihenfolge**.
- Ich beschreibe **sachlich und genau**.
- Ich **gliedere** meinen Text **durch Absätze**.
- Ich schreibe **im Präsens** und **in der man-Form oder im Imperativ** (Befehlsform).

Einen Tagesbericht schreiben

▶ Einen Tagesbericht schreiben, S. 198–201

- Ich nenne in der **Einleitung** die wichtigsten Informationen: **Wer? Wann? Wo? Was?**
- Ich berichte im Hauptteil **knapp und genau** über den Tagesablauf im Einzelnen: **Was** geschah **der Reihe nach**?
- Ich berichte nur **die wichtigen Dinge** und schreibe **sachlich**.
- Ich nenne wichtige Personen, Werkzeuge und Arbeitsmittel und verwende **Fachbegriffe**.
- Ich schreibe **im Präteritum**.
  Vorzeitiges formuliere ich im **Plusquamperfekt**.

Ein Plakat gestalten

▶ Ein Plakat gestalten, S. 49, 55, 163

- Ich **lege** die **Arbeitsmaterialien bereit:** ein großes Blatt Papier (A2- oder A3-Format), Lineal, Bleistift, dicke Filzstifte, Schere, Kleber, eventuell Schriftschablonen.
- Ich **wähle** geeignete **Informationen** und **Bilder aus.**
- Ich **lege fest, wie** ich die Informationen und Bilder auf meinem Plakat **anordnen** möchte. Ich erstelle eine Skizze oder zeichne den Aufbau mit einem Bleistift vor.
- Ich **finde** eine passende **Überschrift.** (Ich schreibe Überschriften mindestens 4 cm und Teilüberschriften mindestens 3 cm hoch.)
- Ich **klebe** die **Bilder** sauber **auf.** Ich **ergänze Bildunterschriften** (mindestens 2 cm hoch) und **notiere** darunter in kleinerer Schrift die **Quellen.**
- Ich **schreibe** die **Informationen gut lesbar** und groß genug in Druckschrift auf. Ich verwende eine Schriftfarbe, die auf dem Papier gut lesbar ist.
- Ich **hebe** wichtige Informationen **hervor.** Ich verwende nicht zu viele Farben.

Eine Präsentation am Computer gestalten

▶ Eine Präsentation am Computer gestalten, S. 49, 55

- Ich **wähle** eine gut lesbare **Schriftart, Schriftfarbe, Schriftgröße** (ab 24 Punkt). Die Überschrift sollte noch größer sein (ab 36 Punkt).
- Ich **wähle** einen **Zeilenabstand** von mindestens 1,5 Punkt.
- Ich **wähle** für alle Folien denselben **Hintergrund.**
  Auf hellen und blassen Farben kann besser gelesen werden.
- Ich **lege für jeden Gliederungspunkt** eine neue **Folie an.**
- Ich **schreibe Stichworte** auf und verwende Aufzählungszeichen.
  Auf den Folien darf nicht zu viel Text stehen.
- Ich **füge Materialien zur Veranschaulichung** an passenden Stellen **ein** (z. B. Fotos, Videos oder Tonaufnahmen).
- Ich **gebe** die **Quellen** unter den Materialien oder auf meiner Schlussfolie **an.**

Aussagen am Text belegen

► Ausagen am Text belegen, S. 109

- Ich gebe eine Information aus einem Text **in eigenen Worten** wieder.
- Ich gebe dahinter in Klammern an, auf welchen Text und welche Textstelle ich mich beziehe. Ich verwende dafür die Abkürzung **vgl.** für **vergleiche**.

Bei den neuen Holzhochhäusern wird mit dem Baustoff Holz höher gebaut als je zuvor (vgl. M1, Z. 12–14).

Wörtlich zitieren

► Wörtlich zitieren, S. 95, 109

- Ich übernehme eine Textstelle aus einem Text, ohne sie zu verändern. Ich setze diese Textstelle in Anführungszeichen („…").
- Wenn ich etwas innerhalb des Zitats weglasse, kennzeichne ich dies mit […].
- Wenn ich innerhalb des Zitats ein Wort oder eine Wortgruppe ergänze, damit der Satz grammatikalisch richtig ist, setze ich eckige Klammern […] um das entsprechende Wort oder die Wortgruppe.
- Ich gebe nach dem Zitat in Klammern den Text und die Zeilenangabe an.

Laut dem Architekten Ingo Kern „wollen [die Menschen] einen Beitrag zum Umweltschutz leisten und gesund sowie behaglich wohnen" (M3, Z. 43–45).

Die Lesepartitur

► Die Lesepartitur, S. 168

Die **Vortragszeichen** in einer **Lesepartitur** zeigen an, wie ein Gedicht oder ein Liedtext vorgetragen werden soll:

____	= unterstrichene Wörter/Wortgruppen betonen		
→	= schneller werden	←	= langsamer werden
<	= lauter werden	>	= leiser werden
|	= kurze Pause	||	= lange Pause

Einen lyrischen Text ausdrucksvoll vortragen

► Einen lyrischen Text ausdrucksvoll vortragen, S. 168–169, 171, 173, 174

- Ich bereite das Gedicht oder den Liedtext für den Vortrag vor, z. B. mit einer Lesepartitur.
- Ich spreche laut und deutlich. Dabei sehe ich das Publikum an.
- Ich trage das Gedicht oder den Liedtext möglichst frei vor.
- Ich betone besondere Stellen im Gedicht oder im Liedtext.
- Ich spreche mal lauter und mal leiser, mal schneller und mal langsamer – immer passend zum Inhalt des Gedichts oder des Liedtextes.
- Ich mache Pausen, z. B. vor einer spannenden oder lustigen Stelle.
- Ich setze Mimik und Gestik ein – passend zu der Stimmung im Text.

▶ Sprachliche Mittel, S. 146, 155, 160, 163, 167, 173

Sprachliche Mittel

Sprachliche Bilder sind Wörter oder Wortgruppen, die in einer übertragenen Bedeutung verwendet werden. So entstehen Bilder in der Fantasie der Leser/-innen.	
Der Vergleich: Zwei verschiedene Dinge werden miteinander verknüpft, oft durch das Wort **wie.**	*wie ein Mensch, dessen Welt plötzlich versunken ist*
Die Personifikation: Eine Sache, ein Tier oder eine Naturerscheinung wird als Person dargestellt mit menschlichen Eigenschaften oder Fähigkeiten.	*die Zeit rennt*
Die Metapher: Ein Wort oder eine Wortgruppe wird aus dem Zusammenhang herausgenommen und auf etwas anderes übertragen.	*die Worte wieder zurück in ihren Mund stopfen*
Das Symbol: Ein Wort steht sinnbildlich für etwas anderes. Die Bedeutung ist feststehend.	*die Taube (der Frieden),* *der Ring (die Treue, die Ewigkeit)*
Wiederholungen sind ein sprachliches Gestaltungsmittel, um die Aufmerksamkeit der Leserinnen und Leser auf eine bestimmte Textstelle oder Aussage zu lenken.	
Die Alliteration: Anfangslaute von Wörtern werden wiederholt.	*wie ein Wunder,* *wenn Worte meine Sprache wären*
Die Anapher: Versanfänge oder Satzanfänge werden wiederholt.	*Joschi sah gut aus, Joschi war lustig, Joschi war …*
Der Parallelismus: Der Satzbau wird wiederholt.	*Draußen hör ich laute Straßen / … /* *drinnen hör ich nur deinen Atem –*
Weitere Auffälligkeiten im Satzbau	
Das Enjambement: Die Zeilen laufen über den Vers hinaus.	*… / der unter ihren Schenkeln klebt.* *Sie schwenkt / ihr Glas das Eis schmilzt* *klirrend schneller / …*
Die Ellipse: ein unvollständiger Satz, in dem Wörter oder Satzteile fehlen.	*Von Stefan. Von der Bahn.* *Vom Leben. Von sich selbst.*
Weitere Auffälligkeiten in der Wortwahl	
Der Neologismus: eine Wortneuschöpfung	*das Nudelgebirge*
Gegensatzpaare	*drinnen Neonlicht, draußen Schwärze*

Grammatik

Nomen (Namenwort)

S. 205, 216

Nomen bezeichnen **Lebewesen, Gegenstände** und **gedachte oder vorgestellte Dinge.** Vor einem Nomen steht oft ein **bestimmter** oder ein **unbestimmter Artikel.** Fast alle Nomen können im **Singular (Einzahl)** und im **Plural (Mehrzahl)** stehen.

Nomen erscheinen in Sätzen immer in einem bestimmten **Kasus (Fall).** Im Deutschen gibt es vier Fälle. Der **Artikel** und die **Endung** des Nomens **richten sich nach dem Fall.**

der/ein Entdecker – die Entdecker
das/ein Zelt – die Zelte
die/eine Reise – die Reisen

Kasus (Fall)	*Maskulinum (männlich)*	*Neutrum (sächlich)*	*Femininum (weiblich)*
Nominativ (Wer oder was?)	*der Trainer*	*das Glück*	*die Luft*
Genitiv (Wessen?)	*des Trainers*	*des Glücks*	*der Luft*
Dativ (Wem?)	*dem Trainer*	*dem Glück*	*der Luft*
Akkusativ (Wen oder was?)	*den Trainer*	*das Glück*	*die Luft*

Pronomen (Fürwort)

S. 204, 216

Personalpronomen können wir **für Nomen einsetzen.** Sie werden im Satz wie die Nomen dekliniert (gebeugt).

ich – du – er/sie/es – wir – ihr – sie
Anna schenkt Paul ein Buch.
Er freut sich. Das Buch gefällt ihm.

Possessivpronomen sagen, **wem** etwas gehört. Die **Endungen** der Possessivpronomen richten sich nach dem dazugehörigen **Nomen.**

mein Buch, deine Tasche, unsere Reise
mein/meine, dein/deine, sein/seine, ihr/ihre, unser/unsere, euer/eure, ihr/ihre

Demonstrativpronomen weisen auf eine Person, eine Sache oder ein Ereignis hin und **betonen** diese. Sie können ein Nomen begleiten oder ersetzen.

diese – dieses – diese
Dieses Buch gehört mir.

Adjektiv (Eigenschaftswort)

S. 199, 216

Mit Adjektiven können wir Lebewesen und Gegenstände genauer **beschreiben.** Steht das Adjektiv vor einem Nomen, verändert sich die Endung. Um Lebewesen oder Gegenstände zu vergleichen, können wir Adjektive **steigern.**

groß – der große See – ein großer See

Grundform	*Komparativ (1. Steigerungsform)*	*Superlativ (2. Steigerungsform)*
(so) groß (wie)	*größer (als)*	*am größten*

Adverbien

S. 216, 218

Adverbien machen genauere Angaben, **wo** (Adverbien des Ortes), **wann** (Adverbien der Zeit), **wie** (Adverbien der Art und Weise) oder **warum** (Adverbien des Grundes) etwas geschieht. Sie **verändern ihre Form nicht.**

Wo? hier, dort, geradeaus, hinten, …
Wann? jetzt, dann, später, sofort, …
Wie? sehr, gern, genauso, …
Warum? darum, deshalb, daher, …

S. 196, 198, 206, 209, 216, 219

Verb (Tuwort)	
Verben sagen, was wir tun oder was geschieht. Sie bilden **verschiedene Zeitformen.**	*lernen, dauern*
Wir verwenden das **Präsens,** um zu sagen, was wir **jetzt** tun oder was wir **regelmäßig** tun.	*Wir machen jetzt eine Pause.* *Wir machen jeden Tag eine Pause.*
Wir verwenden das **Präteritum,** wenn wir über Vergangenes **schriftlich** berichten.	*Der Lehrer zeichnete eine Skizze.* *Die Skizze war sehr genau.*
Wir verwenden das **Perfekt,** wenn wir über Vergangenes **mündlich** erzählen.	*Wir haben über den Witz gelacht.* *Wir sind mit dem Rad gefahren.*
Wir verwenden das **Plusquamperfekt,** wenn wir in der **Vergangenheit** ausdrücken wollen, dass etwas **zeitlich noch weiter zurückliegt.**	*Wir hatten viel geübt, bevor wir das Referat hielten.*
Wir verwenden das **Futur I,** wenn wir ausdrücken wollen, was wir in der fernen **Zukunft** planen.	*Er wird nächstes Jahr eine Ausbildung beginnen.*
Das **Aktiv** beschreibt, **wer handelt.**	*Liron bohrt ein Loch.*
Das **Passiv** beschreibt, was getan wird. Die **Tätigkeit ist wichtig,** aber nicht, wer sie ausführt.	*Jetzt wird gearbeitet.* *Die Löcher werden gebohrt.*
Mit dem **Konjunktiv I** können wir wiedergeben, was jemand anders gesagt hat (indirekte Rede).	*Anna: „Ich bin krank. Der Arzt kommt.“* *Anna sagt, sie sei krank und der Arzt komme.*
Wir verwenden den **Konjunktiv II,** wenn wir etwas Unwahrscheinliches, Träume oder Wünsche ausdrücken wollen.	*Wenn ich reich wäre, würde ich eine Weltreise machen.* *Wenn ich einen Schatz entdecken würde, hätte ich viel Geld.*
Mit dem **Imperativ** (Befehlsform) können wir **auffordern, bitten** oder **befehlen.** Er kann im Singular (Einzahl) oder im Plural (Mehrzahl) stehen. Manchmal ändert sich im Singular der Stammvokal.	*schreiben → Schreib(e)! – Schreibt!* *geben → Gib! – Gebt!*

Modalverben	
Modalverben drücken eine **Erlaubnis** (dürfen), einen **Befehl** (müssen, sollen), einen **Wunsch** (mögen, wollen) oder eine **Möglichkeit** (können) aus. Sie stehen meistens zusammen mit dem Infinitiv eines anderen Verbs.	*Sie will Ärztin werden.* *Er kann nicht kommen.* *Wir müssen noch lernen.*
Interjektion	
Interjektionen drücken eine Empfindung, ein Wollen oder eine Haltung aus. Es sind Aussagen, die als Wort alleine stehen.	*Ach, so meinst du das. Igitt, das schmeckt nicht. Hurra, ich habe gewonnen! Auf gehts, los!*
Das Partizip I und II	
Das **Partizip I** drückt aus, dass eine Handlung noch nicht abgeschlossen ist. Steht das Partizip I vor einem Nomen, verändert es seine Endung.	*Lächelnd bedankt sie sich für das Geschenk.* *Das spielende Kind saß auf dem Fußboden.*
Mit dem **Partizip II** bilden wir die Zeitformen Perfekt und Plusquamperfekt, aber auch das Passiv. Vor einem Nomen verändert das Partizip II seine Endung.	*Ich habe das Geräusch gehört.* *Das geöffnete Geschenk steht auf dem Tisch.*
Präpositionen S. 216, 217	
Wörter wie **an, auf, unter, neben, in, hinter, vor, über, zwischen** sind **Präpositionen.** Mit ihrer Hilfe können wir ausdrücken, **wo** sich etwas befindet (Dativ) oder **wohin** etwas kommt (Akkusativ). Präpositionen sind nicht veränderbar.	*Das Bild hängt an der Wand.* *Der Ball rollte unter das Bett.*
Konjunktionen (Bindewörter) S. 202, 203, 204	
Mit **Konjunktionen** verbinden wir Sätze. Konjunktionen wie **und, oder, aber, denn, doch** verbinden Hauptsätze zu Satzreihen. Konjunktionen wie **wenn, weil, dass, als, während, obwohl** verbinden Haupt- und Nebensätze zu Satzgefügen.	*Paul wartete, aber Sami kam nicht.* *Tarik dachte, dass es eine gute Idee wäre.* *Während Naomi sang, spielte Anna Gitarre.*
Zusammensetzungen S. 218	
Wir können **Wörter zusammensetzen.** So können wir etwas **genauer benennen.** Das letzte Wort ist das Grundwort. Es legt die Wortart fest und bestimmt bei Nomen den Artikel.	*der Regen + das Wasser = das Regenwasser* *die Feder + leicht = federleicht* *waschen + die Maschine = die Waschmaschine*

Ableitungen	
Von einem **Wortstamm** können wir mithilfe von **Präfixen** (Vorsilben) und **Suffixen** (Nachsilben) **Wörter ableiten.** Die Nachsilben bestimmen die Wortart. Die Vorsilben verändern die Bedeutung.	*das Glück – glücklich – glücken* *die Lösung – lösbar – lösen*
Wortfelder	
Ein **Wortfeld** ist eine Gruppe von Wörtern, die **Ähnliches ausdrücken** und deshalb **sinnverwandt** sind.	*flanieren, sich fortbewegen, laufen, schreiten, stolzieren, stampfen, tippeln, trotten, waten*
Oberbegriffe und Unterbegriffe	
Man kann Nomen nach Oberbegriffen und Unterbegriffen ordnen. Oberbegriffe fassen die Unterbegriffe zusammen.	*das Obst: der Apfel, die Birne, die Kirsche*
Redewendungen	
Redewendungen sind feststehende Wortverbindungen. Sie haben eine bildhafte, übertragene Bedeutung.	*Gesagtes: Spitzt mal die Ohren!* *Gemeintes: Hört mal gut zu!*
Das Prädikat, das Subjekt, die Objekte	
Das **Prädikat** sagt, was jemand tut oder was geschieht. Mit **Was tut?** oder **Was hat getan?** fragen wir nach dem Prädikat. Manchmal bildet es eine **Klammer**.	*Was tut das Kind? Es liest.* *Was tun die Kinder?* *Die Kinder schreiben den Text ab.*
Das **Subjekt** kann eine Person oder eine Sache sein. Mit **Wer oder was?** fragen wir nach dem Subjekt. Nebensätze können anstelle des Subjekts stehen (Subjektsatz).	*Wer oder was ...?* *Naomi liest den Text.* *Der Unterricht beginnt.* *Mich überrascht, dass er zu spät ist.*
Mit **Wem?** fragen wir nach einem **Dativ-Objekt**. Mit **Wen oder was?** fragen wir nach einem **Akkusativ-Objekt**. Nebensätze können anstelle des Objekts stehen (Objektsatz).	*Wem hilft Ben?* *Ben hilft seinem Bruder.* *Wen oder was ...?* *Anna sieht ihre Freundin.* *Sie schreibt einen Brief.* *Anna sieht nicht, dass Sami dort steht.*

S. 219, 220

S. 212, 217

Die adverbialen Bestimmungen, der Adverbialsatz	
Eine **adverbiale Bestimmung des Ortes** gibt an, wo etwas ist oder geschieht. Wir fragen mit **Wo?**, **Woher?** oder **Wohin?**.	*Wo liegt der Hammer?* *Er liegt auf der Werkbank.*
Eine **adverbiale Bestimmung der Zeit** gibt an, wann etwas geschieht. Wir fragen mit **Wann?** oder **Wie lange?**.	*Wie lange dauert die Ausbildung?* *Sie dauert drei Jahre.*
Eine **adverbiale Bestimmung des Grundes** gibt an, warum etwas geschieht. Wir fragen mit **Warum?**.	*Warum bewirbt sich Ben?* *Er bewirbt sich aus Interesse.*
Eine **adverbiale Bestimmung der Art und Weise** gibt an, wie etwas geschieht oder wie jemand etwas tut. Wir fragen mit **Wie?**.	*Wie haben sie gewonnen?* *Sie haben haushoch gewonnen.*
Nebensätze können anstelle der adverbialen Bestimmung stehen (Adverbialsatz).	*Wann erhielt er den Praktikumsplatz?* *Nachdem Ben sich bewarb, erhielt er einen Praktikumsplatz.*

S. 212, 217

Attribute	
Ein **Attribut** ist **Teil eines Satzgliedes** und gibt zusätzliche Informationen zu einem **Bezugswort** (meist Nomen). **Beim Umstellen** bleibt das **Attribut** fest mit dem **Bezugswort verbunden.**	*die besonderen Kenntnisse,* *vielseitige Anforderungen,* *die Anzeige der Praktikumsstelle*

S. 197

Die Umstellprobe, die Ersatzprobe, die Weglassprobe, die Erweiterungsprobe	
Die Wörter eines Satzgliedes können wir nur gemeinsam umstellen. Mit der **Umstellprobe** können wir **Satzglieder ermitteln.**	*Im Fluss leben viele Fische.* *Viele Fische leben im Fluss.*
Mit der **Ersatzprobe** können wir **Satzglieder oder Satzgliedteile** durch andere Wörter oder Wortgruppen **ersetzen.**	*Am Ufer des Flusses leben viele Tierarten. Dort finden sie gute Lebensbedingungen.*
Mit der **Weglassprobe** können wir prüfen, welche **Wörter gestrichen** werden sollten, weil sie überflüssig sind oder umständlich klingen.	*Paul hat erst vor ein paar Tagen im Stadtpark von Naomi einen neuen Trick auf dem Skateboard gelernt. → Paul hat einen Trick auf dem Skateboard gelernt.*
Mit der **Erweiterungsprobe** können wir prüfen, ob eine Aussage ausreichend genau oder anschaulich genug ist oder ob wir noch etwas **ergänzen** sollten.	*Sami hat seine Tante besucht. → Sami hat letztes Wochenende seine Tante im Krankenhaus besucht.*

S. 211
S. 198, 203, 204, 208, 209, 212, 219, 221

Hauptsätze und Nebensätze	
Der **Hauptsatz** kann allein stehen. Er enthält mindestens zwei Satzglieder (Subjekt, Prädikat). Das **finite (gebeugte) Verb** bildet im Aussagesatz stets **das zweite Satzglied.**	*Naomi liest.* *Paul schreibt einen Lebenslauf.*
Der **Nebensatz** kann nicht allein stehen. Zwischen Hauptsatz und Nebensatz steht ein **Komma.** Im Nebensatz steht das **finite (gebeugte) Verb** an **letzter Stelle.** Nebensätze leiten wir mit Konjunktionen oder **Relativpronomen** ein.	*Paul schreibt einen Lebenslauf,* *(Hauptsatz)* *weil er sich bewerben möchte.* *(Nebensatz)*
Nebensätze können ganz unterschiedliche **Zusatzinformationen** liefern: zur **Zeit** (Temporalsatz) zum **Ort** (Lokalsatz) zum **Grund** (Kausalsatz) zur **Art und Weise** (Modalsatz) zur **Folge** (Konsekutivsatz) zur **Bedingung** (Konditionalsatz) zur **Absicht** (Finalsatz) eine **Einschränkung** der Aussage (Konzessivsatz) Wir können die Nebensätze mithilfe von Fragen ermitteln und leiten sie mit verschiedenen Konjunktionen ein.	 **Wann?** → *als, bevor, seit, wenn* **Wo?** → *in, vor, über, unter* **Warum?** → *weil, da, deswegen* **Wie?** → *wie, als ob, indem* **Mit welcher Folge?** → *sodass* **Unter welcher Bedingung?** → *wenn, falls* **Mit welcher Absicht?** → *damit* **Trotz wessen?** → *obwohl, obgleich, wenn auch*

S. 198, 203, 204, 208, 209, 219, 221

Satzreihen und Satzgefüge	
Satzreihen bestehen aus **Hauptsätzen.** Diese werden durch ein **Komma getrennt** und oft mit einer **Konjunktion (und, oder, denn, doch, aber …)** verbunden. Vor **und/oder** kann das Komma entfallen.	*Anna erzählt und Tarik hört zu.* *Tarik hört zu, denn Anna erzählt.*
Satzgefüge bestehen aus **Hauptsatz** und **Nebensatz.** Der Nebensatz wird oft mit einer **Konjunktion (weil, wenn, damit, während …)** eingeleitet. Nebensätze können auch mit einem **Relativpronomen** (**der, das, die** und **die**) eingeleitet werden.	*Anna erzählt, wenn Tarik zuhört.* *Naomi liest eine Anzeige, die sie interessant findet.*

Rechtschreiben

S.213
S.154, 161, 215

Der Rechtschreib-Check

	**Checkpunkt 1: Sprechen – hören – gliedern** Deutliches Sprechen und genaues Hinhören hilft beim richtigen Schreiben. – Sprich das Wort langsam und deutlich Silbe für Silbe. Zeichne dabei Silbenbögen in die Luft.
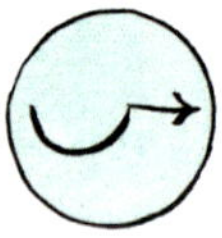	**Checkpunkt 2: Wörter verlängern** **p** oder **b? t** oder **d? k** oder **g?** Manchmal reicht das deutliche Sprechen und genaue Hinhören nicht aus. Dann kannst du das Wort verlängern. – Bilde bei Nomen die Mehrzahl (den Plural). Gibt es keine Pluralform, suche ein verwandtes Wort. – Verwende Adjektive in Wortgruppen. – Finde bei Verben die Grundform (den Infinitiv). – Trenne Zusammensetzungen und verlängere die einzelnen Wörter.
	**Checkpunkt 3: Wörter ableiten** In vielen Wörtern klingen **ä** und **e** ähnlich, **äu** und **eu** klingen gleich. – Leite Wörter mit **ä** und **äu** von verwandten Wörtern mit **a** oder **au** ab.
	**Checkpunkt 4: Wortfamilien richtig schreiben** Wörter aus einer Wortfamilie haben in der Regel denselben Wortstamm. – Finde andere Wörter aus der Wortfamilie, die du sicher schreiben kannst. – Prüfe, ob das Wort eine Vorsilbe oder eine Nachsilbe hat. Auch Vorsilben und Nachsilben schreibst du immer gleich.
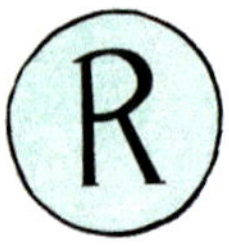	**Checkpunkt 5: Regelwissen anwenden** Nomen schreibst du groß. Mit diesen Tipps erkennst du sie: – Prüfe, ob Personen, Lebewesen oder Gegenstände bezeichnet werden. – Prüfe, ob das Wort von einem Artikel begleitet wird. – Prüfe, ob das Wort von einem Adjektiv begleitet wird. – Prüfe, ob das Wort die Nachsilbe **-ung, -heit, -keit, -tum, -nis, -schaft** hat. – Prüfe, ob vor dem Wort eine Präposition steht. – Prüfe, ob vor dem Wort ein Pronomen steht. Wortgruppen schreibst du in der Regel getrennt. – Wortgruppen aus **Nomen + Verb, Verb + Verb, Adjektiv + Verb** schreibst du in der Regel getrennt. – Auch Wortgruppen mit **sein** schreibst du in der Regel getrennt.

S. 214
S. 215

Nomen erkennen und großschreiben	
1. Prüfe, ob Lebewesen, Personen oder Gegenstände bezeichnet werden.	*das Pferd, der Postbote, die Schere*
2. Prüfe, ob das Wort von einem bestimmten oder unbestimmten Artikel begleitet wird.	*der Mann, ein Mann*
3. Prüfe, ob das Wort von einem Adjektiv begleitet wird.	*bärtige Männer*
4. Prüfe, ob das Wort die Nachsilbe **-ung, -heit, -keit, -tum, -nis** oder **-schaft** hat.	*die Kleidung, die Menschheit, die Gerechtigkeit, der Reichtum, die Finsternis, die Mannschaft*
5. Prüfe, ob vor dem Wort eine Präposition steht.	*am Fenster, im Garten*
6. Prüfe, ob vor dem Wort ein Pronomen steht.	*seine Kleidung, dieses Haus*
Adjektive und Verben werden zu Nomen	
Die Wörter **etwas, nichts, viel** und **wenig** machen Adjektive zu Nomen.	*neu – nichts Neues, schön – etwas Schönes*
Die Wörter **das, beim, zum** und **vom** machen Verben zu Nomen.	*essen – beim Essen, tanzen – vom Tanzen*
Großschreibung von Anredepronomen	
Die Anredepronomen in der Höflichkeitsform **Sie/Ihnen** und die entsprechenden Possessivpronomen **Ihr/Ihre/Ihren/Ihrem/Ihrer** werden großgeschrieben.	*Wie geht es Ihnen? Vielen Dank für Ihre Aufmerksamkeit.*
Groß- und Kleinschreibung von Herkunftsbezeichnungen	
Herkunftsbezeichnungen auf **-isch,** die von geografischen Namen abgeleitet wurden, sind Adjektive und werden kleingeschrieben. Sind sie jedoch Bestandteil eines Eigennamens, werden sie großgeschrieben.	*der bayerische Regisseur (der Regisseur aus Bayern), aber: der Bayerische Wald*

S. 214
S. 205

S. 196

S. 218

Groß- und Kleinschreibung von Tageszeiten und Zeitgaben	
Nach **gestern, heute** und **morgen** schreibst du Tageszeiten immer groß.	*gestern Abend*
Zeitangaben aus Wochentagen und Tageszeiten schreibst du zusammen und groß.	*der Samstagnachmittag, dieser Montagmorgen*
Tageszeiten und Wochentage mit einem **-s** am Ende sind Adverbien. Du schreibst sie klein.	*dienstags, abends*

S. 214
S. 218, 220

Wortgruppen getrennt schreiben	
Wortgruppen schreibst du in der Regel getrennt: – Wortgruppen aus Nomen + Verb, – Wortgruppen aus Verb + Verb, – Wortgruppen aus Adjektiv + Verb – Wortgruppen mit **sein.**	 *Tennis spielen,* *schwimmen gehen,* *neu beginnen,* *freundlich sein*

S. 220

Zusammenschreibung	
Verbindungen aus Präposition + Verb schreibst du immer zusammen.	*aufgeben, abgeben, annehmen*
Verkürzte Wortgruppen aus Nomen + Partizip schreibst du in der Regel zusammen.	*staubbedeckt → von Staub bedeckt*
Adjektiv + Verb schreibst du zusammen, wenn das neu zusammengesetzte Verb eine neue, übertragene Bedeutung hat.	*schwer + fallen = schwerfallen → neue Bedeutung: Mühe bereiten*

Komma bei Aufzählungen	
Wenn du Wörter oder Wortgruppen aufzählst, trennst du sie durch Komma voneinander. Das gilt nicht, wenn zwischen den Wörtern und Wortgruppen folgende Wörter stehen: **und, oder, sowie.**	*Für das Fest brauchen sie noch Getränke, Deko, Kuchen und Besteck.*

S. 198, 203, 205, 209

Komma bei Satzgefügen	
Satzgefüge bestehen aus Hauptsatz und Nebensatz. Zwischen Hauptsatz und Nebensatz steht ein Komma.	*Sami hört zu, weil Paul erzählt. Anna bleibt stehen, damit Naomi sie einholen kann.*

S. 219

Komma bei Relativsätzen	
Ein Relativsatz wird mit **der**, **das**, **die** oder **die** eingeleitet. Vor und nach dem eingeschobenen Relativsatz setzt du ein Komma.	*Naomi liest gerade ein Buch, das ihr empfohlen wurde.* *Tariks Bruder, der jünger ist, liest am liebsten spannende Bücher.*

Komma bei nachgestellten Erläuterungen	
Nachgestellte Erläuterungen trennst du vom Satz durch Komma ab. Sie werden oft mit Wörtern wie **das heißt (d. h.), und zwar, zum Beispiel (z. B.), nämlich, besonders, vor allem** oder **insbesondere** eingeleitet.	*In vielen Städten gibt es Alternativen zum Auto, z. B. Bus und Bahn.* *Für das Gericht benötigt Tarik nur drei Zutaten, nämlich Tomaten, Mozzarella und Basilikum.*
Komma bei dass-Sätzen	
Die Konjunktion **dass** leitet einen Nebensatz ein. Vor oder nach dem Nebensatz mit **dass** setzt du ein Komma.	*Anna sagte, dass es ihr gefällt.*
Komma bei Infinitivsätzen	
Infinitivsätze beginnen häufig mit den Signalwörtern **um, ohne, statt, anstatt, außer, als** und enden immer mit einem Infinitiv mit **zu.** Infinitivsätze können vor oder nach dem Hauptsatz stehen und werden mit Komma abgetrennt.	*Wir verabredeten uns, um gemeinsam für den Test zu lernen.* *Anstatt mit dem Bus zu fahren, nahm Naomi das Fahrrad.*
Zeichensetzung bei Datums- und Zeitangaben	
Zwischen Wochentag und Datum musst du ein Komma setzen. Das Komma hinter dem Datum kannst du auch weglassen. Zeitangaben aus Stunden und Minuten trennst du mit einem Doppelpunkt.	*Am Dienstag, dem 11.01.2022(,) hatte ich um 15:00 Uhr ein Vorstellungsgespräch.*
Zeichensetzung bei der wörtlichen Rede	
Wörtliche Rede kennzeichnest du mit Anführungszeichen und leitest sie mit einem Begleitsatz ein. Der Begleitsatz kann an unterschiedlichen Positionen im Satz stehen.	
Der Begleitsatz kann vor der wörtlichen Rede stehen.	*Ich wiederholte lauter: „Naomi, bleib mal stehen!"*
Der Begleitsatz kann nach der wörtlichen Rede stehen.	*„Naomi, bleib mal stehen!", wiederholte ich lauter.*
Der Begleitsatz kann zwischen der wörtlichen Rede stehen.	*„Naomi", wiederholte ich lauter, „bleib mal stehen!"*

S. 196, 202

S. 220, 221

S. 207

Das Abschreiben von Texten

Schritt 1: **Lesen**	Ich lese den Text genau und kläre unbekannte Wörter.
Schritt 2: **Einprägen**	Ich präge mir eine Wortgruppe ein. Ich lese Wort für Wort, Silbe für Silbe und spreche die Wörter leise mit.
Schritt 3: **Schreiben**	Ich decke den Text ab und schreibe die Wortgruppe auswendig auf. Ich spreche beim Schreiben leise mit. Ich schreibe in jede zweite Zeile.
Schritt 4: **Prüfen**	Ich vergleiche Wort für Wort mit der Vorlage.
Schritt 5: **Verbessern**	Ich streiche fehlerhafte Wörter durch. Ich schreibe die Wörter richtig darüber.
Schritt 6: **Merken**	Ich nehme die Fehlerwörter in meine Rechtschreibkartei auf.

Das Abschreiben von Wörterlisten

Schritt 1: **Lesen**	Ich lese die Wörterliste und kläre unbekannte Wörter.
Schritt 2: **Einprägen**	Ich decke die Wörterliste zu, sodass nur das erste Wort sichtbar bleibt. Ich präge es mir ein.
Schritt 3: **Schreiben**	Ich schreibe das Wort auswendig auf.
Schritt 4: **Prüfen**	Ich kontrolliere die Schreibung.
Schritt 5: **Verbessern**	Ich streiche ein Fehlerwort durch und schreibe es richtig darüber. Anschließend decke ich das nächste Wort auf.
Schritt 6: **Merken**	Ich nehme die Fehlerwörter in meine Rechtschreibkartei auf.

Das Abschreiben von Wortreihen

Schritt 1: **Lesen**	Ich lese die Wortreihen und kläre unbekannte Wörter.
Schritt 2: **Einprägen**	Ich lerne die erste Wortreihe auswendig.
Schritt 3: **Schreiben**	Ich decke die Wortreihe zu und schreibe sie auswendig auf.
Schritt 4: **Prüfen**	Ich kontrolliere die Wortreihe Wort für Wort.
Schritt 5: **Verbessern**	Ich streiche Fehlerwörter durch und schreibe sie richtig darüber. Anschließend decke ich die nächste Wortreihe auf.
Schritt 6: **Merken**	Ich nehme die Fehlerwörter in meine Rechtschreibkartei auf.

Das Partnerdiktat

	Beim Diktieren	Beim Schreiben
Schritt 1: Vorlesen – Zuhören	Ich lese den ganzen Satz vor. Ich spreche dabei langsam und deutlich.	Ich höre genau zu.
Schritt 2: Diktieren – Schreiben	Ich diktiere nacheinander die Sinnabschnitte.	Ich schreibe die Sinnabschnitte auf. Ich spreche dabei leise mit. Ich schreibe nur in jede zweite Zeile.
Schritt 3: Beraten – Berichtigen	Ich gebe Hilfen, aber verrate nicht zu viel.	Ich kontrolliere jeden Sinnabschnitt. Wenn ich einen Fehler entdecke, streiche ich das Fehlerwort durch und schreibe es richtig darüber.

Eine Rechtschreibkartei anlegen und damit üben

Schritt 1: Beschriften	– Ich lege für jedes Fehlerwort eine eigene Karteikarte an. – Ich schreibe das Fehlerwort oder die fehlerhafte Wortgruppe richtig in die erste Zeile. – Ich schreibe bei Verben die Grundform (Infinitiv) dazu. – Ich schreibe bei Adjektiven die Steigerungsformen oder die Wortgruppe dazu. – Ich ergänze bei Nomen den Artikel und die Pluralform.
Schritt 2: Tipps ergänzen	– Ich markiere die schwierige Stelle. – Ich schreibe die passende Rechtschreibstrategie dazu oder ergänze einen passenden Rechtschreibtipp.
Schritt 3: Ordnen	– Ich ordne die Karteikarte in meinem Karteikasten ein. – Ich sortiere meine Karteikarten entweder nach dem Alphabet oder nach meinen persönlichen Fehlerschwerpunkten (z. B. Großschreibung von Nomen, Getrenntschreibung …).
Schritt 4: Trainieren	– Ich wähle jeweils sechs Karteikarten zum Üben aus. – Ich präge mir ein Fehlerwort ein. – Ich drehe die Karteikarte um und schreibe das Fehlerwort auswendig auf. – Ich kontrolliere die Schreibung, wenn ich alle sechs Wörter geschrieben habe.

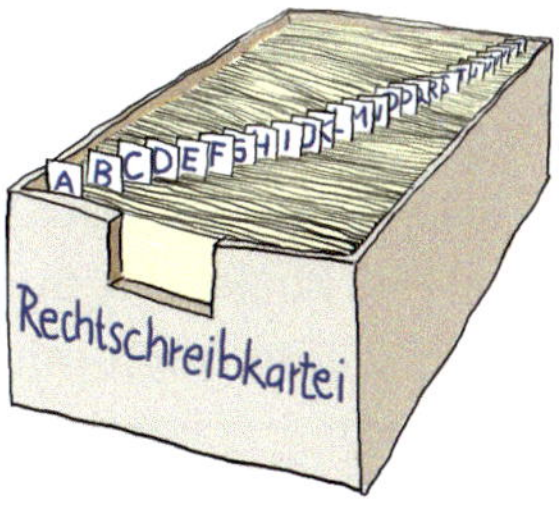

Im Wörterbuch nachschlagen

▶ Im Wörterbuch nachschlagen, S. 98, 152, 220

- In einem Wörterbuch sind die **Wörter nach dem Alphabet geordnet.** Ich suche das Wort unter dem richtigen Buchstaben des Alphabets. Orientierung bieten die **Registerbuchstaben am Seitenrand.**
- Innerhalb der Wörter mit demselben Anfangsbuchstaben richte ich mich erst nach dem zweiten, dann nach dem dritten oder vierten Buchstaben. Die **Leitwörter in der Kopfleiste** zeigen an, ob das gesuchte Wort auf der aufgeschlagenen Seite steht oder ob ich weiterblättern muss.
- Bei **Verben** und bei **Adjektiven** suche ich die **Grundform.** Bei **Nomen** suche ich die **Einzahl (Singular).**

Die Rechtschreibung mit dem PC überprüfen

▶ Die Rechtschreibung mit dem PC überprüfen, S. 103, 109

- **Rechtschreibfehler** werden vom Programm **rot unterkringelt** und **Grammatikfehler** werden **doppelt blau unterstrichen.**
- Um die vom Rechtschreibprogramm markierten Wörter zu korrigieren, klicke ich mit der rechten Maustaste auf das Wort und lasse mir die **Korrekturvorschläge des Rechtschreibprogramms** anzeigen. Dann klicke ich mit der linken Maustaste auf den passenden Korrekturvorschlag.
- Manchmal markiert das Rechtschreibprogramm Wörter als fehlerhaft, weil es sie nicht kennt (z. B. Eigennamen). Ich klicke dann auf **Ignorieren.** Wenn ich möchte, dass das Wort auch in Zukunft nicht mehr als Fehler angezeigt wird, klicke ich auf **Hinzufügen zum Wörterbuch.** Das mache ich jedoch nur, wenn ich mir sicher bin, dass das Wort richtig geschrieben ist.

Eine Bewerbung schreiben

Ein Bewerbungsschreiben ist ein formaler Brief, mit dem ich mich für ein Praktikum oder eine Ausbildungsstelle bewerbe. Ich verschicke das Bewerbungsschreiben zusammen mit Lebenslauf und Zeugnissen mit der Post oder füge es meiner Online-Bewerbung als Anlage bei.

Brief	
Amina Khouri Uferstraße 1 30169 Hannover Tel.: 0162/2090503 a.khouri@beispiel.de	der Absender
Stadtbibliothek Hannover Hildesheimer Straße 12 30169 Hannover	die Anschrift
Hannover, 01.12.2025	der Ort, das Datum
Bewerbung um einen Ausbildungsplatz	der Betreff (das Anliegen)
Sehr geehrte Damen und Herren,	die Anrede
hiermit bewerbe ich mich um einen Ausbildungsplatz als Fachangestellte für Medien und Informationsdienste	der Zweck des Schreibens
Fachrichtung Bibliothek ab 01.10.2027.	der Ausbildungsbeginn
Zurzeit besuche ich die Klasse 9b der Gesamtschule am Park in Hannover und werde diese voraussichtlich im Juni 2027 mit dem Mittleren Schulabschluss verlassen.	
Das Lesen gehört mit zu meinen liebsten Hobbys. So lese ich auch meinem kleinen Bruder häufig vor. Außerdem bin ich sehr ordentlich und zuverlässig. In der Bücherei der Kirchengemeinde helfe ich einmal im Monat beim Sortieren der gespendeten Kinderbücher. Die Arbeit im Team macht mir große Freude.	die Gründe für das Interesse am Beruf und die persönlichen Stärken
Erste Berufserfahrungen konnte ich während eines Schülerpraktikums bei Ihnen sammeln. Ihre Bibliothek ist mir daher gut bekannt und ich bin begeistert, wie sehr Ihr Online-Angebot wächst.	die Begründung für die Auswahl der Praktikumsstelle
Über eine Zusage oder eine Einladung zu einem persönlichen Vorstellungsgespräch freue ich mich.	
Mit freundlichen Grüßen *Amina Khouri*	der Gruß, die Unterschrift
Anlagen: Lebenslauf, aktuelles Zeugnis	die Anlagen

Ein tabellarischer Lebenslauf gehört zu meiner vollständigen Bewerbung.

Lebenslauf

| Foto |

Persönliche Daten
Name: Amina Khouri
Anschrift: Uferstraße 1
30169 Hannover
[...]

Schulbildung
[...]

Besondere Kenntnisse und Interessen
[...]

Ort, Datum
Unterschrift

Diese Hinweise beachte ich:

ein seriöses Foto von mir (freiwillig)

vollständige und richtige Angaben | eine seriös wirkende E-Mail-Adresse

meine Schullaufbahn – chronologisch oder von heute aus zurückgehend

Hobbys und Interessen, die zum Beruf passen oder einen positiven Eindruck vermitteln | Kategorien für Sprachkenntnisse: Muttersprache, Schulkenntnisse, Grundkenntnisse

dasselbe Datum wie im Bewerbungsschreiben | handschriftliche Unterschrift

Sich online bewerben

► Sich bewerben, S. 196–197

Bei einer Online-Bewerbung sende ich mein Bewerbungsschreiben, meinen Lebenslauf und die eingescannten Anlagen als PDF-Datei per E-Mail.

- Ich achte darauf, welche Unterlagen der Betrieb oder die Institution von mir erwartet.
- Ich speichere mein Bewerbungsschreiben und meinen Lebenslauf als PDF-Datei ab.
- Ich scanne meine Zeugnisse usw. in guter Qualität ein.
- Ich füge alles zu einer Datei zusammen und benenne sie mit einem aussagekräftigen Namen. Ich achte darauf, dass meine Datei die vorgegebene Datenmenge nicht überschreitet.
- Ich schreibe einen kurzen Text per E-Mail und verweise auf meine Bewerbungsunterlagen im Anhang.

Viele große Betriebe und Institutionen bieten auf ihrer Website auch Online-Formulare zur Bewerbung an.

Textartenverzeichnis

Textquellen

Albrecht, Lisa: Interview mit der Tiny-House-Besitzerin Luise Gleason (S. 106) (verkürzt und verändert). Abrufbar unter: https://www.ichlebegruen.de/Artikel/521/Wohnen-im-Minihaus-Selbstbau-Erfahrung-und-Vorteile (abgerufen am 27.08.2021).

Aufmkolk, Tobias / Röhrl, Almut: Zukunft des Wohnens (S. 87) (verkürzt und verändert). Abrufbar unter: https://www.planet-wissen.de/gesellschaft/wohnen/zukunft_des_wohnens/index.html (abgerufen am 27.08.2021).

Baldus, Theresia: Von der Hütte zum Hochhaus (S. 90–91) (verkürzt und verändert). Aus: Berliner Morgenpost vom 26.06.2021, Seite 31 / Lokales.

Bendzko, Tim (geb. 1985 in Berlin): Wenn Worte meine Sprache wären (S. 164 [1] Auszug, S. 172 gekürzt). München: Sony Music Entertainment (p) 2011.

Brender, Irmela (geb. 1935 in Mannheim, gest. 2017 in Sindelfingen): Caroline, über Wiesen laufend (S. 140 [2] Auszug, 150–152) (verändert). Aus: Schweigend mit Murmeln spielen: Geschichten von Tag zu Tag. München (Edition Pestum im Franz Schneider Verlag) 1988.

Dong, Thu Huong / Schmidtke, Kathrin / Schramek, Daniel: Influencer: Ich will das auch haben! Aber warum eigentlich? (S. 191) (verkürzt und verändert). Abrufbar unter: https://www.handysektor.de/artikel/influencer-ich-will-das-auch-haben-aber-warum-eigentlich (12.06.2019) (abgerufen am 16.09.2021).

Engelmann, Julia (geb. 1992 in Elmshorn): Keine Ahnung, ob das Liebe ist (S. 164 [3] Auszug, 170 gekürzt). © 2017 Julia Engelmann, under exclusive licence to Polydor/Island, a division of Universal Music GmbH.

Evers, Horst (geb. 1967 in Diepholz): Rheine (S. 140 [1] Auszug, 156–158). Aus: Gefühltes Wissen. Reinbek bei Hamburg (Rowohlt Taschenbuch Verlag) 2007, S. 68–70.

Harg, William M.: Der Retter (S. 142–144). Aus: Erzähler von drüben. Hrsg. v. Hans B. Wagenseil. Wiesbaden (Limes-Verlag) 1946.

Hübner, Lutz (geb. 1964 in Heilbronn): Das Herz eines Boxers (S. 113 [2], 124–131) (Textauszüge, verkürzt und verändert). Bamberg (C. C. Buchners Verlag) 2008, S. 5–6, 10–13, 16–17, 28.

Lange, Erin Jade: Halbe Helden (S. 113 [1], 132–137) (Textauszüge, tlw. verkürzt und verändert). Übersetzt von Jessika Komina und Sandra Knuffinke. Bamberg (Magellan GmbH und Co. KG) 2015, S. 36–37, 49–51, 74–75, 325–330.

Leitte, Sandra: Leben auf dem Wasser (S. 98), Urban Rigger (S. 100) (gekürzt). Aus: Hausboote und schwimmende Häuser. München (Deutsche Verlags-Anstalt) 2018, S. 8 f., 28.

Meuter, Sabine: Ist Online-Shopping wirklich besser als Einkaufen im Laden? (S. 68–69), Retouren entwickeln sich zu einem Problem (S. 70) (verkürzt und verändert). Abrufbar unter: www.welt.de/wirtschaft/webwelt/article197929263/Vergleich-Ist-Online-Shopping-wirklich-besser-als-Einkaufen-im-Laden.htm (04.08.2019) (abgerufen am 18.08.2021).

Palacio, Raquel J. (geb. 1963 in New York/USA): Wunder (S. 113 [3], 114–119) (Textauszüge, gekürzt). Übersetzt von André Mumot. München (Carl Hanser Verlag) 2013, S. 80–81, 95–97, 176–178, 188–190, 205–206, 212.

Pallinger, Jakob: Werden wir künftig Hochhäuser aus Holz bauen? (S. 88–89). Abrufbar unter: https://www.derstandard.de/story/2000126561694/werden-wir-kuenftig-hochhaeuser-aus-holz-bauen (15.05.2021) (abgerufen am 27.08.2021).

Sportfreunde Stiller: Ein Kompliment (S. 164 [2] Auszug, 166 gekürzt). © 2002 universal music domestic division, a division of universal music gmbh, berlin.

Thomas, Volker, Presse & PR, Agentur für Text und Gestaltung: Schwimmende Häuser (S. 101).

Weissenburger, Peter: Die Nutzung von Videoplattformen bei Jugendlichen (S. 63) (verkürzt und verändert). Abrufbar unter: https://taz.de/YouTube-Nutzung-bei-Jugendlichen/!5600834/ (04.06.2019) (abgerufen am 26.05.2021).

Zaeh, Pauline: Fitnesstracker – Pro und Kontra für die Kontrolle (S. 74–75) (verkürzt und verändert). Abrufbar unter: https://www.gesund-vital.de/fitnesstracker (09.01.2019) (abgerufen am 22.09.2021).

Unbekannte und ungenannte Verfasser

Kündigung des Vertrages (S. 27) (Auszug). Aus: Allgemeine Geschäftsbedingungen für Fahrschulen. Abrufbar unter: https://www.fahrlehrerverbaende.de/sixcms/media.php/5769/501a-BV-AGB-2018-01-15-Dauer-12-Monate.pdf (abgerufen am 06.10.2021).

Jugendarbeitsschutzgesetz (S. 31), § 14 Nachtruhe, § 16 Samstagsruhe (S. 44). Abrufbar unter: https://www.gesetze-im-internet.de/jarbschg/index.html#BJNR009650976BJNE002801307 (abgerufen am 25.11.2021).

Grafik: Bekämpfte Schädlinge (S. 38). Daten nach: DpS Trend-Report Januar 2019.

Binnenschiffer/-in: Was macht man in diesem Beruf? Wo arbeitet man? (S. 46 oben) (verkürzt und verändert). Abrufbar unter: https://planet-beruf.de/fileadmin/assets/PDF/BKB/7285.pdf (abgerufen am 24.08.2021).

Gebückt mauern, schwindelfrei montieren (S. 50–51) (verkürzt und verändert). Aus: BR-alpha Sendung: „Ich mach's" vom 17.08.2012. Abrufbar unter: https://h-r-heinicke.de/aktuelles/presse/index.html (abgerufen am 30.08.2021).

Grafik: Vergleich Ausbildungsdauer und Anzahl Auszubildender (S. 53). Daten nach: Verzeichnis der anerkannten Ausbildungsberufe 2024 (BIBB).

Grafik: Die führende Videoplattform im Vergleich zu Schule (S. 61 oben). Daten nach: JUGEND/YOUTUBE/KULTURELLE BILDUNG. HORIZONT 2019. Herausgegeben vom Rat für Kulturelle Bildung e. V.

Grafik: Jeder zweite Lehrer würde gerne öfter digitale Medien einsetzen (S. 61 unten). Abrufbar unter: https://www.bitkom.org/sites/default/files/2019-03/Pr%C3%A4sentation%20Bitkom-PK%20Bildungskonferenz%2012.03.2019_final.pdf (abgerufen am 11.03.2022). (abgerufen am 26.11.2021).

Lernen mit Videoplattformen? (S. 62) (verkürzt und verändert). Abrufbar unter: https://www.zdf.de/kinder/logo/lernen-mit-youtube-100.html (04.06.2019) (abgerufen am 26.05.2021).

Grafik: Warum die Deutschen online shoppen (S. 70). Daten nach: BITKOM Research 2022.

Grafik: Gründe für die Nutzung digitaler Begleiter (S. 76, 232). Daten nach: TK Bewegungsstudie 2022.

Daten außer Kontrolle: Fitness-Apps senden zahlreiche Verbraucherdaten (S. 77). Abrufbar unter: https://www.verbraucherzentrale.de/sites/default/files/2019-09/wearables%20faktenblatt_0.pdf (abgerufen am 11.08.2021).

Grafik: Alternatives Wohnen (S. 87). Abrufbar unter: https://www.

presseportal.de/pm/12620/5069087 (abgerufen am 27.08.2021).
Holzhäuser helfen uns in der CO_2-Frage. Interview mit Prof. Hermann Kaufmann (S. 92–93) (verkürzt und verändert). Abrufbar unter: https://www.bba-online.de/news/holzhaeuser-co2-frage-interview/# (25.08.2018) (abgerufen am 27.08.2021).
Grafik: Gründe für nachhaltiges Bauen (S. 93). Daten nach: United Technologies Corporation; Dodge Data & Analytics, © Statista 2021.
Grafik: Der Meeresspiegel steigt (S. 99). NASA 2024: Sea Level / Vital Signs – Climate Change: Vital Signs of the Planet (nasa-gov).
Was ist ein Tiny House? (S. 104) (verkürzt und verändert). Abrufbar unter: https://tiny-houses.de/was-sind-tiny-houses/ (abgerufen am 27.08.2021).
Grafik: Umfrage zu Tiny Houses (S. 107). Daten nach: J. Wagner; Schöner Wohnen Farbe, © Statista 2021.
Wie man nachhaltige Kleidung erkennt – die Bedeutung von Siegeln (S. 180) (gekürzt). Aus: Faire Kleidung: Wie man nachhaltige Kleidung erkennt – die Bedeutung von Siegeln. VerbraucherFenster Hessen, Januar 2020. Abrufbar unter: https://verbraucherfenster.hessen.de/wirtschaft/kaufen-verkaufen/wie-man-nachhaltige-kleidung-erkennt–die-bedeutung-von-siegeln (abgerufen am 15.03.2022).
Hass im Netz (S. 186) (verkürzt und verändert). Aus: Hass im Netz – geht gar nicht! Abrufbar unter: https://www.juuuport.de/ratgeber/hass-im-netz (abgerufen am 16.09.2021).

Originalbeiträge

Brief von der Stadtbibliothek (S. 10).
Telefonat Escape-Room (S. 12).
FAQ zum Escape-Room (S. 14).
Werbeflyer Fitness-Studio (S. 18).
Online-Formular Probetraining (S. 19).
E-Mail vom Fitness-Studio (S. 20).
Merkblatt Mofa oder Moped (S. 22).
Einwilligungen und Datenschutzhinweise (S. 26).
Schülerjob? Ja, aber sicher! (S. 31).
Stellenanzeige Bäckerei (S. 33).
Grafik: Ausbildungsverträge im Jahr 2020 (S. 35).
Was sind Schädlinge? (S. 36).
Kein Einsatz wie der andere – ein Interview (S. 37).
Bekämpfte Schädlinge (S. 38).
Die Ausbildung und die Anforderungen (S. 39).
Bericht von einem Arbeitstag (S. 40).
Der Alltag und die Aufgaben von Binnenschiffern (S. 44).
Wenn das Zuhause immer unterwegs ist (S. 45).
Die Ausbildung / Die Anforderungen (S. 46, unten).
Die Aufgaben eines Feuerungs- und Schornsteinbauers (S. 52).
Grafik: Höchste Schornsteine im Vergleich zu bekannten Gebäuden (S. 53).
Gespräch Fitnesstracker (S. 58).
Autonomes Fahren (S. 59).
Sprachassistenten (S. 59).
Gespräch zwischen Verbraucherschützer und Schülerin Jasmin (S. 76–77).
Nachhaltiges Bauen (S. 90).
Große Ideen auf kleinem Raum (S. 105)
Checkliste: Passt ein Tiny House zu mir? (S. 107).
Nachhaltigkeit (S. 180).
Abschluss-Blog – Klasse 9c (S. 181).
Verbraucherinformation (S. 181).
Lifestyle-Blog (S. 181).
Hass-Kommentare (S. 185). Informationen nach: Was ist Hate Speech? Abrufbar unter: https://www.amadeu-antonio-stiftung.de/digitale-zivilgesellschaft/was-ist-hate-speech/ (abgerufen am 16.09.2021).
Schritte gegen Hass im Netz (S. 187).
Einstellungen zu den Beiträgen und der Werbung von Influencerinnen und Influencern (S. 190 [1], [3]–[6]).
Am häufigsten kommen die Unternehmen ... (S. 190 [2]). Informationen nach: Wanner, Aline: Influencerin Sylwina Spiess: „Ich brauche keinen Champagner“. ZEIT Schweiz Nr. 36/2018, 30. August 2018; ZEIT ONLINE 03.09.2018/ bearbeitet 05.09.20218. Abrufbar unter: https://www.zeit.de/2018/36/influencerin-sylwina-spiess-zuerich-online-marketing-geld-verdienen/komplettansicht (abgerufen am 25.11.2021).
Malas Bewerbungsschreiben (S. 196).
Tagesbericht von Dalia (S. 198–199).
Tagesbericht von Tobias (S. 200).
Maites informierender Text (S. 204).
Serdars Fortsetzung (S. 206).
Laras Inhaltsangabe (S. 208).
Fair Trade (S. 210).
Fast Fashion (S. 212).
Bewerbung um einen Ausbildungsplatz (S. 245)

Bildquellen

S. 3 o., S. 12: Shutterstock.com/BearFotos; u.: Shutterstock.com/hedgehog94; S. 4, S. 59: Shutterstock.com/elenabsl; S. 5: mauritius images/alamy stock photo/antonella bozzini; S. 18: Imago Images/Panthermedia; S. 22: Shutterstock.com/Whitevector; S. 30 o.l.: Adobe Stock/Victor; o.m.: Shutterstock.com/Studio_G; o.r.: Adobe Stock/merfin; Daumen: Adobe Stock/ Alexander L; u.: Shutterstock.com/piggu; S. 34 o.: stock.adobe.com/Richard Coomber; u.: Shutterstock.com/Oliver Hewett; S. 35: Shutterstock.com/Nando Machado; S. 36 o.: Shutterstock.com/CreativeNature R.Zwerver; u.: Shutterstock.com/torook; S. 37: Shutterstock.com/Oliver Hewett; S. 39: Shutterstock.com/hedgehog94; S. 40: stock.adobe.com/Elnur; S. 44 l.: stock.adobe.com/strubel; m.: Shutterstock.com/pixelschoen; r.: Shutterstock.com/Bildagentur Zoonar GmbH; S. 45: stock.adobe.com/Richard Coomber; S. 50: Shutterstock.com/Elena Elisseeva; S. 51: Shutterstock.com/Vadim Ratnikov; S. 52 A: Shutterstock.com/Cees Nooij; B: mauritius images/Pitopia; C: Shutterstock.com/Ingrid Prats; D: Shutterstock.com/DARRAY; S. 59 l.: Adobe Stock/barsrsind; m.: Adobe Stock/Mountain Brothers; S. 61 u.: Bitkom Research 2019; S. 86: stock.adobe.com/DaisyDaisy; S. 63: Shutterstock.com/Antonio Guillem; S. 69 o.: Shutterstock.com/Syda Productions; u.: Shutterstock.com/Dmitry Kalinovsky; S. 70 u.: Adobe Stock/Andreas Gaertner/Solaris; S. 74: Adobe Stock/vladwel.; S. 77: Verbraucherzentrale NRW; S. 86 A: dpa Picture-Alliance/Felix Kästle; B: Shutterstock.com/inrainbows; C: mauritius images/alamy stock photo/Niels Quist; S. 87: Interhyp AG; S. 88 o.: mauritius images/alamy stock photo/antonella bozzini; u.: mauritius images/alamy stock photo/antonella bozzini; S. 89: mauritius images/Volker Preusser; S. 90: stock.adobe.com/photo 5000; S. 98 o.: Shutterstock.com/Laiotz; u.: mauritius images/Catharina Lux; S. 99: NASA 2024: Sea Level / Vital Signs – Climate Change: Vital Signs of the Planet (nasa-gov); S. 100 o.: mauritius images/alamy stock photo/Oliver Förstner; u.: mauritius images/alamy stock photo/Niels Quist; S. 101 o.: mauritius images/Chromorange; u.: Imago Stock & People GmbH/Rigucc; S. 104: Shutterstock.com/Idea store; S. 105: Shutterstock.com/inrainbows; S. 107 o.: Shutterstock.com/inrainbows; u.: stock.adobe.com/malp; S. 164 o.: bpk/RMN - Grand Palais/Mathieu Rabeau, © Succession Picasso / VG Bild-Kunst, Bonn 2022; u.: bpk/DeA Picture Library/E. Lessing; S. 165 A: stock.adobe.com/Rido; B: Shutterstock.com/Josep Suria; C: Shutterstock.com/Beatriz Vera; D: Shutterstock.com/Rawpixel.com; S. 167 1: Shutterstock.com/Olga Visavi; 2: Shutterstock.com/KieferPix; 3: stock.adobe.com/sea and sun; S. 179 l.: Shutterstock.com/Andrii Zastrozhnov; r.: Adobe Stockstock/fotogestoeber; S. 187: Neue deutsche Medienmacher*innen e.V.; S. 188: Cornelsen/Alexandra Langenbeck; S. 189: Cornelsen/Alexandra Langenbeck; S. 212: Shutterstock.com/Sundry Photography; S. 215: Shutterstock.com/Robert Lessmann

Illustrationen

Thomas Binder, Magdeburg: S. 5, 112, 114, 115, 117, 118, 124, 125, 126, 127, 128, 129, 130, 131, 132, 135, 136.
Alexandra Langenbeck, Toronto: Umschlaginnenseite, S. 8, 10, 11, 22, 23, 78, 139, 175, 176, 184, 185, 188, 189, 193.
Carsten Märtin, Oldenburg: S. 238.
Gregor Mecklenburg, Pinneberg: S. 8, 195.
Matthias Pflügner, Berlin: S. 58, 68, 71.
Ulrike Selders, Köln: S. 44, 45, 46, 47, 50.
Dorina Tessmann, Berlin: S. 6, 7, 140, 141, 142, 143, 145, 150, 151, 152, 156, 157, 158, 160, 162, 166, 170, 172, 208.
Andrea Thiele, Frankfurt am Main: S. 47.
Christa Unzner, Berlin/Brignoles: S. 243.

Unregelmäßige (starke) Verbformen im Überblick

* zusammengesetztes Verb

Infinitiv	Präsens	Präteritum	Perfekt
anrufen*	sie ruft an	sie rief an	sie hat angerufen
aufstehen*	er steht auf	er stand auf	er ist aufgestanden
beginnen	sie beginnt	sie begann	sie hat begonnen
beißen	er beißt	er biss	er hat gebissen
bieten	sie bietet	sie bot	sie hat geboten
bitten	er bittet	er bat	er hat gebeten
bleiben	sie bleibt	sie blieb	sie ist geblieben
brechen	er bricht	er brach	er ist/hat gebrochen
brennen	es brennt	es brannte	es hat gebrannt
bringen	sie bringt	sie brachte	sie hat gebracht
denken	er denkt	er dachte	er hat gedacht
dürfen	sie darf	sie durfte	sie hat gedurft
einladen*	er lädt ein	er lud ein	er hat eingeladen
einsteigen*	sie steigt ein	sie stieg ein	sie ist eingestiegen
empfehlen	er empfiehlt	er empfahl	er hat empfohlen
entscheiden	sie entscheidet	sie entschied	sie hat entschieden
essen	er isst	er aß	er hat gegessen
fahren	sie fährt	sie fuhr	sie ist gefahren
fallen	er fällt	er fiel	er ist gefallen
fangen	sie fängt	sie fing	sie hat gefangen
finden	er findet	er fand	er hat gefunden
fließen	es fließt	es floss	es ist geflossen
geben	sie gibt	sie gab	sie hat gegeben
gehen	er geht	er ging	er ist gegangen
geschehen	es geschieht	es geschah	es ist geschehen
greifen	sie greift	sie griff	sie hat gegriffen
halten	er hält	er hielt	er hat gehalten
heben	sie hebt	sie hob	sie hat gehoben
heißen	er heißt	er hieß	er hat geheißen
helfen	sie hilft	sie half	sie hat geholfen
kennen	er kennt	er kannte	er hat gekannt
können	sie kann	sie konnte	sie hat gekonnt
kommen	er kommt	er kam	er ist gekommen
lassen	sie lässt	sie ließ	sie hat gelassen
laufen	er läuft	er lief	er ist gelaufen
leiden	sie leidet	sie litt	sie hat gelitten
lesen	er liest	er las	er hat gelesen
liegen	sie liegt	sie lag	sie hat gelegen

Infinitiv	Präsens	Präteritum	Perfekt
mögen	er mag	er mochte	er hat gemocht
nehmen	sie nimmt	sie nahm	sie hat genommen
raten	er rät	er riet	er hat geraten
reißen	sie reißt	sie riss	sie hat gerissen
rennen	er rennt	er rannte	er ist gerannt
riechen	sie riecht	sie roch	sie hat gerochen
rufen	er ruft	er rief	er hat gerufen
scheinen	sie scheint	sie schien	sie hat geschienen
schieben	er schiebt	er schob	er hat geschoben
schlafen	sie schläft	sie schlief	sie hat geschlafen
schleichen	er schleicht	er schlich	er ist geschlichen
schließen	sie schließt	sie schloss	sie hat geschlossen
schneiden	er schneidet	er schnitt	er hat geschnitten
schreiben	sie schreibt	sie schrieb	sie hat geschrieben
schreien	er schreit	er schrie	er hat geschrien
schwimmen	sie schwimmt	sie schwamm	sie ist geschwommen
sehen	er sieht	er sah	er hat gesehen
sein	sie ist	sie war	sie ist gewesen
singen	er singt	er sang	er hat gesungen
sitzen	sie sitzt	sie saß	sie ist/hat gesessen
sprechen	er spricht	er sprach	er hat gesprochen
springen	sie springt	sie sprang	sie ist gesprungen
stehen	er steht	er stand	er ist/hat gestanden
stoßen	sie stößt	sie stieß	sie hat gestoßen
streiten	er streitet	er stritt	er hat gestritten
treffen	sie trifft	sie traf	sie hat getroffen
treten	er tritt	er trat	er hat getreten
tun	sie tut	sie tat	sie hat getan
verbieten	er verbietet	er verbot	er hat verboten
vergessen	sie vergisst	sie vergaß	sie hat vergessen
verlieren	er verliert	er verlor	er hat verloren
verzeihen	sie verzeiht	sie verzieh	sie hat verziehen
vortragen*	er trägt vor	er trug vor	er hat vorgetragen
waschen	sie wäscht	sie wusch	sie hat gewaschen
werden	er wird	er wurde	er ist geworden
wissen	sie weiß	sie wusste	sie hat gewusst
wollen	er will	er wollte	er hat gewollt
ziehen	sie zieht	sie zog	sie hat gezogen